제주여성의 일생의례와 언어

제주여성의 일생의례와 언어

초판 인쇄 2013년 11월 18일
초판 발행 2013년 11월 20일

저　　자 | 문순덕
펴 낸 이 | 김미화
펴 낸 곳 | 인터북스
표　　지 | 김지학
편　　집 | 박은주, 조연순

주　　소 | 서울시 은평구 대조동 221-4 우편번호 122-844
전　　화 | (02)356-9903 편집부(02)353-9908
팩　　스 | (02)386-8308
전자우편 | interbooksg@chol.com
등록번호 | 제311 - 2008 - 000040호

ISBN 978-89-94138-37-4 93810

정가 : 18,000원

* 파본은 교환해 드립니다.

제주여성의 일생의례·언어

문 순 덕

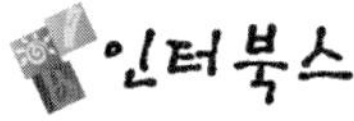

4

필자의 소견

필자는 이 책에서 일제강점기인 근대부터 현재까지 제주여성들은 일생의례에 어떻게, 어느 정도 참여했는지, 또한 그들의 삶은 어떻게 투영되었는지 관찰하였다. 엄격히 말하면 근현대 일생의례를 통해 제주여성의 삶을 들여다보았다.

근대 이전 제주도의 일생의례는 문헌을 통해서 부분적으로 탐색이 가능하고, 근대 이후는 경험자들의 기억을 통해 확인이 가능하다. 이에 필자는 현장의 생생한 경험과 기억을 기록하기 위하여 실증 확인이 가능한 근대에 출발점을 두고 논의하고자 했다.

일제강점기와 관련하여 다양한 경험자를 만나기 어려워서 구체적인 시기 구분은 하지 않았으며, 대략 1930년대 이후의 일생의례를 들을 수 있었다. 제주사람들의 삶은 광복 이후 제주4 · 3사건(1948년 4월 3일 제주도에서 발생한 역사적 사건)과 한국전쟁을 겪으면서 아주 곤궁하고 황폐해졌다. 이 시기의 일생의례는 최소한의 절차만 지켜졌다. 전쟁의 상처를 극복하고 경제활동이 활성화되면서 1950년대 후반부터 일생의례는 예법을 준수했다고 볼 수 있다. 이때부터 서양 풍속이 적용되어 전통혼례와 신식결혼식이 공존했다. 그러다가 1960년대로 넘어오면 현대식 결혼 풍속이 대중화된다. 물론 일제강점기 혼례는 일본의 영향을 받아서 전통혼

례식에 근대 혼례식이 혼용되었다.

출산의례와 혼례에 비해 상장례와 제사의례가 전통적인 의례 유지가 강한 편이다. 변용이라면 제물과 상복의 변화정도이고, 종교에 따라 매장의 변화, 장례식장 이용이 도입된 정도이다.

필자는 제주여성의 위상, 정체성, 공헌도 등에 관심을 갖고 다양한 접근을 시도해 왔다. 이 글 또한 그런 작업의 연장선에서 출발하였다. 일생의례에는 개인의 일생을 중심으로 하여 가족과 지역의 총체적 의식이 응축되어 있다.

『제주여성 속담의 미학』(2012)은 속담을 중심으로 하여 일생의례와 연관지어 제주여성들의 세상살이를 들여다보았다. 이번에 내놓은 『제주여성의 일생의례와 언어』는 제주사람들의 인생관, 가치관, 풍속의 전승 정도, 인간사에 대한 예의 등을 문화전승자들의 직 · 간접 경험을 섞어서 기술하였다.

이 책은 '통과의례 속의 제주여성 풍속 전승 양상, 혼인의례, 제주여성의 통과의례 공간, 일제강점기 통과의례'를 혼합하였다. 여기에 추자도의 일생의례를 추가하고 최근까지 제주도의 여러 마을에서 조사한 내용을 덧보태어 구성하였다.

제주도의 일생의례 수행 과정에 적극적으로 참여한 제주여성들의 삶을 관찰하고 기록한 것이 2004년이므로 2013년에 다시 쓰기까지 10년이라는 시차가 있다. 그 사이 제주사회는 물론 우리들의 의식과 풍속에도 변화가 있었다. 오래전부터 사람들은 일생의례는 당연히 지켜야 할 사회적 규약으로 여겼으며, 지역과 집안에 따라 내용의 가감이 있어왔다. 전통적인 농경시대에서 산업사회로 넘어오면서 일생의례의 수행 절차와 내용에도 변형이 나타난다.

필자는 단순히 일생의례 수행 과정만 보고자 한 것이 아니라 각 의례별로 진행되는 과정에서 시기별로 어떻게 변형되고, 삭제되는 것이 있는지, 이러한 의례의 주관자와 협력자들은 누구인지 등 전승 정도에도 관심을 두었다. 또한 일생의례의 사실 전달과 전승 정도 변화 등도 보태었다.

각 의례별 진행 과정을 보면 전통 유지를 당연히 여기는 세대와 전통 유지가 어려운 세대, 전통 유지에 의미를 부여하지 않는 세대들이 공존하고 있다. 의례가 원형대로 전승된다는 것은 사회와 개인의 삶에 변화가 없거나 변혁이 없는 사회이다. 우리나라는 물론 제주도는 근현대 격동의 세월을 보내면서 경제적 형편에 따라 의례의 고정화와 간소화가 이루어졌다.

이 책을 쓰면서 자신들의 이야기와 주변 사람들의 이야기를 진솔하게 전달해

준 여러 문화전승자들이 떠오른다. 필자는 제주여성들이 일생에 걸쳐 축척한 무형문화자원 중에 일부를 전해들을 수 있는 특권을 얻었다. 특히 제주도에서 행해지고 있는 일생의례의 전승과 변용을 들여다보는 것은 즐겁고 행복한 일이다. 또한 전승되는 의례를 통해서 전통문화 수용자, 공유자, 전승자들의 위대함을 알게 되었다.

문화전달자로 활약해 준 여러 문화전승자들에게 고마움을 전하고, 앞으로도 제주여성들의 문화적 토양을 전달할 수 있는 기회가 주어지길 소망한다. 『섬사람들의 음식연구』에 이어 책을 출판해 준 인터북스와 제호를 써 준 홍희숙에게도 고마움을 전한다.

2013년 11월

思遊齊에서 문순덕

contents

제주여성의
일생의례와 언어

【일생의례 서설】

일생의례

사람이 태어나서 성장하고 혼인하여 죽음에 이르는 전 과정을 통과의례(通過儀禮)라고 하는데 이와 유사한 의미로 쓰이는 관혼상제(冠婚喪祭)가 있다. 통과의례에는 제례가 포함되지 않고, 관혼상제에는 출산이 포함되어 있지 않다. 이에 이 글에서는 통과의례와 관혼상제를 포괄할 수 있는 용어로 일생의례(一生儀禮)를 선택하였다. 즉 일생의례에는 출산 전 준비과정과 관혼상제, 회갑 등을 포함할 수 있다.

일생의례란 사람이 태어나기 전 단계에 해당되는 기자의례를 포함한 출산의례, 성년의례, 혼인의례, 상장례, 제례 등 인간의 사전과 사후 일정의 총체라 할 수 있다. 또한 인간의 일생을 주기별로 나누고 커다란 경계를 넘어가는 단계에서 의례가 행해지는 것을 말한다.

우리나라 역사를 통해 여성의 사회적 위치를 보면 신라에서 고려시대까지는 여성과 남성이라는 양성 간의 차별과 구별이 심하지 않았다는 기록이 있다. 그런데 조선시대로 넘어와서 유교의 국교화가 이뤄진 후에 조선시대 500년간은 물론 2000년대까지도 유교적인 의례가 부분적으로 남아 있어서 우리들의 정신세계를 지배하고 있다.

제주도 역시 역사와 사회적 변화 과정을 통해 의식과 풍속에 변화가 생겼다. 이런 대혼란을 겪으면서 소위 전통이 어떻게 전승되고, 어느 정도 변화 · 변용되었는지 등을 알아볼 수 있는 대상으로 일생의례를 선택하였다. 우리가 알다시피 일생의례는 변화의 대상에서 제외되는 목록이 많다고 보기 때문이다.

따라서 유교적인 색채가 강한 혼례, 상장례, 제례 등이 제주도에서는 어느 정도 유지되고 전승되고 있는지를 관찰해 보고자 한다. 특히 제주여성들은 어떻게 가족공동체와 마을공동체의 유지와 결속에 관여하였는지 일생의례 이행 과정을 통해 살펴보겠다.

제주도의 일생의례를 경험한 사람들의 이야기 듣기는 아무리 거슬러 올라가도 일제강점기인 근대에 해당된다. 그러나 근대라고 해도 사료와 자료의 한계로 정확하게 파악하기 어려워서 경험자들의 기억 재현을 통해 확인하였다. 물론 1950년대 이후는 다양한 경험자들이 있어서 진술한 풍속을 들을 수 있었다. 제주여성들의 직접 경험을 들을 수 없는 시기를 추정해 보기 위하여 제주신화에서 의례 관련 화소를 추출하여 제시하였다.

제주도의 일생의례를 직접 관찰해 온 문화전승자의 경험을 토대로 하여 가능하면 근현대 제주사회에서 행해진 일생의례를 시대별로 제시하여 고정적인 절차와 변화된 절차, 생략된 절차 등을 일별해 보고자 한다. 제주여성들의 경험담을 중심으로 하여 통시적 관점에서 의례 절차와 의미부여, 가치관의 변화 등을 엿볼 수 있는 계기를 마련해 보겠다.

제주사람들의 경험과 기억에 비추어 보면 일제강점기는 워낙 생활이 궁핍해서 격식을 갖추기 어려웠고, 1948년에 일어난 제주4 · 3사건으로 전통적인 풍속을 유지하면서 일생의례를 지키기가 어려웠다. 한국전쟁을 겪은 1950년대도 마찬가지이다. 근대 시기는 유교적인 의례가 유지되어도 각 의례별 절차는 간략히 수행되었고, 그 절차에 따른 물질적 준비도 생략하거나 간소화되었다.

1960년대로 넘어오면 각자의 경제적인 여건에 따라 의례 준비 품목들이 풍족해지기 시작했다. 우리나라의 경제 성장에 따라 1970년대 이후부터 출산, 혼례, 상장례, 제례를 치르는 품목이 다양해지고, 서양의 풍속과 접목되면서 전통적인 풍속은 규범적인 것만 전승되고 있다. 특히 1997년에 국제통화기금(IMF)의 위기를 겪으면서 전통적인 풍속과 그에 대한 존엄성이 한순간에 무너졌다. 그래서 각 의례별로 조금씩 차이는 있으나 2000년대로 들어오면 풍속의 변형이나 간소화가 급속하게 전개되었다.

일생의례를 분리의례와 통합의례(반겐넵, 2000)의 일종으로 보면 출산은 전이에서 통합의례로 넘어가고, 혼인은 분리에서 전이를 거쳐서 통합의례가 된다. 상장례는 자손과 조상의 분리의례이며, 제례는 자손과 후손이 만나는 통합의례라 할 수 있다. 출산, 혼인, 상장례, 제례 등 각 의례 별 형식과 절차가 정해져 있고, 이를 주관하는 남성의 역할도 중요하지만 주로 여성의 관점에서, 여성의 경험을 중심으로 해서 여성의 역할을 살펴보겠다. 전승되는 의례 절차는 객관적이지만 그것을 바라보는 관점과 참여정도는 여성과 남성이 다를 수 있다.

따라서 제주도에서 행해진 일생의례는 유교적인 의식이 어떻게 전승되었는지를 논의하기 위하여 직접 고증이 가능한 일제강점기부터 2000년대인 지금까지로 정하고 각 시대별로 고정된 의례와 변화된 의례를 살펴보고, 변화되었다면 그 이유도 고민해 보고자 한다.

일생의례는 한 인간의 역사이며, 단계별로 관문을 통과할 때마다 특별한 의례가 병행된다. 여기서는 자연계의 구성원으로 입사하는 출산의례, 인간이 사회구성원으로서 가정의 형성에 기여해야 하는 혼인의례, 인간세계에서 열심히 살다가 세상과 이별하고 저승으로 돌아가는 상장례, 후손들이 조상과 만남을 시도하고 지속시키려는 제례의 여러 기능과 의미를 찾아보고자 한다.

이와 같이 인간의 출생에서 사망까지는 의례(儀禮)에 따른 통과 과정을 경험하며, 하나의 생활 관습으로 정착되었고, 세대와 시대에 따라 변화하는 과정에 놓인다. 물론 앞으로도 지속될 일생의례 구성 요소는 무엇이 될지 시대별 관찰이 중요하다.

이 책의 구성 내용과 조사 방법은 다음과 같다.

제주도에서 행해진 일생의례의 단계별 풍속과 전승, 변이 정도 등을 여성들의 참여를 통해 면밀히 관찰해 보기 위하여 조사방법, 조사내용, 문화전승자 선정 기준 등을 설정하였다. 실제 경험을 확인하기 위하여 제보자라 할 수 있는 문화전승자 선정과 지역 선정은 무엇보다 중요하다.

질문지는 일생의례를 자세히 관찰할 수 있도록 작성하여, 개인과 집안, 마을에서 행해지는 의례별 내용을 질문하고 기록하였다. 특히 필자는 여성의 역할과 참여 정도, 여성이 각 의례의 주관자인지 협력자인지 등을 확인하기 위하여 다양하게 질문하여 여성주의 시각으로 접근하였다.

질문 내용은 대개 출산의례 관련 전반적인 사항으로 잉태 단계, 출산, 산후 보호 방법, 여성의 위치 등이다. 혼인의례에서는 혼인하기까지 다양한 절차와 의례, 혼인 후 살림 등 시대적으로 어떤 의례들이 있었는지 확인하였다. 상장례에서는 죽음과 장례 절차, 장례 후 망자에 대한 예의 등 가족들의 예절을 조명하였다. 제례는 가문과 집안의 영속성, 정체성 유지에 어떤 영향을 미쳤는지도 다루었다.

특히 제주여성의 일생의례를 시대별로 조명해 보는 동시에 일생의례임을 알 수 있는 언어와 그 언어가 제주방언으로 지속됨을 살펴보았다. 이 글을 쓰면서 제주문화에 녹아있는 제주방언의 생명력을 확인한 것이 또 하나의 기쁨이다.

문화전승자는 30대부터 80대 이상의 여성들 중에서 각 의례를 자세히 기억하고 경험한 사람들을 접촉하여 질문지 중심으로 확인하였다. 이들은 자신들이 직접 혹은 간접 경험한 일제강점기부터 2000년대까지 역사와 문화를 보여주는 증인들이다. 여성 화자를 중심으로 하여 여성들의 시각에서 각 의례를 주관적 · 객관적으로 바라보는 인식 정도, 의례 참여 정도 등을 들여다 볼 수 있다. 그런 점에서 질문의 범위와 내용은 일제강점기부터 어린 시절에 듣고 보거나 경험한 이야기를 바탕으로 자신의 일생의례 경험부터 자녀의 혼사, 부모의 상장례를 치른 2000년대까지의 체험 사례들이다.

조사 지역은 제주도의 행정구역을 참조하여 제주시, 서귀포시, 대정읍, 안덕면, 한경면, 애월읍, 구좌읍, 성산읍, 표선면, 추자도 등지에서 문화전승자를 선정했다. 제주도에 속한 작은 섬으로 마라도, 비양도, 가파도, 우도, 추자도가 있는데 이 지역의 일생의례 일부는 『제주여성속담의 미학』(민속원, 2012)에 수록되어 있다.

그런데 추자도의 일생의례는 추가로 조사하여 각 의례별로 제주도와 다른 경우 그 사실을 밝히고 제시하였다. 따라서 이 글에서는 구체적인 마을을 소개하지 않고 제주도를 한 단위로 묶어서 논의를 전개하겠다.

책 내용을 좀더 풍성하게 보여주기 위하여 사진자료를 활용하였는데, 필자가 직접 찍은 사진은 그대로 게재하고 제공받은 사진은 제공자 이름을 밝혔다.

19

의례와 공간의 관계

일생의례를 다룰 때 대부분 의례 절차와 의례 주관자, 의례 협력자, 의례 참여자 등 사람 중심으로 이야기되어 왔는데 이 글에서는 각 의례가 수행되는 공간을 통해 집의 역사적·문화적 가치도 살펴보고자 한다.

보편적으로 집은 가족문화를 생산하고 소비하는 가족공동체의 결집장소이며, 일생의례가 실행되는 사회문화 공간이기도 하다. 즉 '출산, 혼인, 상례, 제사'의 각 의례가 숭고하게 치러지는 공간인 셈이다.

공간(空間)의 사전적 의미를 보면 ① 영역이나 세계를 이르는 말. ② (어떤 물건이나 물체가 존재할 수 있거나 어떤 일이 일어날 수 있는) 물리적으로나 심리적으로 널리 퍼져 있는 범위를 뜻한다. 즉 공간은 추상적이고 넓음이며, 장소는 구체적이고 좁음이라 할 수 있다.

여기서 '공간'이란 사전적 의미 외에 인간의 활동영역의 기초가 되는 장소, 인간의 정서를 유발시키는 곳, 기억의 상실과 재현 등 인간의 현실세계와 정신세계의 근원이 되는 총체적 의미로 보고자 한다. 따라서 이러한 의미를 지닌 공간이 제주여성의 일생의례와 어떤 관계가 있는지 각 의례 절차별로 제시하겠다.

과거에 여성공간이란 개념이 없었는데, 여성주의 시각으로 역사와 세상을 바라보기 시작하면서 여성의 활동 공간에 의미를 부여하기 시작했다. 여성의 공간

온 실측이 가능하지만 공간의 의미는 개인에 따라 다르다. 즉 공간의 경험에 따라서 그 크기는 작거나 크게 다가올 것이다.

제주도 일생의례에는 제주의 문화가 녹아 있어서 여성문화의 특징을 짐작할 수 있다고 본다. 문화는 시대에 따라 변하듯이 일생의례 또한 환경의 변화에 따라 의식의 일부가 변하기도 한다. 그러므로 한 인간의 생애사를 통해 개인사가 발생하는 공간과 그곳을 의미 있게 기억하는 인간의 내면세계를 짐작할 수 있다.

딸로 태어나서 여성으로 살아가는 데는 두 개의 공간이 확연히 구분된다. 이는 친정과 시가이다. 이 친정과 시가의 분리선은 혼인이므로 여성의 일생의례 공간이란 혼인과 더불어 부여된 공간이라 할 수 있다. 혼인을 하게 되면 북반구에 살던 사람이 남반구로 이주해서 사는 것처럼 환경과 문화의 적응에 어려움이 따른다. 여성은 어머니의 의무로 자식을 낳고 양육하며 며느리로 가사노동에 투입되며 시가 중심의 상례와 제례의 조력자가 된다.

여성에게 친정은 출생하고 성장해서 결혼이라는 다음 세계로 들어가기 위한 준비 단계의 공간이라 할 수 있다. 반면에 시가는 낯선 공간이지만 젊음을 바쳐서 노력 봉사하고, 제사를 받들면서 가문의 영속 유지에 기여하고 노년기까지 보낸다. 그러다가 죽어서라도 시가의 선산발치에 묻히기를 열망하고 아들의 효도를 받는 공간이라는 의미가 있다.

일생의례에서 여성들은 역사의 뒤안길에서 훌륭한 조연으로 살아왔다. 그러므로 여성의 일생의례를 살핌으로써 여성들은 남성들의 위치를 어떻게 확립해 주었는지를 알 수 있을 것이다. 제주도와 한국의 여성공간이 크게 다르지는 않을 것이지만 주거환경이나 가옥구조가 서로 다른 점이 있어서 각 의례가 이루어지는 공간에도 차이가 있다고 본다.

이 외에도 제주도의 일생의례에 남아있는 제주방언을 추출하여 그 의미를 확인하여 보고자 한다. 이는 의례가 개인의 의식을 지배할 뿐만 하니라 언어의 지속성에도 유효함을 알 수 있기 때문이다.

요즘 제주사회에서는 제주방언의 보전과 활용에 다양한 관심을 표명하고 있고, 실천 방법에 관심을 갖고 있다. 이런 측면을 고려하여 제주방언이 제주문화의 주요소임을 확인하고자 한다. 이를 통해 제주도의 무형문화자원이 곧 제주방언의 보고임을 깨닫는 계기가 되기 바란다.

【출산의례(出産儀禮)의 전승】

혼담을 통해 배우자가 결정되면 정해진 절차에 따라 혼례를 치르고, 새로운 가정을 구성하는 중심으로 진입한다. 그 다음 젊은 부부를 기다리는 것은 새 생명을 출산하고 양육하는 것이다.

제주도에서 전승되는 출산의례는 일제강점기부터 현대까지 부분적인 변화는 있지만 어머니인 여성들로 이어지고 있다. 이 장에서는 임신 기원부터 잉태 과정, 잉태 후 임신부와 가족들이 지켜야 할 비법, 출산 준비 과정, 출산 후 가족공동체의 의무와 배려, 아들과 딸을 낳는 여성들의 가치관 등을 시대별로 다루고자 한다.

또한 제주도에서는 관례(冠禮)가 특별히 전해오지 않으므로 이 장에서는 제주여성들이 성인 반열로 진입하는 시기에 있었던 문화·사회적 활동을 들여다봄으로써 이를 대신하고자 한다.

잉태의 신비성

출산의례 중 첫 관문은 생명을 잉태하는 것이다. 일반적으로 혼인하여 새로운 가정을 꾸리면 그 다음 순서는 출산이라는데 이견이 없다. 양가 부모와 친척들은 신혼부부가 빠른 시일 내에 새로운 식구 만들기를 기다린다.

물론 임신은 원하는 시기에 원하는 대로 이루어지지 않으므로 치성을 드리고 가문의 대를 이를 '아들낳기'를 열망한다. 잉태 전후로 태몽이 있고, 잉태 후 건강한 아이를 출산하기 위하여 태교에도 게을리 할 수 없다.

임신은 인간의 의지대로 되는 것이 아니고, 절대자의 선물로 생각해 왔다. 그래서 기자의례도 있었다.

| 임신 기원 |

성인남녀가 양가 협의하에 혼례를 치르면 아이를 갖는 것은 자연의 이치이다. 별다른 노력 없이 임신을 하면 문제가 안 되지만 원하는 시기에 임신을 하지 못하면 당사자는 물론 양가 부모의 근심거리가 되었다. 임신염원에는 치성기자와 주술기자가 있으며, 두 가지 방법이 보편적으로 사용되었다.

인간사는 물론 신들의 세계에서도 임신을 위한 치성 의례와 기도제물이 나온다. 이러한 내용이 나오는 제주신화[1]는 다음과 같다.

[동해 용왕은 서해 용왕 딸과 결혼했는데 30~40년이 지나도 자식이 없었다. 명산대찰에 가서 기도하면 자식을 얻는다는 말을 듣고 관음사에 가서 백일 간 기도하니까 月宮 仙女 같은 딸을 낳았다. 아들이 아니어서 조금 섭섭했지만 모시면서 잘 키웠다.]

- 현용준(1976 : 25), 産神과 마마신(삼승할망 본풀이), 『제주도신화』

[천하 임정국 대감과 지하 김진국 부인이 부부가 되어서 부자로 잘 살았지만 50세가 되어도 자식이 없었다. 임정국은 자식이 없어서 주변 사람들에게 대접을 받지 못하고, 자식과 행복하게 지내는 거지도 부러워했다.
어느 날 황금상 도단땅 스님이 보시를 청하러 왔다가 임신 기도가 있음을 알게 된다.]

- 현용준(1976 : 37~38), 초공과 유씨부인(초공본풀이), 『제주도신화』

[한 마을에 사는 김진국은 가난하고 임진국은 부자였는데, 둘 다 마흔 살이 되도록 자식이 없었다. 어느 날 영험하다는 동개남절당(東觀音寺)에 가서 백일불공을 드렸다.

---

1 이 책에서 제시한 제주신화는 현용준(『제주도신화』, 서문당, 1976)과 진성기(『남국의 전설』, 학문사, 1978)에 근거하였다. 현용준(1976) 에 수록된 제주신화는 무당의 구송을 채록 · 정리한 서사무가이다. 진성기(1978)에 수록된 전설은 1955~1959년에 채록 · 정리되어 1959년에 초판되었으며, 1978년에 증보판으로 나왔다. 이하 본문에서는 이 출처를 자세히 밝히지 않겠다. 인용한 제주신화 내용은 필자가 정리하여 제시하였다.

그 후에 김진국은 아들을 낳고, 임진국은 딸을 낳았다. 아들은 사라도령이라 하고 딸은 원강암이라 지었으며 두 사람은 구덕혼사(아기구덕에서 자랄 때 부모가 결혼시키는 것)를 했다.]

- 현용준(1976 : 65), 꽃감관(이공본풀이), 『제주도신화』

[옛날에 하늘공사와 지애공사 부부가 있었다. 동개남에서 수룩을 드리고 딸을 낳았는데 애기씨라 이름 짓고 금지옥엽으로 키웠다.]

- 진성기(1978 : 55), 애기씨(자지명왕 애기씨), 『남국의 전설』

[김칫골이라는 마을에 김치운 원님이 있었고 강림은 그의 사령이었다. 이웃 마을에 버물왕이 살았는데 자식이 없자 수륙제를 드리니 연이어 아들 아홉 형제를 얻었다.

맏이 세 형제가 죽고, 그 아래 세 형제가 갑자기 죽고 그 밑에 세 형제만 살아남았다.]

- 진성기(1978 : 19), 강림, 『남국의 전설』

제주신화 5편을 보면 신들은 결혼하고 40~50세가 되어도 자식을 낳지 못하여 고민하다가 치성기도를 드려서 후사 봄을 알 수 있다. 보통 건강한 아이를 출산할 수 있는 가임 기간은 20대~40대로 보면 신들의 자식 낳기는 노산(老産)에 해당된다. 그러나 이는 신들의 이야기이므로 여성이 나이 들어서 출산하는 것이 이상한 사건은 아니다.

여기서는 신들의 세계에서 행해진 임신 방법이 인간세계와 다른지, 유사한지를 알아봄으로써 제주의 근대 이전 풍속을 신화에서 찾아보고자 했다.

신화와 비교해 보면 인간세계에서는 결혼 후 1~3년이 지나도 임신하지 못하면 치성기도와 주술기도 등 자신들이 할 수 있는 방법을 동원하여 후사 보기에 노력했다. 최소한 결혼하여 1년이 지나면 임신에 대한 불안감이 생긴다. 결혼 후 3~5년 정도 지나도 임신하기 어려우면 임신기원 기도를 드리는데 모두가 이런 의례를 행하는 것이 아니라 각자 형편에 맞게 지낸다. 이때 심방(무당)을 대동하여 명산을 찾아가서 치성기도를 드린다. 사람에 따라 자식을 얻기 위하여 '불도맞이굿'[2]을 하는데 자식이 있는 사람도 이 굿을 한다.

---

2 불도맞이는 삼승할망(産神)에게 임신할 수 있도록 도와주기를 청하는 의례이다. 굿 의례 제차로 맨 처음 진행되는 '초감제'가 있다. 이 초감제 바로 다음에 불도맞이를 한다. 또는 임신 기원 의례로 단독으로 '불도맞이굿'을 한다. 이 굿의 내용은 「산신(産神)과 마마신－삼승할망본풀이」(현용준, 『제주도신화』, 1976)로 전해 온다. 이 서사무가는 삼승할망이 서천꽃밭에서 생불꽃을 따다가 잉태하게 해 준다는 내용이다. 여기서 생불꽃은 주로 동백꽃으로 등장한다.
한 문화전승자의 경험을 들어보면 불도맞이굿을 할 때 동백꽃으로 꽃길을 만드는데 무당이 의례를 행하면서 해당 여성에게 마음에 드는 꽃을 선택하라고 한다. 이때 여성이 뽑은 꽃의 상태에 따라 태어날 아기의 건강 여부를 점치기도 한다.

■ 동백나무

■ 동백꽃

일제강점기의 출산의례를 보자. 여성이 결혼하면 임신과 출산은 예정된 단계로 인식했으며, 출산하기까지 여러 시도들이 있었다. 즉 결혼한 여성이 임신하지 못하면 산신이나 삼승할망(삼신할망)에게 청하고, 마을에 있는 신당을 찾아가서 비념했다. 이 당시에 산신기도를 드리기 위하여 집에서 아주 멀리 있는 장소까지는 가지 못하고 마을에서 산쪽으로 가는데 깨끗한 곳을 정해서 기도했다. 삼승할망은 마을마다 있어서 필요하면 이와 동행이 가능했다. 이때 당사자는 친정어머니나 시어머니 등 형편에 따라 모시고 간다.

1950년대부터 2000년대까지도 결혼해서 1~3년까지는 아이가 생기기를 기다려 준다. 그 사이에 걱정하는 부모들도 있지만 주로 시어머니가 "밥 먹은 값들 안 헴시냐?(밥 먹은 값들 안 하고 있니?)" 정도로 압력을 행사한다. 그러다가 자식이 없거나 딸만 낳으면 그 자신이 직접 친정어머니나 시어머니와 함께 사찰, 명산 등 영험하다는 곳을 찾아다니면서 '생남기도'를 드렸다.

산신기도 제물로는 돌레떡, 메(밥) 3기, 시리떡(시루떡), 메역채(미역무침) 3기, 생감주(산신에는 반드시 날감주를 올림) 등을 준비한다. 시루 하나에 돌레떡을 3개씩 올리므로 시루떡 3개면 돌레떡은 9개를 준비한다. 게영(갱)은 올리지 않는다.

임신염원 과정을 보면 '자연임신'을 하면 별 문제가 없지만 그렇지 못할 경우에는 아이(특히 아들)를 잘 낳는 사람의 옷을 빌려다 입는 등 민간 풍속도 있었다.

임신은 억지로 되는 것이 아니지만 집안에 따라 며느리의 잘못으로 생각하여 구박했다. 사람에 따라 1990년대에도 유산한 다음 임신이 어려우니까 백련초, 흰 접시꽃을 끓여서 먹었던 풍속이 있다. 특히 하얀 접시꽃 뿌리를 끓여 먹으면 임신할 수 있다는 민간요법이 전한다.

■ 서자복(제주시 용담동 소재)

■ 애월리 남당

| 가문의 대 잇기 |

다음 신화 내용은 치성의례를 행할 때 기도제물 무게에 따라 아들과 딸의 운명이 정해짐을 보여준다. 신화에도 딸과 아들의 출생 비밀이 있다. 즉 남성은 완성되고 완벽함을 상징하고, 여성은 미완이고 부족함을 상징적으로 알 수 있다. 신화를 보면 기도제물로 100근을 설정하여 이 기준치에 도달하면 아들이 태어나고, 기준치에 미치지 못하면 딸이 태어남을 알 수 있다. 물론 이 신화는 여신들의 출생을 보여주는 것이라 치성기도 후 딸을 얻게 되는 과정 설명에 초점이 있다.

신계나 인간계나 자식을 얻으려는 열망은 같으며, 이를 위해 생명신에게 청원하고 주로 아들 낳기를 바랐으며, 만약 딸이 태어나도 운명으로 받아들인다.

[중이 말하길 "우리 堂에 영검이 좋고 수덕(酬德)이 좋으므로 송낙지(고깔 만들 재료)도 구만 장, 가사지(袈裟地)도 구만 장, 上白米도 일천 석, 中白米도 일천 석, 下白米도 일천 석, 은도 만 양, 금도 만 양 해서 백 근 근량 채워 놓고 백일간 願佛水陸齊를 드리라."고 했다.
이 날부터 이 부부는 머리와 손톱을 다듬고 소금에 밥을 먹으며 불공을 드렸다. 하루 세 번 백일 간 불공을 드렸는데 제물이 아흔아홉 근으로 백 근이 안 되어서 딸을 낳았다. 백 근이 되었으면 아들일 텐데.
구시월에 온 산이 단풍이 들 때 태어나니까 아기의 이름을 "저 산 줄이 벋고 이 산 줄이 벋어 왕대월석금하늘 노가단풍 자지맹왕 아기씨"라 지었다.]

- 현용준(1976 : 39~40), 초공과 유씨부인(초공본풀이), 『제주도신화』

[김진국 대감과 자지국 부인이 결혼해서 비복을 갖추어서 잘 살았지만 오십이 가까워도 자식이 없었다. 하루는 동개남 은중절의 小師(上佐)가 시주하러 왔다가 임신기도 방법을 알려주었다.
송낙지도 구만장, 가사지도 구만 장, 상백미도 일천 석, 중백미 · 하백미도 일천

식 등 백 근을 채워서 백일불공 드리길 권유했다. 대추나무 저울로 제물을 달아보니 아흔아홉 근이 되어서 아쉽게도 딸을 낳았다.

앞이마엔 해님이요, 뒷이마엔 달님이요 두 어깨엔 금샛별이 송송히 박힌 듯한 귀여운 아이다. 자청하여 낳은 자식이니 '자청비'라 불렀다.]

- 현용준(1976 : 150~152), 자청비(세경본풀이), 『제주도신화』

[칠성의 아버지는 장나라 장설룡이고, 어머니는 송나라 송설룡이다. 이 부부는 아주 부자로 살았으나 50세가 되도록 자식이 없어서 근심이었다.

하루는 동관음사가 수덕이 좋다는 말을 듣고 '송낙지(송낙을 만들 재료)도 구만 장, 가사지도 구만 장, 상백미도 일천 석, 중백미도 일천석…'을 준비해서 석달 열흘 백일 동안 하루에 세 번 불공을 드렸다.

백일불공이 끝나는 날 스님은 기도제물이 백 근이 부족해서 딸을 낳을 것이라 했다. 이 아기씨가 태어났다.]

- 현용준(1976 : 211~212), 蛇神 칠성(칠성본풀이), 『제주도신화』

이상으로 여러 편의 신화에서 보았듯이 결혼한 부부의 최대 목적이자 관심은 자손을 얻는 것이다. 특히 아들 얻기를 열망하여 신에게 청하고 제물도 정성껏 준비한다. 이와 같은 기자의례는 인간들의 세계에도 존재한다. 제주신화에도 등장하는 치성기도와 기도제물의 종류, 합당한 제물의 양 등이 인간들에게 어떻게 수용되어 있는지 문화전승자들의 경험을 통해서 확인할 수 있다.

친정어머니 입장에서는 딸이 시집가서 자식, 특히 아들을 낳지 못하면 온갖 정성을 다하고, 보약을 먹이는 등 남의 집 가문의 대 잇기에 전력투구한다. 만약 아들을 낳지 못할 경우에는 아들을 낳고 잘 키우는 집에 주인 모르게 심방을 모시고 간다. 그런 다음 당사자의 치마에 그 집 아기를 빌려오는 형식으로 감싸는 시늉을 해서 집으로 돌아온 다음 그 치마를 계속 입었다는 사람도 있다.

또한 아들을 낳지 못한 여성은 시장이 새로(오일장이 장소를 이동해서 새로 시작하는 날이나, 오일장이 처음 개장하는 날) 서는 날 옷 벗고 돌아다녀야 아들을 낳을 수 있다는 속설도 전해 온다.

이와 좀 다른 방법이기는 하나 만약 본처가 아이를 낳지 못하면 시부모가 첩을 얻도록 권유한다. 족은각시(첩)가 아이를 낳으면 본처와 이혼하거나, 두 아내가 거주지를 따로 마련한다. 한 울타리 안에 두 여성이 같이 사는 경우도 있다.

사람에 따라서 친정어머니가 첫아기를 늦게 낳으면 자신의 딸에게도 대물림될까 몹시 걱정한다. 친정어머니에 따라 결혼한 딸이 제때에 임신하지 못하면 마치 자신의 잘못으로 여기거나 연이어 딸만 낳아도 미안해서 사돈집에 함부로 다니지 못했다는 사람도 있다.

1970년대까지만 해도 아들을 낳기 위한 비법은 단순했지만 의학이 발달하고 경제적인 여건이 좋아지면서 임신 방법이 더욱 정교해져서 체질개선, 합궁 택일, 한약 복용 등 여러 방법이 동원된다.

1980년대부터는 임신하지 못하면 병원의 도움을 받는 것이 보편화되었으며, 대리모, 인공수정 등 태아수정에도 많은 변화가 있었다. 부부가 임신을 하지 못하면 주로 아내에게 큰 부담이 주어진다. 이럴 경우 부부의 인연이 아니라고 생각하여 이혼 후에 각자 재혼하면 아이를 낳는 사람도 있다.

우리나라는 물론 제주 사회에서 아직도 입양에 부정적이다. 부부가 협의하여 입양하더라도 부모들이 반대하여 관계가 어긋나는 집도 있다. 입양은 단순히 부부의 문제라기보다는 가문의 문제가 된다. 가문의 대를 잇는 남성에 의해서만 제사명절을 할 수 있기 때문에 혈통을 중요하게 여기는 것은 제주도만의 문제가 아니라 우리나라의 문제이다. 그래도 개인의 가치관이나 종교에 따라서 불임과 자손에 대한 집착은 조금씩 다르다. 불임 원인이 남편에게 있으면 대개 그 가정은 유지되지만 아내에게 있으면 잘 유지되지 않는 집안도 있다. 이럴 경우 남편이 외도하여 아들을 낳으면 본부인이 묵묵히 양육하거나 그렇지 않을 경우 이혼한다.

| 태몽 |

태몽은 태어나지 않은 아기에 대한 기대감이라 할 수 있다. 태몽은 임신 전후에 당사자나 주변 식구들에게 나타난다. 꿩, 큰 구렁이, 큰 개, 빨간 고추, 잘 익은 호박이나 감 등 과일, 수소 등을 꾸면 대개 아들일 것이라는 태몽에 해당된다. 이외에도 비행기나 기차를 타거나, 어항속의 물고기도 아주 크며, 용이나 뱀이 보이고, 마대와 톱 같이 남성들이 사용하는 연장을 줍는 경우에는 아들일 확률이 높다.

딸임을 예견하는 징조로는 가늘고 비실비실한 실뱀, 배추, 덜 익은 호박이나 감 등 파랗고 잘 익지 않은 과일, 바구니, 군고구마, 빨간 장미꽃, 김매기, 꽃, 파란 고추, 계란, 병아리 등이 있다.

태몽에 대해서는 여성들이 결혼 전에도 이웃 어머니들이 모여서 이야기하는 것을 듣기도 하고, 임신한 여성들이 직접 · 간접 경험에서 얻은 것이다.

지금도 사람들은 나를 임신했을 때 어머니는 어떤 꿈을 꾸었을까 궁금해서 여쭤보기도 한다. 그것은 자신이 어떤 가치를 지녔는지, 어떤 모습으로 살아갈 것인지에 대한 궁금증이기도 하다. 사람에 따라 자신의 태몽을 들으면서 자신의 과거와 미래에 의미를 부여할 수도 있다.

| 태점 |

사람들은 태점을 통해 생명에 대한 호기심과 기대감, 생명의 신비 등을 현실적으로 점검해 볼 수 있다.

지금도 아들 선호사상이 팽배하지만 임신하면 딸 아들에 대한 걱정보다는 신체적으로 건강한 아이가 태어나기만 바라는 가족이 늘고 있다. 이는 아들 선호사상이 변한다고 볼 수 있으나, 불임부부가 많기 때문에 단순히 건강한 아이를 순산하려는 염원이 강해지는 것이다. 이는 1980년대 이전의 의식에 비하면 가치관의 변화가 뚜렷하다고 볼 수 있다.

병원에서 성 감별이 안 될 때는 어머니들의 경험에서 성을 감별하는 방법이 있으며, 이는 지금도 유효한 말이다. 속설로 전해오는 말이지만 부부의 나이로 계산하는 방법도 있는데 일부 문화전승자는 자신의 경험에 비춰 봐서 80%는 맞는다고 보았다.

사람들 사이에서 공유된 태점의 유형을 보면 임신부의 동작, 자세, 외형 등에 나타난 변화를 보고 딸과 아들을 구별하였다. 물론 이 말들은 어디까지나 경험에서 산출된 자료이며, 적중률이 완벽한 것은 아니다. 그 사례를 하나씩 살펴보겠다.

먼저 임신부가 걸어갈 때 그 이름을 부르면 돌아보는 방향이 다르다. 임신부가 무의식중에 오른쪽으로 고개를 돌리면 아들이고, 왼쪽으로 돌리면 딸을 임신했다고 여긴다.

임신부의 배 생김새로도 성별 맞추기가 가능하다. 아들일 때는 배꼽에서 조금 위에 위치하며, 태중에서 운동하는 횟수가 느리지만 힘이 있다. 아들을 잉태하면 딸을 임신할 때 보다 배 모양이 둥그렇고 옆으로 퍼진다. 딸일 때는 배꼽에서 조금 아래에 위치하며, 움직이는 횟수가 잦다.

임신부 자신도 의식하지 못하지만 앉는 자세를 보고 태아의 성을 감별할 수 있다. 임신 후 6개월 정도 되면 마루에 앉는 모습으로도 판별된다. 딸을 임신하면 몸이 가볍고 아무데나 다니면서 덥석덥석 앉는다. 아들을 임신하면 어느 장소라도 조금 높은 곳에 앉으며, 무엇을 깔고라도 높게 앉으려고 한다. 이 태점은 70~80% 정도 확률이 있다고 전해 온다.

임신부의 얼굴이나 형체를 보고 성을 감별할 수 있다. 먼저 임신부의 얼굴에 기미가 생기고 미우면 딸이고, 얼굴에 붉은 기운을 띠면서 고우면 아들이라고 한다. 산달에 임신부의 콧등이 가늘어 뵈면 거의 아들이라고 믿었다.

임신부의 엉덩이가 튀어나오고 배가 뾰족하면 딸이고, 배가 펑펑하고 넓으며, 배꼽 있는 부위가 말랑말랑하면 아들이다.

아기의 행동을 보고 다음에 태어날 아기의 성을 점치기도 한다. 임신한 상태에서 어린 아기가 남성의 행동을 하면 아들이고, 여성의 행동을 하면 딸로 추측한다.

이와 같은 태점은 과학적인 비율로 정확하게 제시하기는 어려우나 어머니들의 경험에서 나온 말이다. 민간에서 전승되는 태점은 주로 50대 이상 여성들의 경험담이다.

| 태교 |

임신하면 새로운 생명이 온전히 자라서 세상에 나올 수 있도록 임신부와 가족들의 노력이 절대적으로 중요하다. 소위 태교는 경험에서 얻은 지혜에 과학적 지식이 첨가되어 전해지고 있다.

일제강점기에도 임신하면 임산부와 태아를 보호하기 위한 금기어가 있었으며, 이는 지금도 변함없는 말이다. 오래전부터 제주의 어머니들은 딸이 결혼하면 임신에 대비해서 나름대로 태교 방법을 알려 주었다. 태교 방법이 문헌으로 잘 기록된 것은 없지만 구전되는 속담에는 남아 있다. 이러한 속담은 지금도 과학적인 태교법과 견줄 만하다.

전통적인 농경시대의 태교 내용과 대중매체가 발달한 현대의 태교 내용은 용어에서 조금 다른 정도이다. 그러나 임신부는 항상 좋은 것을 보고, 마음을 편하게 갖고, 남을 도와주고, 좋은 음식을 섭취해야 한다는 사실은 시간이 지나도 변함없는 내용이다. 자유롭게 의료혜택을 받을 수 없던 시절에는 임신 관련 속담과 금기어로 전승되는 구전 방법의 태교가 주를 이루었다. 그러다가 대중매체가 발달하고 임신부의 교육 수준에 따라서 태교 방법도 다양해졌다.

근현대 제주여성들로 전해오는 전통적인 태교법은 속담과 금기어의 형식을 빌려서 지금도 제 역할을 다하고 있다. 그 내용을 일부 보면 임신부는 '마음가짐을 바르게 하고, 상가에 다니지 말고, 불 난 곳에 가지 말고, 바삭바삭 깨지는 소리가 나는 곳에 가지 말고, 어디 가서 앉더라도 귀퉁이에는 앉지 말고, 음식도 반듯한 것을 먹고, 움직이는 돌멩이도 밟지 말고, 문지방도 밟지 말라'는 등 어머니들이 아는 만큼 딸들에게 가르쳐 준다. 주로 여성들이 임신부에게 "임신하면 어디 사고 나도 덥석 앞에 나가지 말곡, 궂인 거 보지 말곡, 베염 ᄀᆞ튼 거 보지 말라.(뱀 같은 것을 보지 말라.)"라고 하면서 주기적으로 경계심을 갖도록 했다.

임신하면 당사가가 알아서 조심해야 하므로 젊은 여성들도 구전되는 태교를 수용한다. 만약 어디서 사고가 나면 이웃 사람들이 "저디 가 불라. 애기 벤 사름은 궂인 거 베리지 말라.(저기로 가 버려라. 임신한 사람은 궂은 것을 보지 말라.)"라고 한다. 임신부가 솥덕(삼발이 모양)을 세 가닥으로 설치하면 언청이 아이가 태어난다고 전해 온다. 지금도 부엌에서 솥을 함부로 움직이면 좋지 않다고 믿는다.

또한 임신부만이 아니라 친정부모와 시부모도 산달에는 상가에 가지 않는다. 이는 공동체의 묵시적 협의 사항이며, 만약 이를 어기고 임신부가 상가에 가면 주변 어른들이 나무란다. 따라서 임신부 개인의 태교에 대한 노력도 있지만 가족과 마을사람들이 협력하여 태아의 건강을 지켜 주었다.

임신부는 주로 나쁜 곳이나 위험한 곳에 함부로 드나들지 말고, 남을 미워하거나 욕하지 말고 마음을 곱게 가져야 태아의 심성이 바르게 된다고 믿는다. 임신부는 부모가 위독할 때도 그 곁에 있지 못하게 한다. 고통스럽게 죽는 사람, 편안한 모습으로 죽는 사람 등 모습이 다양하기 때문에 임신부가 그 장면을 보면 태아에게 해롭다고 믿었다. 즉 아기가 사람의 사망 시 모습처럼 흉측하게 태어날 수 있다고 믿는다. 이러한 태교는 과거에서 현재까지 가감하는 내용은 있지만 거의 전승되는 의례이다. 임신하면 주변 사람, 특히 어머니들이 전해 주는 금기어가 많으며, 이 말들은 2000년대에도 전승되고 있다.

어머니들은 딸이나 며느리가 임신하면 본인들이 경험했던 태교를 전수한다. 구전되는 태교에는 섭생과 행동의 조심 등 속담의 형태를 빌려서 위협 주술의 효력을 발휘한다. 본인들이 들어왔던 내용에 더 보태기도 하고, 시대에 맞게 변형된다. 이러한 내용은 어머니들의 경험에서 얻은 지혜이므로 결혼한 여성들은 구전되는 태교 내용을 함부로 무시하지 않았으며, 구전 내용이 더욱더 강조되면서 젊은 세대로 전달되었다.

제주여성들의 경험을 통해서 응집된 무형의 태교법에 더하여
대중적이고 유형적인 태교법이 보태져서 전해 온다.
즉 1980년대부터 태교 관련 책이 출판되면서
임신부는 책을 통해서 주의사항을 학습하고,
주변 어른들의 조언도 모두 받아들였다.

태교 책이라고 해야 특별한 것이 아니고 임신부가 좋다고 판단한 것을 보고, 아

기들의 사진이나 그림도 벽에 붙였다. 현대적인 태교법이 유행할 때는 여자아이 남자아이 사진을 딱히 구별하지 않고, 동양과 서양 아이도 잘 구별하지 않았다. 아들을 원했다면 아마도 남자아이의 사진을 붙였을 것이다. 태교 음악도 특별한 것이 아니고 조용하고 차분한 음악을 골라서 들었다. 이 당시만 해도 임신부의 지식 정도나 관심도에 따라서 태교 자료가 선택되었다.

그러다가 1980년대 후반부터 태교음악 등 태교 관련 자료가 대중화되면서 다양한 방법을 쉽게 선택할 수 있게 되었다. 이런 자료들이 나오면서 태교도 대중화되었다. 어머니가 아이에게 목소리를 들려주기 위해서 책을 읽어주고, 1990년대에는 서로 이야기하는 태담(胎談) 태교법도 등장했다.

출산한 여성들의 경험을 들어보면 태교는 아주 중요하다. 임신 중에 마음이 편안하면 태어난 아기의 성품도 유순하고, 그렇지 못하면 좀 모날 수 있다. 그래서 아이를 정성들여 키우는 것보다 뱃속의 열 달이 더 낫고, 뱃속의 열 달보다 잉태 순간이 더 중요하다고 보는 것이다.

임신하면 주로 어머니들이 임신부의 몸가짐에 필요한 주의사항을 알려주는데 신참 임신부는 어른들의 경고를 거역할 수 없다. 태어나지 않은 아기에 대한 경외감, 두려움이 있고 전혀 경험해 보지 않은 일이므로 대응 방법도 모른다. 그래서 어른들의 교육적 지시를 무조건 수용했다. 이것이 전통적인 태교법으로 살아남은 것이다.

임신부의 종교 유무와 상관없이 집안과 지역에서 공유되는 태교는 그대로 받아들인다. 이런 것이 그 지역이나 그 나라의 고유한 문화로 축척된다. 태교법을 통해 문화공동체가 형성될 수 있다. 본인이 경험한 태교를 주위에 다시 전하게 되므로 출산의례는 여성의 입을 통해서 전승되는 의례이다.

| 입덧과 섭생 |

임신을 하면 특별한 음식을 먹고 싶거나 식용이 왕성해지는 사람이 있고, 입덧이 심해서 거의 먹지 못하는 사람이 있다.

제주신화에는 입덧과 섭생이 어떻게 묘사되어 있는지 알아보겠다.

> [옛날에 하늘공사와 지애공사 부부가 있었다. 동개남에서 수륙을 드리고 딸을 낳았는데 애기씨라 이름 짓고 금지옥엽으로 키웠다. (중략)
> 애기씨는 태기가 있어, 삼개월이 지나면서부터 이것저것 음식을 가리며 먹지도 마시지도 못하였다. 걱정이 된 머슴이 무엇을 먹고 싶은지 물었다. 애기씨는 동해바다에서 나는 암전복과 서해바다에서 나는 숫전복이나 둥글둥글한 소라가 먹고 싶다고 했다.
> 머슴이 애써 구해 주자, 애기씨는 여전히 무슨 냄새가 난다면서 물리치고 말았다.]
>
> *-진성기(1978 : 57), 애기씨(자지명왕 애기씨), 『남국의 전설』*

[임정국 대감과 짐진국 부인의 딸로 노가단풍 ᄌ지맹왕 아기씨에게 태기가 있었다. 몸에 변화가 생기고 음식도 가렸다. 밥에는 밥 냄새, 국에는 국 냄새, 물에는 개펄 냄새가 나서 음식을 못 먹었다.

"먹고 싶어라. 먹고 싶어라. 새곰새곰 연ᄃ래도 먹고 싶어라. ᄃ콤ᄃ콤 오미자도 먹고 싶어라." 음식은 안 먹고 날마다 반 노래조로 이렇게 불러댄다.

계집종은 다래 · 오미자나 먹으면 아기씨 몸이 회복될까 하고, 깊은 산중에 들어가 고생고생하며 다래며 오미자랑 따다 주었다. 아기씨는 한두 방울 먹더니 풀 냄새가 나서 못 먹겠다고 내던졌다.]

- 현용준(1976 : 44), 초공과 유씨부인(초공본풀이), 『제주도신화』

위 신화를 보면 여성이 임신하면 입덧을 하고 특별히 먹고 싶은 음식이 있음을 알 수 있다. 일반적으로 임신하면 태아는 자신의 존재를 알리기 위하여 저항의 방법으로 입덧을 유도한다. 입덧은 모든 음식을 거부하거나 선별적으로 음식을 골라 먹게 하는 자연적인 섭생 방법이다. 현대의학의 혜택을 받을 수 없었던 시절에는 임신한 줄 모르고 지내다가 입덧을 하면 큰 병에 걸렸다고 판단하여 치병굿도 하였다.

임신했을 때 먹고 싶은 음식도 딸과 아들의 잉태에 따라서 다르다. 딸을 임신하면 주로 과일이나 채소가 먹고 싶고, 아들일 때는 생간이나 육류를 먹고 싶어 한다. 이런 것은 어머니들이 직접 · 간접 경험을 통해서 얻은 결론이다. 또한 임신하면 태아를 위해서 떡도 온전히 고운 것만 먹고, 과일도 상처가 나거나 이지러진 것은 먹지 말고 곱고 온전한 것을 먹어야 한다고 가르친다.

1970년대까지도 먹고살기 힘든 시절이라 입덧이라고 해도 특별히 먹지 못했지만 1980년대로 넘어오면서 입덧에 대한 인식이 달라졌다. 임신부가 먹고 싶다고 하면 무엇이든지 구해주었다. 비닐하우스 농사가 보편화되면서 사시사철 과일을 먹을 수 있게 되자 가족들의 고생이 덜했다. 임신부에 따라 한겨울에 수박이나 아이스크림을 먹고 싶다고 해서 구하는데 힘들었다는 사람도 있다.

임신부가 입덧을 하면 음식을 가려서 먹게 된다.
입덧을 한다는 것은 태아가 섭생을 요구하는 것이나
이와 상관없이 건강에 유익한 음식을 먹어야 하는 섭생이 중요하다.
섭생 방법은 주로 금기 음식으로 시작되었다.

1970년대에도 보편적으로 임신부에게 적용되는 금기 음식이 있었다. 임신부가 닭고기를 먹으면 태아의 피부가 닭살처럼 거칠어진다며 먹지 말라고 했다. 게도 먹지 말라고 하는데 만약 임신 중에 게를 먹게 되면 아기가 게의 꼬집는 성질을 갖고 태어난다고 믿었다. 다른 금기 음식은 많이 사라졌지만 2000년대까지도 이 두 가지 음식 금기는 전승되고 있다.

또한 산달에는 가루음식과 돼지고기를 먹지 말라는 말도 전승되고 있다. 아기가 태어날 때 가루를 뒤집어쓰기 때문에 그것을 제거하기가 매우 힘들어서 가루음식 먹기를 금지했다. 돼지고기를 먹으면 아기 피부가 미끌미끌해서 잘 잡을 수 없기 때문에 신생아를 목욕시킬 때 힘들다. 이 음식 금기에 대해서는 여러 문화전승자들의 경험담이다.

제주도에서 오래전부터 전승되는 섭생은 시대에 따라 조금씩 달라졌으며, 지금은 임신부의 건강에 좋은 음식은 무엇이든지 먹기를 권장하고 있다.

추자도에서는 임신 중에 특별히 금기한 음식은 없으나 산달에는 닭, 문어, 오징어 등은 금기음식으로 전해 온다. 만약 산달에 문어나 오징어를 먹으면 아기 얼굴에 달라붙어서 나쁘다고 전한다. 오징어잡이를 할 때 산달에 임신부가 오징어를 구워 먹었는데 불에 구울 때 오징어가 말려들어가듯이 신생아 얼굴에 오징어가 붙어 있어서 얼마 살지 못하고 죽었다는 사례가 있다.

| 낙태 |

임신은 원하는 시기에 하는 것도 어렵지만 임신부의 건강상태에 따라 자궁에서 건강하게 키우기도 어렵다. 반면 임신은 잘되는데 그 태아를 원하지 않을 경우 인위적으로 생명을 포기하는 사례가 있다.

낙태하는 이유는 아들을 낳기 위하여 필요 없는 임신을 하지 않으려는 목적이 있었고, 경우에 따라 자식이 여럿이면 경제적인 어려움 때문에 비양심적인 방법을 선택할 수밖에 없었다. 사람에 따라서 딸을 여러 명 낳을 경우 낙태의 방법을 선택해 왔다.

집안마다 다르지만 첫딸이 태어날 때부터 아들타령을 하는 시부모가 있다. 그래서 며느리 얼굴을 볼 때마다 "똘만 나는 년이 재산 망허젠 들어왓저.(딸만 낳는 년이 재산 망하려고 들어왔다.)" 하면서 갖은 구박을 다한다. 이럴 때 낙태에 대한 유혹을 물리치기 어렵다고 한다. 그래서 임신을 하면 "똘 나그네 미움 받으나, 애기 안 낭 미움 받으나 ᄀᆞ트다.(딸 낳아서 미움을 받으나, 아기를 안 낳고 미움을 받으나 같다.)" 하면서 낙태를 선택한다.

원하지 않는 임신을 할 경우 수단과 방법을 가리지 않고 낙태를 원하는데 병원을 찾아가는 것을 창피하게 여겨서 가지 못했다. 반면 약국에서 독한 약을 지어 먹었다는 사례가 있다. 이렇게 태아를 험하게 다루어도 낙태가 안 될 수도 있다. 이럴 경우 아기를 낳을 때까지 기형아 출산에 대한 불안감을 떨쳐버릴 수 없으며, 자식이 성장한 후에도 그 자식에 대한 죄책감은 이루 다 말할 수 없었다는 어머니도 있다.

낙태 방법으로 사용되었던 속설이 전해온다. 소주에 콩가루를 타서 먹기, 독한 풀을 달여 먹기, 돌가루 갈아 먹기, 묵은 간장 먹기 등이 있다. 이런 방법을 사용하면 자궁이 약한 사람은 자연적으로 유산이 되었다. 임신부에 따라 경운기를 타고 비포장도로를 달리거나, 높은 언덕에서 굴러 떨어지는 등 원시적인 방법을 사용하였다. 자궁이 튼튼한 사람은 이런 방법이 통하지 않았다.

1960년대에는 산부인과 개원이 보편화되지 않아서 병원에서 낙태를 하지 않고 민간요법을 이용하거나 그대로 낳았다. 도시와 농촌 간에도 조금 차이가 있는데 도시에서는 이 당시에도 민간요법을 사용하거나 병원에서 낙태를 했다는 말이 있다.

1970년대에도 임신부에 따라 정기적인 검진을 받으러 병원에 다니는 것이 생활화되지 않았다. 또한 피임법이 보편화되지 않을 때여서 원하지 않는 임신을 했을 경우에 행했던 위험한 낙태법이 전해 온다. 그러다가 임신부들이 산부인과 병원에 드나드는 것이 일상화되면서 임신, 자연낙태, 인공낙태에 대해서 좀더 과학적인 방법을 사용하게 되었고, 민간요법들이 사라졌다.

1970년대 제주지역 신문에는 '태아의 성을 감별해 준다.'는 광고가 있었다. 지금은 태아의 염색체를 검사해서 태아의 건강 상태를 확인하고 있다.

1980년대에는 병원에 가는 것도 어색하지 않고, 병원에서 낙태하는 것도 자연스럽게 되었다. 이 당시도 낙태하는 이유로는 자식이 많을 때, 딸을 임신했을 때 등이다.

낙태는 인위적으로 생명 탄생을 거부하는 것이다. 따라서 비과학적인 비법이 동원되었다. 반면 임신을 원해도 자연유산이 되는 경우도 있다. 자연유산이 여러 번 발생하고 몸이 약한 사람은 임신하면 몸조심하라는 어른들의 당부가 따른다. 몸을 많이 움직여야 하는 힘든 일은 하지 말고 조심하기는 기본이고, 보양식으로 문어를 삶아 먹고, 바다 새우를 날 것으로 먹었다.

1970년대까지 자연유산이나 조산하는 이유는 잘 드러나지 않았지만 임신부가 독한 음식을 잘못 먹었거나, 아주 심하게 놀란 정도로 여겼다. 그러나 1980년대 이후 1990년대에 들어와서는 임신부가 유해 환경에 노출되어 있기 때문에 원인 불명의 자연유산율이 높아졌으며, 이는 지금도 마찬가지이다. 물론 사람에 따라 불임과 조산에 대한 명확한 원인을 알지 못하는 경우도 있다.

출생의 신비성

결혼 후 임신하면 태아는 가족들의 보살핌 속에 세상 밖으로 나올 준비를 한다. 이때 임신부는 섭생과 태교로 자신의 역할에 최선을 다한다. 집안의 어른들은(특히 양가 어머니) 신생아의 필수품을 정성들여 마련해 둔다.

임신을 하면 태교와 정기적인 검진을 받고, 각자 다르기는 하지만 대개 6개월이 지나면 신생아용품을 준비한다. 기저귀, 배냇저고리, 아기구덕(요람), 아기이불, 내의 등등 종류도 다양하다. 시어머니는 봇뒤창옷(배냇저고리)과 아기구덕, 아기담

요를, 친정어머니는 아기이불과 뚜데기(포대기)를 사 주었는데 지금도 이 의례는 전승되고 있다. 제주도의 산모가 필수적으로 먹는 산후음식으로 ᄆᆞᆷᄌᆞ베기(메밀수제비), 미역 등도 준비한다.

| 출산 준비 |

봇뒤창옷 일제강점기에도 신생아들은 봇뒤창옷(배냇저고리)를 입었다. 이 옷은 여름에는 삼베로, 겨울에는 명주로 만들었다. 봇뒤창옷은 주로 시어머니가 선물로 준비하는 품목이며, 간혹 친정어머니가 맡기도 한다. 요즘은 사돈끼리 의논해서 이 옷을 사 주거나 돈으로 준다. 양가 어머니들은 서로 봇뒤창옷을 선물해 주고 싶어 하나 시어머니에게 우선권이 있다.

봇뒤창옷은 정확한 치수도 없고, 디자인을 보더라도 여남 구별이 안 된다. 대강 신생아 표준형에 맞게 손바느질로 만들고, 소매는 길게 만들어서 아기의 손이 밖으로 나오지 못하게 한다. 아기가 태어나면 기저귀로 몸을 감싼 후에 최소한 3일이 되면 쑥물로 목욕한 후 이 옷을 7~15일 정도 입힌다.

봇뒤창옷을 입히면 신생아의 태열을 없애는데 효과적이다. 즉 아기가 태어나면 몸에 태열이 있어서 가려운데 까실까실한 삼베로 만든 이 옷을 입으면 자동적으로 긁을 수 있어서 좋다고 여겼다.

사람에 따라서 아기가 입었던 봇뒤창옷을 그 아이가 결혼할 때까지 보관해 둔다. 이 옷은 아기가 건강하게 잘 자라고, 아프지 않고, 아들을 여러 명 낳은 집에 가서 빌려오는데 무엇보다도 아기가 어린이가 될 때까지 건강하게 자란 집안의 옷을 최고로 여겼다.

딸만 낳은 집에서는 봇뒤창옷을 빌려주려 하지도 않고, 빌려가지도 않는다. 아들을 낳아서 무탈하게 잘 키운 어머니는 "우리집이 오민 봇뒤창옷 주마.(우리집에 오면 배냇저고리 줄게.)" 하며 자신 있게 말한다.

아기를 힘들게 키우거나 죽을 경우 사정을 모르고 봇뒤창옷을 빌려달라고 해도 "우리집은 엇다." 하면서 거절한다. 만약 이 옷을 빌려줬다가 그 집 아기가 불행하게 되면 입에 오르내릴까 봐 단호하게 거절한다.

봇뒤창옷은 빌려준다고는 해도 물려주는 거나 마찬가지다. 본인이 더 이상 아기를 낳지 않으려고 할 때 빌려주는 것이다. 이는 형제간에 물려 입고, 남에게 빌려주는 옷으로 이런 풍속은 오랫동안 지속되었다.

요즘처럼 병원에서 출산할 경우 신생아가 퇴원할 때야 집에서 준비한 배냇저고리를 입힌다. 태중에 있는 아기의 성별을 모르기 때문에 시중에서 팔고 있는 배냇저고리는 주로 흰색이다. 요즘은 부드러운 것이 아기 피부에 좋다면서 면으로 만든 배냇저고리를 입히니까 태열을 없애기가 조금 어렵다.

1980대 중반 이후에는 육아용품이 풍부해서 배냇저고리는 잘 빌리지 않지만 형제끼리는 물려준다. 시어머니가 육아용품을 마련해 주고 싶어도 며느리가 알

이서 다 준비해 버리면 해 줄 일이 없어서 섭섭하다는 시부모도 있다. 임신부는 부모에게 어른으로서 참여할 기회를 주는 것도 예의라 생각한다.

기저귀 일제강점기는 물론 광복 후에도 요즘과 같은 기저귀감은 귀했다. 1970년대에도 기저귀감이 귀해서 밀가루 포대를 사다가 양잿물에 삶고 여러 번 빨아서 사용했으며, 경제적으로 여유가 있는 집에서는 천기저귀를 사용했다.

특히 혼례 때 홍세함에 넣는 시렁목(무명천의 일종)은 신부가 출산한 후 기저귀감으로 사용했다. 이 기저귀감을 삶아서 자르고 손으로 감침질해서 기저귀를 만들었다.

1980년대에 일회용품이 대량 생산되고, 보급되면서부터 종이기저귀 사용이 보편화되었다. 1990년대부터는 아기의 건강과 환경보호를 위해서 천기저귀 사용을 권장하고 있다.

아기구덕 제주도의 아기들은 '아기구덕(요람)'에서 자랐다고 해도 과언이 아니다. 일제강점기부터 1960년대까지는 대나무로 만든 아기구덕을 사용했다. 도시에서는 1950년대부터 철제 아기구덕을 사용했지만 전 지역으로 확대 · 보급된 것은 1960년대 말~1970년대 초이다. 그전에는 아기구덕의 재질이 대나무였다. 시어머니가 아기구덕(요람)과 걸렝이(띠; 아기를 업을 때 둘러 동여매는 멜빵)를 만들어 주었다.

띠는 주로 7곱자로 만들었다.

아기구덕은 다른 집안에 빌려주었으며 다 사용하면 다시 찾아온다. 특히 건강하게 잘 자란 아기 것을 빌려서 사용한다. 아기구덕은 삼승할망(삼신할머니)이 물려준 것이라 하면서 남에게 빌려주지 않기도 한다. 지금도 자식을 키웠던 아기구덕을 30년 넘게 잘 보관했다가 손자에게 물려주는 집안이 있다.

아기구덕은 아기의 키보다 조금 크고 깊게 타원형으로 대나무를 엮어서 만든다. 제주도에서 아기구덕이 사용된 것은 밭일을 하던 어머니들이 들고 다니기도 쉽고, 손일을 하면서 발로 흔들 수도 있어서 제주도의 환경에 맞는 유아용품이다. 특히 어머니들이 밭에서 일하는 동안 한쪽에 아기구덕을 놓아두면 아기가 자는 동안 벌레들의 침입을 막는 울타리가 되었다.

2000년대인 지금도 다른 지방 출신 며느리는 아기구덕을 사용하지 않거나, 시부모 말을 들어서 사용한다. 아기구덕은 제주사람들만 사용하므로 다른 지방 출신 며느리들이 거부감을 가질 수 있다. 자신들이 아기구덕을 사용하거나 본 적도 없고, 아기 머리 모양이 미워진다면서 사용하기를 거부한다. 다른 지방에 살고 있는 제주여성들 중에 아기구덕을 사용하는 사람도 있다.

제주에 살건 제주를 떠나서 살건 아기가 태어나면 아기구덕 사용을 권장하는 부모들이 있다. 이렇게 아기구덕도 제주도에서 다른 지방으로 공간 이동을 하면서 사용되고 있다.

제주도의 요람은 '대나무로 만든 아기구덕 → 쉐구덕(철제품인 요람) → 아기용 이부자리/침대'로 변하였다. 이에 따라 신생아의 휴식 공간이 이동하고 있으나 지금도 산모에 따라서는 아기구덕을 사용한다.

이 외에도 산모가 준비하는 신생아용품이 많이 있다. 아기 옷이나 아기 이불을 준비할 때 우리나라에서는 보편적으로 아들은 파란색, 딸은 분홍색으로 구별한다. 임신 중에 성을 모르면 아무 색깔이나 고르지만 아들을 원하면 파란색, 딸을 원하면 분홍색을 선택한다. 1970년대부터 유아용품 구입이 편리해지면서 색상이나 디자인, 재질이 전국 공통이 되었다.

| 출산 장소 |

임신을 하게 되면 임신부로서 태아를 잘 보호하고 관리해야 할 임무가 주어지며 출산 시기가 다가오면 분만에 필요한 여러 가지 물건들을 준비한다. 지금은 병원에서 해결할 수 있지만, 현대식 병원이 없던 시절에는 집 안이 곧 산부인과였다.

임신부가 밭에서 일하다가 아기를 낳기도 했는데 분만 예정일에 따라서 분만 장소와 분만 도우미(삼신할머니)를 정한다. 일제강점기에는 집에서 출산했다. 특별히 산파가 있는 것은 아니고 친정어머니나 시어머니가 담당했다.

일반 가정집에서는 산실이 따로 있는 것이 아니고 대부분 잠자는 방에서 낳는

■ 대나무로 만든 아기구덕

■ 철제로 만든 아기구덕

데 방의 여유가 있는 집에서는 가옥 구조상 남의 눈에 잘 띠지 않는 구석진 방이 산실(産室)이 되었다. 이는 산모와 태아를 보호하기 위한 배려이다. 산모가 거처하는 방을 산실로 정하고, 방바닥에 산디짚(밭벼짚)이나 보릿짚을 깔아서 산실을 만들었다.

과거에는 산실이라고 해도 특별히 준비할 수 있는 여건이 아니기 때문에 가족들이 생활하는 안방이 산실이고 조리원이고 육아방이었다. 그러다가 현대식 가옥으로 바뀌면서 좀더 편안하고 안정되고 쾌적한 공간을 마련하고 꾸며주었다.

1960년대 후반부터 임신부는 병원에 가서 검사를 받기는 했지만 주로 집에서 출산했다. 이때 산파나 조산원의 도움을 받았으며, 병원비가 비싸서 섣불리 병원에 갈 수 없었다.

1970년대에도 병원에서 출산이 가능했으나 의료보험제도가 없을 때이므로 경제적인 여유가 있어야 병원 출산이 가능했다. 이 당시에도 산파가 집집마다 돌아다니면서 출산을 도와주었는데 수고료로 쌀 한 말을 주는 정도였다. 즉 열 사람이면 병원에서 출산하는 사람은 3~4명 정도이고 나머지는 집에서 낳았다. 이 시기에 농촌에서는 20% 정도만 병원이나 조산원에 가서 아기를 낳았고, 80% 정도는 동네 산파의 도움을 받았다. 산기가 있으면 산파를 모셔온다. 이에 대한 보답은 딱히 정해진 것은 없고 3일밥을 하면 모셔오거나 밥을 가져가는 정도였다.

1970년까지는 주로 집에서 출산을 했는데 처음부터 수월하게 출산한 사람은 굳이 병원이나 조산원에 갈 생각을 안 하고 힘들게 낳았던 사람은 병원에서 출산하려고 했다.

1980년대에는 병원에서 출산하는 것이 대중화되어도 출산비용 때문에 집에서, 조산원에서 낳았다. 이때부터 임신하면 정기적으로 병원의 진료를 받고, 출산 장소(병원, 조산원, 집 등)를 임신부가 알아서 선택하는데 주변 사람들의 이야기를 들어서 참고하며, 남편과 의논하는 정도였다.

제주도에서는 근대부터 현대로 오면서
출산 장소가 집에서 병원으로 바뀌고 있으며,
남편이나 가족(친정, 시가 포함) 등 형편에 따라
임신부와 동행한다. 출산 시 속설이 지금도 전승되고 있다.
첫아기를 출산할 때 남편이 같이 있게 되면
두 번째 아이 출산 시에도 남편이 있어야 순산한다는 믿음이 강해서
이럴 경우 산기가 있으면 남편을 찾는다.
이는 여러 문화전승자들의 경험담이다.
맏이가 태어날 때 남편이 옆에 없으면 둘째 출산 때에도
남편이 함께하지 않아도 된다는 말이 전해온다.
한 산모는 출산이 어려워지니까 남편에게 "저레 갑서.(저리로 가세요.)"

라고 말하고 남편이 비켜서자 바로 아기가 태어났다고 전해주었다.
출산을 할 때 아무리 아파도 이를 깨물고 참으라는 어머니도 있다.
진통 때 특이한 행동을 하면
"네가 태어날 때 네 어머니가 이런 소리를 했다." 라고 하면서
그 아이가 자랄 때 마을사람들이 우스갯소리지만
그 흉내를 내면서 흉보는 경우도 있다.

추자도에서는 1970년대에도 출산장소는 집이었다. 마을에 산파도우미가 있었는데, 산파도우미가 없으면 친정어머니나 시어머니가 그 역할을 담당했다. 1980년대에 들어와서 제주로 나가서 병원에서 출산하는 여건이 조성되었으나 집에서 출산하는 산모도 있었다. 출산 장소 선택은 각자의 몫이다. 추자도 임신부들은 1980년대 후반부터 정기적으로 병원검진을 받았다.

| 순산 염원 |

요즘은 불임에 대한 두려움과 정상아의 출산에 대한 염원이 높아지고 있어서 임신하면 딸인가, 아들인가에 대한 궁금증보다는 건강한 태아이기를 바라는 부부가 많다. 사람에 따라 아기가 태어나면 손가락, 발가락 등 신체적 건강함을 먼저 확인하는 경향이 있다.

한 문화전승자는 딸이 조산하게 되어서 병원에 입원했는데 사돈과 같이 병원에 가기는 했지만 두려워서 선뜻 들어가지 못했다고 한다. 안사돈끼리 서로 먼저 보기를 권유하다가 그 집안 자손이니까 시어머니가 먼저 보라고 하고 본인은 나중에 보았다고 한다. 그 손자가 팔삭동이인데 건강하게 잘 성장했다며 옛 어른들이 "칠삭동이는 살아도 팔삭동이는 살지 못한다."는 속설이 깨졌다며 좋아했다.

지금도 임신부가 운동을 잘 하지 않고, 건강관리를 소홀히 하면 출산하기 어렵다고 믿고 있다. 그래서 운동도 적절히 하고, 몸가짐도 조심해야 하는 것은 당연하다. 임신부는 무거운 물건을 함부로 들지 말고, 조침(엉거주춤) 앉지 말고, 조심조심 걸어 다녀야 하고, 탕탕거리면서 몸을 크게 움직이면 태아에게 좋지 않다고 전해 온다. 요즘은 태아와 임신부의 건강을 위하고, 순산과 자연분만에 도움이 되는 호흡법, 체조 등 여러 방법들이 대중화되었다.

과거에는 산기가 있어도 생명이어서 잘못하며 부정 탄다고 믿었기 때문에 함부로 주변에 이야기하지 않고 은밀하게 추진했다. 농사를 지어도 곡식을 장만해서 곳간에 들여놓기 전에는 '풍년이다. 흉년이다.' 하는 말을 하지 말라고 한 것처럼 모든 것은 완성되기 전에는 신중하게 처신하라는 뜻이다. 이런 신중함은 지금도 본받을 만한 태도라고 생각한다.

1960년대에도 집에서 아기를 낳다가 혼자 낳을 수 없게 되어야 산파나 병원의 도움을 받았다. 여기저기 알리면 아기를 낳는 것이 더디거나 제대로 낳지 못한다고 해시 마을에서 삼신할머니(산파도우미) 한 사람만 조용히 모셔온다. 처음부터 산파의 도움을 청하지 않은 것은 경제 사정 때문이기도 하다.

임신부와 그 가족들은 순산에 대한 열망이 강하며
출산이 임박했을 때 행했던 여러 비법이 전해 온다.
아기를 낳기 힘들 때 참기름에 계란을 타서 먹으면
미끄러워서 아기가 잘 나온다고 믿었다.

1970년대까지도 난산일 때 집안에 있는 문이란 문(찬장문, 방문, 고팡문, 궷문, 솥뚜겅 등)은 모두 열어둔다. 첫아기를 날 때는 자궁이 잘 안 열리기도 하니까 어른들이 집안에 있는 문은 전부 열어젖히라고 한다. 이는 자궁문이 잘 열려서 아기가 쉽게 태어나도록 도와주려는 주술 행위이다. 이때 집 안에 있는 모든 문을 열어젖히고 총체로 머리끝을 적신 후에 그 물을 먹고, 참기름도 먹었다. 이렇게 해도 잘 안 되면 집에서 출산하다가 병원이나 조산원의 도움을 받았다. 그래도 병원의 도움을 받지 못할 때는 산모와 태아의 사망이 따른다. 지금은 거의 병원에서 해결할 수 있으니까 출산 시 사망은 드문 편이다.

이와 같이 병원 출산이 보편화되면서 칠삭동이어도 인큐베이터의 도움으로 건강을 회복하는데 병원 출입이 어렵던 시절에는 집에서 지내다가 얼마 살지 못하고 죽기 때문에 영아 사망률이 높았다.

출산은 목숨을 건 의례이므로 임신부의 각오가 특별하다. 1970년대까지만 해도 집에서 아기를 낳다가 사망하는 산모들이 있어서 산실에 들어갈 때는 댓돌 위에 있는 자신의 신발을 돌려놓고 들어갔다고 한다. '무사히 출산하고 이 신발을 다시 신을 수 있을까' 하면서 출산 준비를 했다.

출산 시 병원 이용이 용이하지 않을 때는 산모가 하혈을 많이 해서 죽기도 하고, 태반이 잘 안 나와서 죽기도 했다. 또한 탯줄을 잘 자르고 태반 처리를 해야 하는데 서툰 사람이 잘못하면 시간이 경과해서 태반이 다시 빨려 들어가 버려서 사망하는 등 사망 이유가 다양했다.

산모에 따라 출산이 쉬운 사람이 있고, 어려운 사람이 있다. 출산이 어려울 때 특별한 비법이 있는 것은 아니고, 2~3일 정도 고생하다가 낳는다. 가족들은 지켜보고 기다리는 수밖에 없었다.

추자도에서는 출산할 때 지양(삼신할머니)타는 집은 선원들이 조심한다. 만약 남편이 출타 중에 출산을 하면 선주는 아기아버지에게 3일간 집에 들어가지 말라고 한다. 최소 3일간은 전화도 걸지 않고 방문하지도 않는다. 그러나 선주 모르게 집에 가는 사람도 있다. 선주는 배에 지양탄다고 하면서 조심하라고 한다. 보통 아기가 태어나면 배에 지양(할망상)을 실어야 한다.

만약 어부의 아내가 출산하고, 배에 지양을 모셔야 할 때는 '짚, 쌀, 미역'을 배에 싣는다. 그러면 아무 탈이 없다. 지양타는 배는 잘 모시지 않으면 어장이 안 되므로 성가셔서 선주들이 싫어한다. 지양을 잘 모시면 어장 관리에 지장이 없다.

| 출산 도우미 |

출산도우미는 마을에 있는 삼신할머니, 친정어머니, 시어머니 등 나이 들고 출산 경험이 있는 여성들이었으며, 나중에는 산파와 산부인과 의사로 확대 · 이동되었다.

일제강점기에는 대체적으로 임신부 주변에 있는 출산도우미를 청해서 집에서 출산했으며, 산파가 있는 경우 그를 청해서 출산했다.

제주도에는 1940년대에 자격증이 있는 산파가 있었다. 산파 1호인 한려택(韓麗澤 ; 1898~1992)은 1943년부터 제주시에서 산파일을 했다. 조산소를 개원하지 않고 주로 출장 도우미로 활동했다. 1950년대에는 보건소와 의료원에 근무하던 간호사가 산파 역할을 했다. 이 시기에는 전문 산파(김상휘 : 1919~2008, 1950년대 초부터 산파 일을 했음)가 있어서 조산원 간판을 걸고 출산 전문도우미로 활동했다.

제주시에는 1950년대에 산부인과병원이 있었지만 이런 혜택을 받을 수 있는 사람은 한정되었고, 1960년대에도 집에서 아기를 낳다가 혼자 낳을 수 없게 되어야 산파나 병원의 도움을 받았다. 1970년대에도 조산원을 이용하거나 산파들이 집을 방문해서 출산을 도와주었다.

■ 한려댁(1938년, 오사카), 김균 제공

| 태반과 탯줄 |

아이가 태어나면 태아의 집이었던 태반을 정갈하게 포장한다. 집에서 출산할 때는 태반을 산모 머리맡이나 방에 잘 보관해 두었다가 3일째 되는 날 좋은 방향을 택하여 땅에 묻기, 태우기, 비닐에 포장해서 바닷물에 던지기 등이 행해졌다.

태반 처리 방법은 마을에 따라 다르다. 굴묵(제주도의 전통적인 난방시설)에서 태우는 마을도 있었고, 강통 속에 넣고 불순물이 들어가지 못하게 단단히 묶어서 바다에 던지기도 했다. 특히 바다에 가서 태반을 던질 때는 뒤를 돌아보면 아기가 무서움을 탄다고 여겨서 던진 다음 뒤를 돌아보지 않고 집으로 돌아온다.

대체적으로 부모들은 태반은 태아의 집으로 생각하여 신성하게 다루었다. 태반을 잘 처리하지 않으면 다음에 아기를 낳을 수 없다고 믿었다. 죽은 아기 태반에서는 시커먼 물이 나온다는 말이 있다.

요즘도 조산원이나 병원에서 태반 처리 여부를 가족에게 물어보고 원하면 그대로 준다. 사람의 생명과 관련이 있는 태반을 좋은 곳, 깨끗한 곳에서 처리하려는 것은 신생아의 무탈과 행복을 염원하는 부모의 정성을 표현하는 방법이라 할 수 있다.

탯줄은 한 뼘 정도 자르는데 가위를 잘 소독하지 못하던 시절에는 부모나 할머니가 본인의 이빨로 탯줄을 자르기도 했다. 탯줄은 대개 7~15일 사이에 떨어진다. 탯줄이 떨어지는 시기는 아기에 따라 다르지만 어머니들의 경험에 비춰 볼 때 너무 빨리 떨어지면 그 아기는 키우기(죽기도 함) 어려웠다는 경험담이 전한다.

어른들은 젊은 부모에게 아기의 탯줄을 잘 보관하라고 당부했다. 아기의 탯줄을 종이에 싸서 궤서랍에 보관해 두거나 벽에 매달아 두는 집도 있었다. 탯줄이 마르면 아주 작아서 보관하기 어려운 단점이 있다. 탯줄은 잘 보관해 두었다가 당사자가 위중할 때 탯줄 달인 물을 먹으면 좋다는 말도 있다.

■ 제주도 굴묵

| 성별에 대한 기대와 양자 입적 |

지금도 첫딸을 낳으면 살림밑천이라 하면서 위로하지만 딸 둘을 낳은 후 다시 임신하게 되자 딸을 낳지 않을까 걱정되어서 피임을 했다는 여성도 있다. 1970년대부터 가족계획이 실천되면서 피임이 보편화되자 아내는 남편의 동의를 구하거나 아내나 남편이 각자 의지대로 피임법을 선택했다. 임신도 중요하지만 출산하면 아들인가 딸인가를 더욱 중요하게 여겼다. 아들을 낳았을 때, 딸을 낳았을 때 어떤 대접을 받았는지 문화전승자들의 경험담을 들어보았다.

어떤 사람은 친정식구가 많아서 결혼할 때는 식구가 적은 집에 결혼하겠다며 농담 삼아 말했다. 그런데 이 여성은 정말로 독자에게 시집가서 내리 딸 셋을 낳으니까 시어머니의 구박이 심했다. "밥 먹은 값 못헴저. 놈의 재산 망헴저.(밥 먹은 값을 못한다. 남의 재산 망한다.)" 라는 언어폭력에 시달렸다. 밥 먹을 때마다 시어머니가 아들에게 "각시 얻으라. 각시 얻으라." 하면서 며느리를 소에 비유했다. "암컷만 나는 소는 다른 집에 팔아도 역시 암컷만 난다."고 하면서 사람도 마찬가지니까 아들 낳을 각시를 얻으라는 말이다.

딸을 낳으면 가족들이 겉으로 표현은 잘 안 해도 속으로는 "에에 뚤만썩 헌거.(에에 딸만씩 한 거.)" 하면서 대접을 받지 못한다. 산후 몸조리하는 데도 가족들의 눈치를 보게 되는데, 아들을 낳으면 당당하게 몸조리를 할 수 있었다.

아들이 귀한 집에 아들이 태어나면 딸을 낳았다고 거짓 소문을 낸다. 한 마을

내에서 출산하므로 무슨 아기가 태어났는지 금방 탄로가 나지만 웃으면서 이웃들이 잘 이해해 준다. 아들이 태어나면 남편이나 시부모의 대접이 달라지고 자식 또한 귀여움을 받는다.

1950~60년대에도 현대 의학의 혜택을 잘 받지 못하던 시절이라 딸만 낳을 경우 여성에게 문제가 있다고 여겨서 남성이 부당한 방법으로 아들 낳아 오기를 종용했다. 이는 시부모나 친정부모가 같이 권유하는데 결혼의 첫째 의무는 종족 보존이라는 인식이 팽배하던 시절의 이야기이다. 개인차가 있으나 여성들은 결혼하면 그 집안의 대를 이을 아들을 낳아야 한다는 부담을 갖고 있다. 딸을 낳은 여성은 억지로라도 아들을 낳으려고 여러 명의 딸을 낳기도 한다. 그러고 보면 딸은 아들을 낳기 위한 중간 단계인 셈이다.

결혼해서 첫아기가 아들이면 두 번째 아이는 선택해서 낳을 수 있는데, 딸일 때는 무조건 아들을 낳으려는 어머니들이 있다. 이것은 2000년대인 지금도 마찬가지이다. 한 문화전승자는 자신이 기다리던 아들을 낳게 되자 그 자식이 사법고시에 합격한 것보다 더 좋았다고 전해주었다. 이는 아들에 대한 기대가 어느 정도인지, 아들을 낳음으로써 어머니의 위치가 얼마나 달라지는지를 짐작할 수 있는 말이다.

요즘은 가족들의 압력은 덜하지만 사람에 따라 여성 자신이 아들을 낳으려고 노력한다. 친정에서 남성 형제가 없어서 고달팠던 경험이 있는 여성에게는 아들에 대한 집념이 잠재되어 있다. 부모 입장에서도 큰며느리이면 아들 낳기를 기대하는데, 아들을 낳지 못하면 양자 입적 등 절차가 복잡하다.

지금도 부모가 살아 있을 때는 딸이 좋지만 죽어서
제사를 지내주고 가문의 대를 잇는 것은 아들이기 때문에
아들바라기가 존재하는 것이다.
아들만 2명이 있는 집안은 어머니 입장에서 딸이 없어서
말벗이 없겠다며 위로하는 정도이고,
딸만 2명이 있으면 나이든 사람일수록 그를 측은하게 바라본다.
이런 의식이 남아있는 한 아들에 대한 열망은 사라지지 않을 것이다.
딸은 결혼하면 남의 집 자손이므로 열 명이 있어도 소용없다는 말은
지금도 회자된다. 어른들이 세뱃돈을 줄 때도 딸과 아들을 차별한다.
외가든 친가든 딸보다 아들에게 조금 많이 준다.
이는 예나 지금이나 마찬가지인데 집안에 따라 조금씩 다르다.

아들을 낳든 딸을 낳든 과학적으로는 남성들의 문제이지만 현실적으로는 여성들이 스트레스를 받고 시어머니를 비롯한 주변 식구들도 며느리한테 비난의 화살을 돌린다. 나이에 상관없이 어머니들은 며느리에게 "콩 심은 데 콩 나고 팥 심

은 데 팔 난다."고 하면서 심리적 압박을 가한다. 젊은 여성들은 출산 계획은 부부의 문제인데 여성에게만 과중한 책임을 전가하는 것을 못마땅하게 여긴다. 또한 아이가 아프거나 잘못되어도 죄책감에 시달리는 것은 어머니가 더 큰 편이다. 여성들의 의식이 높건, 교육 수준이 높건 간에 전승되는 의식을 타파하기는 무척 힘들다. 여성들도 '너는 아들도 못 낳으면서…….' 하고 비난한다. 이는 단순히 그 여성을 나무라기보다는 아들을 낳은 여성의 사회적 위치가 당당하고 대접받기 때문에 나온 말이라고 본다.

아들을 얻기 위하여 딸을 4~5명 정도 낳는 여성도 있는데, 그래도 아들을 낳지 못하면 그만둔다. 오래 전에는 본처가 아들을 낳지 못하면 다른 여성에게서 아들을 얻기도 했는데, 이럴 경우 본처도 시샘하여 아들을 낳는 경우가 있었다.

추자도에서는 첩을 작은사람이나 작은각시라고 부른다.
작은각시가 아들을 낳을 경우 직접 키우거나 본부인에게
양육권을 넘기는 사람도 있다. 본처와 첩은 거처하는 집이 다르다.

제주도에서는 오래전부터 집안에 따라 아들 낳기가 여의치 않으면 양자입적 제도를 선택했다. 만약 딸을 여러 명 낳아도 아들을 낳지 못하면 다른 방법이 동원된다. 친척 중에서 남성을 양자로 입양하거나, 첩을 얻어서 아들을 낳기도 한다. 단순히 양자를 입적하기 싫어서 자신의 핏줄을 이어받은 아들을 봉가오기도[3] 한다.

양자를 입적할 때는 어릴 때 친부모의 동의를 구하고, 성인이 된 후에 재산을 주고 입적하기도 한다. 그런데 양자는 물려받은 재산을 잘 유지하지 못한다는 속설이 있다. 이는 양부모가 재산을 일구어서 약간 섭섭하고 아쉬운 마음이 들기 때문에, 양자 또한 물려받은 재산이라 아끼지 않아서 불행한 일이 발생한다고 믿는다.

어느 집안에서는 아들이 없어서 친척의 아들을 양자로 입적할 계획이었다. 그런데 그 양자 대상자가 재산 분배를 빨리 안 한다며 귀찮게 하니까 딸들이 직접 아버지의 족은각시(첩)를 구해서 아들을 낳았다. 그래서 마을사람들은 양자 예정자가 천천히 기다리면 재산을 물려받을 것인데 조금 참지 못해서 다 놓쳤다는 뜻으로 "재산 급허게 먹젠 허단 야게 걸언.(재산 급하게 먹으려고 하다가 목에 걸렸다.)" 하면서 놀렸다.

| 출생 속신 |

사람의 출생은 자연의 이치이지만 임신을 하려면 아이가 태어날 띠를 본다. 만약 내년은 무슨 띠여서 아주 좋다고 하면 임신 계획을 세우고, 나쁘다면 임신 계

---

3 제주방언 '봉그다'는 표준어 '줍다'라는 뜻이다. 사람에 따라서 다른 여성에게서 출생한 아들을 '아들 봉가왓저.'라고 표현한다. 본부인이 아들을 낳지 못할 경우 다른 여성이 낳은 아들을 데려올 때 하는 말이다. 마치 자신의 집안과는 무관한 아들인 것처럼 주변에 알리는 것이다.

획을 미룬다. 이것은 가능하면 한 사람의 잉태 순간부터 태어나서 자라고 죽을 때까지 평탄하고 좋은 운명을 만들어주려는 부모의 욕심이다.

잉태 조절이 가능하고 과학적으로 접근하니까 이런 것들이 가능지만 1960년대까지만 해도 임신하는 대로 낳았다. 그래서 더욱더 사주팔자에 기대었다고 볼 수 있다.

일제강점기부터 지금까지 여성이 태어나는 달과 일시에 대한 속설이 전해 온다. 여성은 정월, 유월, 구월에 태어나면 팔자가 사납고, 정월에 태어난 남성은 좋다는 속설은 사실로 굳어졌다. 또한 백말띠나 범띠 여자는 팔자가 세기 때문에 중매 결혼할 때는 물론이고, 연애결혼도 가끔 문제가 되었다. 음력 1월 초는 더욱 나쁘고 후반은 조금 낫다며, 여성에게 위로해 주는 말도 있다. 여성은 매월 초하루와 보름날 태어나면 안 좋다고 한다. 이 날은 삭망일과 같아서 이 날 태어나면 울 일이 많다는 뜻이다. 또한 여성이 할망날에 태어나면 자라면서 부모 속을 태운다고 믿었다.

대개 어른들이 잘하는 말인데 지금도 태어난 띠 즉 짐승의 성질에 따라서 운수가 '좋다, 나쁘다'를 판가름한다. 예를 들어 소는 겨울에 외양간에서 놀면서 지내니까 이때 태어난 아기는 일생이 편하다고 말한다. 이는 전통적인 농경사회에서 짐승과 사람의 일생을 비유한 것이다. 후기 산업사회로 들어와서는 24시간 움직이기 때문에 이런 말들이 설득력을 잃을 법도 한데 어른들의 입에서 전승되고 있어서 인터넷세대라도 막연히 이런 말에 귀 기울이게 된다. 이런 것이 무형의 문화라 할 수 있으며, 이는 의식의 변화가 더디게 나타남을 보여준다.

지금도 나이든 사람들은 범띠와 백말띠에 태어난 여성은 팔자가 사납다는 속설을 믿고 있으며, 남성이 태어나면 좋지 않다는 달이나 띠는 전하지 않는다. 이런 속설은 희미하게나마 전승되고 있어서 당사자들을 불편하게 만든다. 그래서 이런 비과학적인 속설을 과감히 거부하라고 하지만 기성세대에게 선택권이 있는 한 신세대가 아무리 발버둥쳐도 의식의 변화는 더뎌질 것이다.

출생에 대한 공동체의 본능적 보호

임신부터 출산까지 가족과 당사자들이 지켜야 할 의례가 있다. 임신부와 가족들은 태교와 섭생에 노력하고 신생아에게 필요한 물건 등을 골고루 준비하면 새 생명을 맞이할 준비가 완료된다.

출산장소에 따라 다르나 특정 공간에서 출산하면 생후 3 · 7일은 신생아가 세상을 느낄 수 있도록 정성을 기울인다. 이 절에서는 제주도에서 전해 오는 전통적인 출산의례 중 하나인 생후 적응기의 전승 정도를 살펴보겠다.

| 금줄치기 |

전통적으로 아기가 태어나면 주변사람들에게 행동금기를 요청하는 차원에서 금줄(왼쪽으로 꼰 새끼줄)을 약 7일간 친다. 이는 마을에 장례식이 있으면 상주나 조문 조문객들이 이 집에 함부로 드나들지 말라는 경고이고, 가족 이외에 다른 사람들의 출입을 제한하면서, 신생아를 보호하려는 의례이다.

금줄치는 기간은 마을과 개인에 따라 조금씩 다르다. 대체적으로 한 일주일 정도 쳤다가 밭에 던지거나 태운다. 금줄에 숯을 꽂아두는데, 아들이면 특별히 빨간 고추를 추가로 매달았다.

금줄치기는 주거 형태와 출산 장소의 변화에 따라서 점점 사라지고 있다. 아파트에 사는 경우에는 금줄치기는 안 되지만 타인은 함부로 현관 안으로 들어오지 못하게 한다. 최소한 출산 후 3 · 7일간 사람 출입에 주의하지만 자손이 귀한 집에서 아기가 태어나면 친척들의 방문도 꺼린다.

대개 1970년대부터 산후 몸조리용 한약 먹기가 대중화되었다. 그래서 금줄이 없더라도 아기가 태어난 집을 쉽게 알 수 있어서 서로가 조심했다. 아파트든 단독주택이든 기저귀가 널려 있고, 한약 달이는 냄새가 나면 산모가 있는 집이다. 그러다가 한약도 일회용 팩으로 나오고 종이기저귀 사용이 보편화되면서 이런 것으로 구분하기도 쉽지 않게 되었으며, 사람들은 스스로 알아서 신생아 방문 시기를 조율한다.

산모 필수 먹거리

제주도의 대표적인 산모 음식으로 ᄆᆞᆯᄌᆞ베기(메밀수제비)가 있다. 이 음식을 먹는 것은 메밀의 성분이 피를 맑게 하며, 소화도 잘되는 장점이 있기 때문이다. 이 음식은 제주사람들만 먹어 왔으며 적어도 일제강점기부터 2000년대인 지금까지 전해오는 출산음식이다.

일제강점기에도 출산하면 산모는 ᄆᆞᆯᄌᆞ베기(메밀수제비)를 먹고 며칠 지나면 보리쌀이나 좁쌀로 밥을 지어 먹었다. 메밀가루에 미역을 넣어서 끓이고, 날가루를 물이나 막걸리에 타서 먹었다. 산모가 먹는 미역은 자르지 않고 통째로 구입한다. 이는 산모와 아기에게 온전한 것을 제공해야 좋다는 믿음이 있으며 지금도 이런 풍속은 이행되고 있다. 병원에서 출산해도 집에 오면 바로 메밀수제비를 먹는다. 산모는 메밀가루 음식을 먹다가 최소한 3일이 되면 옥돔미역국을 먹는다. 이때가 수유 시작 시기이기도 하다. 수유할 때는 많은 양을 먹어야 하니까 미역국과 밥을 먹으면서 중간 중간에 간식으로 메밀수제비를 먹었다. 이런 음식 의례 역시 어머니인 여성을 통해서 전승되고 있다.

■ 제주 옥돔

■ 메밀범벅

| 삼신할머니 영접 |

사람은 생명의 여신인 삼신할머니의 보호하에 잉태되고, 태어나면 이 아기가 무탈하게 자랄 수 있도록 삼신을 위한 '할망상'을 마련하여 기도하는 의례가 전승되었다.

먼저 삼신할머니의 보호와 할망상의 위력을 알 수 있는 제주신화를 살펴보겠다.

[동해용왕 딸은 버릇이 없어서 부모는 자식을 용궁 밖으로 내보려고 하였다. 이때 그 딸은 인간세상으로 나가는 것이 두려워서 어머니께 살 방법을 물었다. 어머니가 말하기를 "인간에 生佛王(삼승할망)이 없으므로 생불왕이 되어서 얻어먹으라." 라고 하였다.

그녀는 옥황상제의 명령대로 생불왕이 되어서 지상으로 내려왔다. 두 처녀가 서로 생불왕이라 주장하니 꽃씨로 심판하기로 하였다.

동해 용왕 딸의 꽃은 뿌리, 가지, 순도 하나이므로 시들어서 저승할망(구삼싱할망)이 되고 명진국 따님아기가 심은 꽃은 뿌리는 하나이고 가지는 4만5천6백 가지로 번성해서 삼승할망(생불왕: 產神)이 되었다. 이 때 동해 용왕 딸은 명진국 따님아기의 꽃을 한 가지 꺾으면서 "아기가 태어나 백일이 지나면 驚風, 驚勢 등 온갖 병에 걸리게 하겠다."고 말했다. 명진국 따님아기는 저승할망을 달래려고 "아기가 태어나면 너를 위해 적삼, 머리, 아기 업는 멜빵 등 폐백과 좋은 음식을 차려서 주겠다."고 사정했다. 동해 용왕 딸은 저승으로 가고, 명진국 따님아기는 이승으로 내려왔다. 이 후부터 아이가 아프면 저승할망을 위해 음식상을 차린다.]

- 현용준(1976 : 26~32), 産神과 마마신(삼승할망 본풀이), 『제주도신화』

위 신화에도 나오듯이 생명의 신인 삼승할망과 질병을 주는 저승할망은 육아의 두 축을 이루는 여신들이다. 신화를 통해 짐작해 보면 제주의 여성들은 출산 후 할망상(삼신할머니)을 마련하였으며, 2000년대로 넘어오면서 거의 없어지고 있다.

일제강점기 때 육아 질병 치료의 방법으로 아기가 아프면 가장 먼저 할망상을 차리는데 세 살, 일곱 살, 열다섯 살까지 집안에 따라 비념시기가 달랐다. 의료혜택이 거의 없던 시절이라 아기가 아프면 할망상을 차려서 비념했다.

할망상 할망상에 대한 의례를 보면 정성하는 집에서는 아기가 태어나면 그날 할망상을 차린다. 또한 아기가 태어나서 자주 보채고, 잘 아프고, 키우기 힘들 경우에도 할망상을 준비한다. 특히 손이 귀한 집 자손은 더욱 신경 쓴다. 집안마다 다르지만 할망상을 마련하면 대개 7~8세가 되면 치우지만 늦어도 15세까지는 놔둔다.

할망상 제물로는 '메(밥) 3기, 무남제(향나무 가지를 짧따랗게 깨어 두 개씩 메 위에 꽂아 놓은 물건) 3개, 미 역채(미역무침) 3개, 생쌀, 실 한 타래, 돈, 찬물' 등이다. 제를 지낸 후에 할망상에 올렸던 물은 깨끗한 곳에 버리고, 생쌀로는 밥을 지어 먹는다. 돈은 지폐를 둘둘 말아서 쌀 위에 꽂고 실도 쌀 위에 얹어 놓는다. 처음에는 무당의 손을 빌리지만 그 다음부터는 산모가 직접 의례주관자가 되어 진행한다.

할망상에 올렸던 쌀은 벌레도 생기지 않는다고 한다. 이 쌀로 베갯속을 만들거나 잘 보관했다가 다음 아기를 낳으면 죽을 쑤어 먹었다는 사람도 있다. 실은 보관해 두었다가 첫돌 때 사용한다. 첫돌이 돌아오면 돌상보다 할망상을 먼저 차려 준다. 할망상에 있던 '실, 돈, 쌀'은 창호지에 싸서 잘 놔뒀다가 아기가 아프면 다시 이 물건을 놓고 할망상을 차리기도 하고, 무당을 모셔다가 빌기도 한다.

매월 할망날(음력 초사흘, 열사흘, 스무사흘)에 밥을 지어서 조그마한 보시(접시의 일종)에 '밥 세 그릇, 미역 세 그릇'을 올린 후에 아기가 절을 한다. 이 밥은 다른 사람이 먹어서는 안 되며 당사자인 아기가 먹는다. 과거에는 방이 몇 개 없어서 아기와 어머니가 자는 방에 할망상을 차렸다. 방에 있는 벽장에 할망상(조그마한 상 위에 쌀, 실, 돈을 계속 놓아둠.)을 놔두었다가 할망날은 다른 쌀(쌀을 사 오면 맨 위로 떠 놔둠. 정성을 잘하는 집에서는 쌀을 사 올 때마다 교체함)로 밥을 해서 의식을 치른 후에 아기에게 먹였다.

아기가 어느 정도 자라면 삼승할망 시야에서 벗어났다고 보고 어머니가 할망상을 치운다. 아기를 무탈하게 키우는 방법으로 베개 밑에 '성냥, 낫, 실'을 놓기도 한다. 또한 맏이가 있고, 두 번째 아기가 태어나서 밥을 뜰 때 두 삼승할망이 다투니까 산모 밥보다 첫째 아기밥을 먼저 떠서 주어야 시샘하지 않는다고 여겼다.

추자도 할망상 추자도에서 전승되고 있는 할망상 의례는 다음과 같다. 추자도에서는 출산하고 7일이 되면 지양상을 마련한다. 7일이 되면 조그마한 상에 '쇠고기미역국, 메 1~2기, 물'을 올려놓고 아기가 무탈하게 자랄 수 있도록 청한다. 지양상은 산모 방에 준비한다. 생선을 놓으면 비린내가 나므로 소고기국을 끓였다. 1960년대 이전에 소고기가 귀할 때는 미역에 쌀뜨물을 넣고 국을 끓였다.

이날 제를 지낸 다음 지양상을 치운다. 그런 다음 매 7일마다 세 번(21일) 지양상을 차려서 제를 지낸 다음 더 이상 지내지 않는다. 만약 3 · 7일 전에 아기가 아프거나 몸에 뾰루지가 나면 주로 어머니가 정화수를 떠놓고 빌어준다. 출산 후 3 · 7일(21일)이 되면 친척들을 청해서 아기도 보여주고 밥을 해 먹는 풍습이 전해지고 있다.

집안에 따라 다르지만 1990년대에도 지양상을 차렸다. 병원에서 출산하고 집에 돌아오면 지양상을 차려서 빌어준다. 나이든 어머니가 계시면 이런 정성을 드리지만 젊은 여성들은 이런 의례에 대한 의무감이 약화되고 있다. 즉 출산하고 산모와 아기가 집으로 돌아오면 집 안에 있는 장롱이나 서랍장 문을 전부 열어놓고 지양상을 차려서 빈다. 신생아에 따라 눈이 충혈되고 동토가 날 수 있다. 그래서 산모가 있는 방문과 장롱 등을 다 열어젖힌다.

■ 본향당 당굿

|생후 의무 보호|

아기가 출생하면 낯설고 새로운 세계로 들어오는 문은 간단히 통과할 수 없으므로 최소한 3일만이라도 인간 세계에 적응한 후, 인간이 사용하는 사물들을 접하게 하는 것이다. 친정에서 아기를 낳으면 정성이 지극한 집에서는 시부모도 최소한 3 · 7일이 지나야 아기를 보러 간다. 반대로 시가에서 출산해도 친정부모의 방문 시기는 이와 비슷하다. 집 올래에 와서 조심스럽게 들어온다. 전통적으로 3 · 7일에 대한 의무와 경계 행동을 알아보겠다.

마을에 출산한 집이 있으면 함부로 방문하지 않는다. 3 · 7일은 신생아에 대한 최소한의 예의를 갖추는 기간이다. 즉 아기가 태어나서 마을에 초상이 나면 조심해야 한다. 상가에 다녀온 사람들이 산모와 접촉하고 말을 했는데, 동토가 나서 신생아가 이상한 행동을 하고 아팠다. 아기가 갑자기 울면서 발뒤꿈치를 비볐다. 발을 너무 비벼서 빨갛게 되었다는 사례가 있다. 어떤 사람이 생후 3일이 지나지 않았는데 아기 낳은 집에 불쑥 들어가서 눈이 아프다고 말하고 난 후 바로 아기가 탈이 난 경우도 있다. 이 사례를 보더라도 산후 7일간은 아기 앞에서 나쁜 말을 하면 안 좋고, 아기가 이런 말을 알아듣고 탈이 날 수 있음을 보여준다.

아기가 태어나서 최소 3일이 되면 출생의례를 무사히 통과함을 축하해 준다. 이 날은 산모에 대한 위로이고, 산모의 육체적 노동(고통)에 대한 보답이다. 아기와 가족 또는 친척(이웃) 간에 첫 대면하는 날이기도 하다. 과거에는 3 · 7일간 온 가족이 산모와 신생아 보호에 노력하였다.

부모가 산모와 아기를 보러갈 때는 빈손으로 가지 않고 양손에 음식을 가득 들고 간다. 쌀 한말, 옥돔, 미역 등 산모의 먹거리를 들고 간다. 집안에 따라서 며느리가 출산하면 시어머니는 아기구덕 준비는 필수이고, 시루떡을 통째로 갖고 가는데 아기 떡이므로 칼을 대지 않는다. 송편도 만들어 가서 친정식구들의 고생에 대해 보답해 주었다.

지금은 3 · 7일에 대한 강력한 행동 규제는 없어도 아기 앞에서 말조심을 하라는 등 어른들은 젊은이들한테 주의를 준다. 출생 후 21일 넘어서 초상이 나면 괜찮은데 그 전에는 이런 일이 발생하면 좋지 않다고 여겨서 모두 조심해야 했다. 만약 상가에 다녀온 사람이 모르고 산모를 찾아왔을 때 아기가 울면 아무 탈이 없는데 아기가 울지 않으면 다음에 임신하기 어렵다고 한다. 또한 배를 부리는 집에서는 비린다고 해서 자손의 출산 시에도 함부로 내다보지 않는다.

요즘은 병원에서 출산하니까 3 · 7일의 의미가 퇴색되고 먹거리를 잘 사 다니지도 않고, 산모가 알아서 준비하도록 돈을 주기도 한다. 시간이 지나면서 산후 보호 방법에 대한 비법이나 내용물이 현물에서 현금으로 변하기는 했지만 서로 조심하면서 변형된 형태로 전승되고 있다.

추자도의 산후 금기를 보면 부모는 부정 타지 않으면

바로 산모를 만나도 된다. 만나는 기간에 제약이 없다.
다만 부정 타면 출산한 달이 지나야 볼 수 있다.
추자도 내에서 거주하는 경우에 가능하고,
추자도를 떠나서 살면 이런 것이 어렵다.
친정어머니가 출산한 딸을 처음 만나러 갈 때는
옷이나 아기포대기를 사 가고, 쌀과 미역을 갖고 가서 밥을 지어주었다.
요즘은 이런 풍속이 사라졌으며,
병원에서 출산하니까 만나는데도 자유롭다.
출산 후 가족들의 주의 사항을 보면,
집안에 산모가 있으면 상가도 안 가고 모두 조심한다.
만약 상가집에 다녀오면 최소한 3 · 7일은 산모와 아기를 만나면 안 된다.
상가에 다녀올 경우 음력으로
아기가 태어난 날이 지나야 가능하다
(음력 7일에 태어나면 다음달 7일이 지나야 방문이 가능함).

| 출산으로 맛보는 쑥물 |

제주도에서 전승되는 의례 중 출산 후 산모와 신생아의 쑥물 목욕이 있다. 임신하면 미리 쑥을 구해서 그늘에서 말린다. 직접 쑥물을 준비하지 못할 때는 날

쑥을 뜯어 삶은 쑥물을 사용했다. 병원에서 출산하면 바로 씻기도 하지만 원래는 3일 간 그대로 있다가 3일째 되는 날에 아기와 산모가 쑥물로 목욕한 후에 밥을 먹고, 태반을 처리하고, 봇뒤창옷을 입히고, 수유를 했다.

아기가 태어나면 바로 목욕시킨다. 1960년~1970년대에도 산모와 아기는 따뜻한 물로 목욕을 한 정도이다. 1970년대까지도 집에서 아기를 낳을 때는 산모와 아기가 쑥물로 목욕하는 것이 자연스러웠다.

1980년대부터 병원에서 출산할 경우 친정어머니가 집에서 쑥물을 끓여서 병원에 갖고 가서 목욕물로 사용했다. 물론 병원에서 위생적으로 잘 처리해 준다고 믿지만 예전부터 전해온 비법과 자신들의 경험을 존중해서 산후 쑥물 목욕 의례는 전승되고 있다.

출산 후 3일째 되는 날 산모는 쑥물로 목욕한다. 산모가 쑥물로 목욕할 때 신생아도 세상의 쑥물 세례를 받는다. 1970년대에도 갓 태어난 아기를 씻길 때는 삼베조각을 물에 적셔서 피부를 문질렀다. 그래야 태열이 잘 닦였으며, 아기의 피부도 단단해진다. 요즘 젊은 사람들은 아주 부드러운 천을 이용하거나 손으로 살살 문지르는 정도여서 태열을 없애지 못한다고 여긴다. 지금도 우리 부모 세대들은 과거 신생아 목욕 방법이 좋다는 생각이 분명하다.

제주도 어머니들을 통해 신생아 피부를 건강하게 관리하는 방법이 전승되고 있다. 아기가 태어나면 쑥물로 목욕시킨 다음부터 목욕할 때마다 참기름을 발라

준다. 1980년대부터 오일과 파우더가 대중화되면서 참기름 사용은 줄어들었지만 2000년대에도 어머니들은 참기름을 발라준다. 약 한 달 간 목욕할 때마다 참기름을 바르면 아기 피부가 토실토실하고 단단해지며 태열도 없어진다고 한다. 이 방법 또한 과거부터 현재까지 전승되고 있다. 주로 산후조리를 담당한 친정어머니의 방법이 딸을 통해서 이어진다.

추자도에서는 쑥물 목욕을 하지 않는데 제주도 풍속이 전해져서
1990년대에도 출산하면 산모는 쑥물로 목욕했다.
특히 여름에 출산하면 찬물로 목욕하면 안 좋다고 해서
따뜻한 물로 산후 몸 씻기를 하는 정도이다.

| 산모 배려 |

임신부가 고통을 인내하고 출산하면 아기와 산모는 정신적 · 신체적 안정을 취해야 하고 전문적인 도우미가 필요하다. 일제강점기부터 현대까지 산후몸조리에 최소한 3 · 7일은 배려해 주어야 한다는 의식이 남아있다.

사람에 따라서는 며느리 산후 몸조리를 도와주면서 "우리는 3일만 눅고 다 일어낫저."라고 말하면 며느리 입장에서는 더 이상 누워 있지 못했다고 한다. 가정형편에 따라서 산후 몸조리 기간이 다르기는 해도 1970년대에도 농사를 짓거나 집안이 바쁠 때는 최소 3~7일밖에 쉬지 못했다. 그래서 60대가 되어도 산후 후유증으로 고생하는 사람이 있다.

지금도 병원에서 출산해도 출산 시 산모의 몸이 다 망가지기 때문에 음식과 찬바람 등 몸조리를 잘하지 않으면 산후 후유증이 평생 간다고 한다. 산후 후유증을 앓은 어머니일수록 며느리나 딸의 몸조리를 배려해 준다. 최소한 한 달은 몸조리를 잘해야 하는데 산모의 몸이 정상적으로 돌아오는 데는 백일에서 6개월이 걸린다고 한다.

제주도에서는 관습적으로 최소한 첫아기는 주로 친정에서 출산했다. 이는 산후 몸조리를 잘하기 위한 것이기도 하고, 산모의 입장에서는 시가보다는 친정에 있어야 마음의 안정을 유지할 수 있기 때문이다. 그런데 이런 생각이 지금은 변하고 있다. 친정부모든 시부모든 직업을 갖고 있거나 나름대로 일을 하고 있어서 전적으로 산후 몸조리를 도와줄 수 있는 여건이 안 된다.

그래서 요즘은 자녀들이 결혼해서 다른 지역(특히 서울)에서 사는 경우가 많으므로 누가 산후조리를 해 주느냐가 가족의 고민으로 새롭게 대두되었다. 서로 바쁘기도 하지만 힘든 일이란 것을 잘 알기 때문에 '친정에서, 시가에서 하겠지.' 하면서 양가에서 서로 미룬다. 또한 친정부모 입장에서는 '시가 자손인데 무사 나가 보느니?'라는 생각도 가능하다. 이는 과거에 비해서 어머니들이 자식을 위해서 맹목적으로 헌신하려는 의식이 조금 줄어들었다고 볼 수 있으며, 그만큼 부모도 자신의 인생을 중요하게 여긴다는 의식의 변화를 보여준다.

친정어머니가 몸조리를 도와주면 시부모 입장에서는 미안해서 며느리가 먹을 음식재료도 사 보내는 등 나름대로 성의표시를 하기도 했지만 경우에 따라서는 친정어머니의 노동을 당연하게 여긴다.

1990년대 들어와서 조산원에서 출산과 산후 조리를 할 수 있게 되면서부터 친정이나 시가의 도움을 덜 받게 되었다. 산모가 퇴원하고 집에 온 후에 도우미가 산후 조리를 도와주면 좋다. 주로 친정어머니가 도와주는데, 여건이 여의치 않을 때는 시어머니가 도와준다. 요즘은 시어머니도 며느리가 가문의 자손을 낳으니까 잘 해줘야 하는 생각을 하는데 며느리 입장에서 조금 불편할 뿐이다. 병원에서 출산하고 퇴원하면 전적으로 도우미의 도움을 받는 사람들이 많아지고 있다. 친정어머니가 도와준다고 해도 산후 몸조리는 육체적으로 힘들기 때문에 나이든 어머니에게 미안하니까 도우미의 손을 빌리는 것이다.

지금도 병원에서 출산하고 산후조리원으로 들어가서 7~15일간 몸조리를 하거나 집에서 도우미의 도움을 받는다. 즉 산후 몸조리 공간은 '본인 집 → 친정집 → 산후조리원'으로 변하고 있다.

산후 몸조리 도우미는 '친정어머니 → 시어머니 → 시가/친정 여성 → 가사도우미'로 이동하고 있다. 여기서 산후 도우미는 물론 여성이며 여러 형태가 순차적으로 변하지 않고 동시다발적으로 상황에 맞게 선택되고 있다.

추자도에서 산후 몸조리는 각자 형편에 따라 다르다. 친정어머니나 시어머니가 있을 경우 두 사돈이 추자도에 사는 경우에 번갈아 가면서 도와준다. 사람에 따라 농사를 지을 때는 산후 3 · 7일 정도 쉬었다. 1970년대에도 최소한 3 · 7일은 몸조심을 했는데 산후 도우미가 전혀 없는 사람은 산모가 직접 밥을 해 먹는 정도였고, 힘든 일은 하지 않았다.

1990년대 이후에도 한 달 정도는 집 밖에 나가지도 말고 찬바람도 쐬지 말아야 한다고 주의를 준다. 산모에 따라 적어도 출산 후 15일 정도는 집 밖을 나가지 않는다. 특히 산모가 찬바람을 쐬면 나중에 건강을 해치게 된다고 하면서 어머니들은 양말을 신고 수건을 쓰라고 당부한다.

신생아에 대한 가족공동체의 배려

| 작명 |

아기가 태어나면 이름 짓기는 친할아버지 권한이다. 과거부터 우리나라에서는 아들은 형제간에 한 글자씩 같은 이름을 사용하는 항렬이란 것이 있어서 이걸 맞추면서 이름을 지었기 때문에 시가에 작명권이 있었다. 그래도 아버지가 아기의 이름을 짓겠다고 우기면 그것을 허락하지만 친할아버지는 당신 맘에 드는 이름을 지어서 족보에 올린다. 이럴 경우 호적 이름과 족보에 오른 이름이 다를 수도 있다. 만약 족보에 오른 이름에 항렬이 드러나지 않으면 형제별도 분간 못하고 가지각색의 이름이 기록되므로 콩가루 집안이라며 야단친다.

아들은 항렬을 배려해서 짓고, 딸은 그대로 짓기도 한다. 아기의 당 부모에게는 작명권이 없다. 시부모가 아기의 이름을 지어오면 부모의 맘에 안 들어도 수용하는데, 처음부터 3~4 개를 지어 와서 부모에게 선택권을 준다. 지금도 이런 흐름이 남아 있는데, 당 부모가 짓겠다고 하면 시부모가 양보한다.

귀하게 태어난 아들은 마을사람들이 다 알고 "저기 금상 아들 지남저(지나간다)." 라고 하면서 웃는다. 이름도 개똥이라 부르는데 어른이 되어도 마을사람들은 호적 이름보다는 이런 이름을 더 잘 기억한다.

| 수유 |

출산한 지 3일이 되면 산모는 생선미역국과 쌀밥을 먹고 아기도 초유를 먹기 시작한다. 출산 후에 산모의 젖이 부족하면 좁쌀물을 아기에게 먹였다.

1970년대에도 젖이 많이 나올 때는 짜서 함부로 버리지 못하고, 솟아나는 샘물에 가서 비웠다. 아기밥인 젖을 지저분한 곳에 비우면 젖이 막혀서 나오지 않기 때문에 깨끗한 샘물에 가서 비워야 물처럼 잘 나온다고 믿었다. 고여 있는 물에 버려도 안 좋다고 한다. 이는 아기의 음식을 정성스럽게 처리하려는 의례이며, 지금도 젖을 함부로 버리지 않는다.

산모는 젖이 많이 생기는 음식을 먹는데 주로 돼지머리를 삶아서 그 국물로 죽을 쑤어 먹었다. 이 외에 족발을 삶아서 그 물로 죽을 쑤어 먹고, 토란과 장닭을 같이 넣어 삶아서 먹거나, 소의 젖통을 삶아서 먹으면 젖이 잘 나온다는 속설이 전해 온다. 요즘은 잉어와 가물치도 먹는다.

1970년대부터 분유가 널리 사용되었다. 우유니 이유식이니 하는 말이 없던 시절에는 산모의 젖이 부족하면 마을 어머니에게 가서 젖동냥을 하고, 쌀가루(찹쌀, 쌀, 콩 등)를 볶아서 먹였다. 마음씨 좋은 어머니는 아기에게 젖을 먹일 시간이 되면 한쪽은 자기 아기에게 물리고, 다른 한쪽은 다른 아기를 데려오라고 해서 자신의 젖을 먹였다. 젖동냥이란 산모의 젖이 부족하거나 산모가 밭에 일하러 가 버려서 아기가 배고파 울 때 마을 어머니의 젖을 얻어 먹이는 것을 뜻한다.

1980년대에 들어와서는 산모들이 모유를 먹이면 몸매가 달라진다는 사회적 분위기에 휩쓸려서 의도적으로 모유수유를 거부한 적이 있었다. 또한 우유가 대량 보급되면서 모유를 먹이는 것은 미개한 행동이고, 우유를 먹이는 것은 지혜로운 사람들이 취하는 행동이라 착각한 적도 있었다. 그래서 너도나도 아기에게 좋다며 모유 대신 우유를 먹였다.

지금은 아기가 태어나면 우유를 먹이는 것이 대중화되었지만 산모는 당연히 모유를 먹이려고 한다. 산모의 건강 상태 등 여건이 허락지 않으면 할 수 없이 우유를 먹인다. 여성들의 직장생활이 보편화되면서 모유 수유에 어려움이 있어서 어쩔 수 없이 우유를 먹이는 산모들이 있다. 모유 수유에 대해서는 일차적으로 산모에게 선택권이 있으며, 가족들이 모유 수유를 권장하는 경우도 있다.

현재 아기의 건강을 위해서 모유의 중요성을 강조하고 공공기관이나 개인회사에 따라 수유 공간을 마련해 주는 등 사회적 분위기가 형성되고 있다. 산후 휴가가 법적으로 보장되고 이를 권장하고 있지만 모든 직장여성에게 해당되는 것은 아니다. 모유 수유 역시 아기나 산모의 건강에 아주 좋다고 인정하고 홍보해도 수유할 여건이 마련되지 않는 한 이를 시행하기는 어렵다고 본다.

우리나라도 1990년대 중반부터 출산율이 급격히 감소하면서 출산 장려 방법이 제시되고 있지만 육아는 개인의 문제가 아니고 국가의 문제라는 인식이 없는 한 출산장려운동은 구호에 그칠 가능성이 높다고 본다. 물론 출산과 육아휴직제도도 마련되어 있어서 출산과 육아에 어느 정도 법적 보장 장치가 마련되어 있다.

| 신생아의 외출 알리기 |

1970년대까지만 해도 아기가 태어나면 최소한 한 달이 지나야 외출이 가능했다. 아주 조심하는 집에서는 백일이 되어야 외출이 가능하고, 백일 전에 밤에 외출하면 아기가 놀래니까 나다니지 말라고 했다.

아기가 생후 처음으로 외가를 방문할 때에는 아기의 이마와 턱에 솟검뎅이[4](솥검정)을 칠해서 잡귀가 붙는 것을 예방했다. 아기 이마에 솥검정으로 동그라미를 그리고 외가에 가면 맨 먼저 화장실에 다녀와야 무탈하다. 아기는 자리만 옮겨도 탈이 날 수 있기 때문에 다른 집에 다녀오면 잡귀가 붙어온다고 믿었다. 그런데 이 방법은 전통적인 정지(부엌)를 이용하던 시절의 이야기이다. 지금은 현대식 부엌에서 가스를 사용하기 때문에 재를 구할 수 없으며, 재를 묻히는 비법을 쓰지도 않는다. 그 대신 아기가 외출할 때는 아기옷 속에 성냥을 넣어주는 부모가 있다.

2000년대에도 한 문화전승자는 사돈댁(친정)에서 손자를 데려올 때 아기가 귀엽다며 귀신들이 와서 인사할까 봐 얼굴에 빨간색 립스틱을 발라서 잡귀를 멀리하려는 비법을 사용했다. 이는 신생아 보호에 대한 의식과 비법이 나름대로 전승되

4 제주방언 '솟검뎅이'는 표준어 '솥검정'에 해당된다. 제주도의 전통적인 부엌을 보면 솥을 걸어놓고 땔감으로 불을 지핀다. 이때 솥 밑에 재가 붙는다. 이 재를 손에 묻혀서 신생아의 이마에 그려준다.

고 있음을 보여주는 사례이다.

요즘은 예방 접종을 하기 위해서 태어난 지 며칠 만에 외출을 하지만 정상적인 외출은 백일 정도 지나야 자연스럽다. 아기가 몸을 가눌 수 있을 만큼 몸이 굳어져야 안고 다니기도 좋다고 여기며, 이런 풍속은 지금도 지키려고 노력한다.

신생아는 면역성이 약하므로 사람이 많이 모이는 장소는 삼가는데 공기도 나쁘고, 사람들이 아기를 자주 만지니까 몸살이 나기도 해서 산모가 주의한다. 특히 어머니들은 젊은 산모가 잘 모르고 함부로 아기를 데리고 나다닐까 봐 조심하라고 일러 준다.

■ 숯검정을 얻을 수 있는 제주도 부엌

| 신생아의 건강 살피기 |

지금은 출생 후 시기별로 각종 질병에 대한 예방 접종을 할 수 있어서 신생아의 질병에 대한 두려움이 덜한 편이다. 예전에는 폐렴이나 홍역 등 돌림병이 제일 무서웠지만 지금은 기형아 출산에 대한 두려움이 가장 크다. 그래서 아기가 태어나며 건강 여부를 먼저 묻는다고 한다. 이는 원인 모를 기형아의 출산이 많아지면서 생긴 현상이다.

1960~1970년대에도 자식을 키울 때 질병이 문제였다. 이 당시에는 홍역이 무서운 병이었으며, 이후에도 아기가 아픈 것이 육아의 어려움이었다. 병원을 이용하기 어려웠던 시절에는 무슨 병에 걸렸는지도 모르고 죽은 아기도 있었으며, 변소에 빠져서 죽는 경우도 있었다.

1970년대에도 아기가 자주 아프면 건강하게 잘 자라는 아기의 옷을 훔쳐서 입히는 비법이 있었다. 아기가 태어나면 산모와 한 방에 눕혀야 하며, 아기와 산모의 머리 방향도 같게 해서 서로 얼굴을 마주 보며 누워야 좋다고 한다. 한 문화전승자는 이를 어겨서 아기를 키우는데 애를 먹었다고 했다.

제주도 아기들은 침을 맞혀야 잘 자란다는 속설이 전해 온다.[5] 1970년대까지도

---

5 필자도 1960년대에 어머니가 어느 집에 가서 침을 맞으라고 하면 혼자 찾아가서 맞은 기억이 있다. 초등학교 저학년까지 맞았던 것 같다. 우리 마을에 심방(무당)이 있어서 그 집에 가서 침을 맞았다. 지금도 침을 맞을 때 아팠던 기억이 있는데, 그 당시에는 혼자 무섭지 않고 어떻게 찾아갔는지 모르겠다.

마을마다 침을 놓는 사람이 있었으며, 지금도 부모에 따라 한의원에 가서 아기에게 침을 맞힌다. 한 달에 한 번씩 가는데 3일을 연속해서 맞힌다(9일이 '궂은 할망날'이므로 7일부터 9일까지 침을 맞힘). 아기에게 침을 맞히기 시작하면 주로 13세 정도까지 지속된다. 지금도 젊은 어머니들은 아기가 보채면 어른들의 말을 듣고 침을 맞힌다. 육아와 질병 치료 시에는 현대의학의 혜택도 받지만 어머니세대의 구전 방법도 수용되고 있다.

특히 아기와 말은 죽어서라도 홍역을 치른다는 말이 전한다. 만약 마을에 초상이 나고 상가를 다녀왔던 사람이 홍역에 걸린 아이가 있는 집에 가면 탈이 난다. 홍역이 발생한 마을에서 돼지를 잡으면 홍역을 치르는 아이에게 탈이 났다. 그래서 마을에 잔치가 있거나 초상이 나서 돼지를 잡아야 할 때는 바로 옆 마을로 가서 잡았다.

홍역이 끝나면 일종의 마누라배송 의식이 있다. 차롱(채롱)에 '과일, 메' 등 제물과 종이를 담고 터진 방향(그 해 운수가 좋은 방향)에 있는 밭 귀퉁이에 가서 무당이 입담하면서 잘 보내주었다. 차롱 뚜껑은 덮지 않는다. 이는 1960년대에도 행해진 의례이다.

| 출생 신고식 |

아기가 태어나면 가족과 주변에서는 온갖 정성을 다하여 무탈하게 자랄 수 있는 환경을 만들어 준다. 그래서 많은 사람들이 자유롭게 아기와 대면할 수 있는 시기는 백일잔치 때이다. 이 날까지 잘 자라고 생후 일 년이 되면 돌상을 마련해서 돌잔치를 해 준다.

병원에서 출산하면 바로 집으로 오는데 최소한 3일은 조심하지만 보통 한 달은 몸조리를 한다. 그래도 산모의 몸이 정상적으로 회복되려면 적어도 백일은 걸린다. 여기에 백일잔치의 의미가 있는 것이다. 백일잔치는 백일 동안 아기와 산모가 잘 견디고 인생의 첫 관문을 무사히 통과한 것에 대한 축제의례라 할 수 있다.

1950년대 중반에도 돌잔치는 있었지만 딸이어도 아주 귀하게 얻은 아기면 돌잔치를 해 주었다. 집안 형편에 따라서 백일이나 돌잔치를 해 주었는데, 주로 사진을 찍고 돌상을 마련해 주었다. 1960년대부터 돌상에 오색무지개떡(시루떡)이 올랐는데 1980년대에 와서 자녀의 돌잔치 치르기가 대중화되었다.

1970년대에도 살림이 어려울 때는 딸은 백일이나 돌잔치를 해 주지 못하고 사진만 찍어 주었다. 귀하게 태어난 아들은 가정형편이 아무리 어려워도 생일잔치를 해 주었다. 도시와 농촌에 따라 조금 차이가 있지만 이 당시는 살기가 어려워서 돌상을 마련해 주는 집이 드물었다. 그래도 '돌상'을 보면 '실, 돈, 생쌀, 연필, 노트'가 놓였다. 1980년대에도 아들인 경우 10살 때까지 생일을 기념해 주었는데, 어머니는 시루떡을 만들어서 무탈하기를 기원했다.

1990년대 이후에는 백일상이나 돌상을 준비해 주는 것이 보편화되었다. 이는

2000년대까지도 전승되는 의식으로 자식이 잘되기를 바라는 부모의 마음은 세월이 흘러도 변함없다.

■ 돌잔치상(1976년) 서영빈 제공

■ 백일기념(1959년) 문순정 제공

■ 돌잔치상(2003년) 성승재 제공

| 태아 흔적 |

아기가 태어나면 배냇머리는 그 다음해 사월 초파일에 깎아준다. 이 날은 석가탄신일이지만 종교와 상관없이 거의 모든 부모가 여남아를 불문하고 머리를 깎아준다. 요즘은 부모들이 선택하는데 그래도 이 날이 되면 미장원에 가는 아기들이 있다.

배냇머리를 깎아야 머리숱이 많고 머리카락이 잘 자란다고 믿었다. 이는 어머니 뱃속에서 지녔던 소유물이므로 세상 밖으로 나와서 유지할 필요가 없다는 분리의례로 볼 수 있다. 또한 머리를 깎는 것은 새로운 단계로 진입해서 인간 세상에 잘 적응하려는 통합의례라 할 수 있다.

어머니들은 신생아의 몸에 함부로 쇠붙이를 대지 말라면서 아기의 손톱과 발톱도 산모의 이빨로 자르라고 한다. 백일 전의 아기 손톱은 아주 여려서 손톱깎이를 댈 수도 없고, 아기의 피부가 부드러워서 잘못하면 다칠 수도 있기 때문에 예방 차원에서 이런 말이 있었다. 젊은 산모들도 이런 주의사항은 잘 지킨다. 이런 말이 없더라도 신생아의 손톱은 약해서 쇠붙이를 댈 수도 없으며, 손톱과 발톱이 단단해지면 손톱깎이를 사용한다.

출산에 대한 가치관

| 어머니의 위축감 |

어머니들이 일상적으로 하는 말이 있다. 며느리가 새로 들어와서 집안에 좋은 일이 생기면 아주 좋지만, 불행한 일이 발생하면 며느리 탓으로 돌리기 때문에 긴장하게 된다는 말이다. 그래서 며느리 자신이 아들을 낳으면 안도하게 되지만 딸을 낳으면 아들을 낳아야 한다는 부담이 커진다. 젊은 딸은 어머니의 이런 말에 항변하지만 현실은 이상과 다르다. 임신했을 때 시가에서 우리 집안은 딸이 귀하다고 하면 마음이 편하다고 한다. 그런데 이는 며느리나 아내의 마음을 편하게 해주려는 배려차원일 뿐이다.

시가의 입장이 어떠하든 며느리 입장에서는 맏이로 아들을 낳고 싶어 하며, 친정부모 마음도 같다. 그런데 조금이라도 아들을 원하는 기미가 보이면 며느리 입장에서는 아주 불안해 한다. 딸이 아들을 낳지 못하면 친정부모가 더 걱정을 하고 사돈에게 미안하게 생각한다.

어떤 시어머니는 며느리가 딸만 낳으니까 아들을 쫓아다니면서 족은각시(첩)를 얻어서 아들을 낳아오라고 채근했다. 이때 남성의 의지에 따라서 첩을 얻는 것은 선택 사항이다. 그렇게 해서라도 아들을 얻고 싶으면 바람을 피우는 것이고, 그렇지 않으면 일부일처로 살아간다. 며느리 입장에서 딸만 낳고 시가의 구박이 심하면 제사명절에도 다니지 못하고 친척집도 방문하지 않는다.

며느리 입장에서 내리 딸만 낳으면 시부모나 남편에게 자신의 의견을 피력할 수가 없다. 자신이 위축되어서 그렇기도 하고, 시부모가 그런 눈치를 준다. 임신할 때 먹고 싶은 음식이 있어도 딸을 낳은 여성은 무엇을 먹고 싶다는 말도 마음대로 할 수 없었다. 이는 과거의 이야기이며 요즘은 이런 일이 거의 없다.

첫 번째 딸을 낳으면 조금 섭섭하지만, 두 번째도 딸을 낳으면 아주 섭섭하다고 한다. 또 딸을 낳을 것 같아서 그 다음 임신에 대한 두려움이 생긴다. 그러다가 아들을 낳으면 마치 세상을 다 가진 것 같아서 만족하게 된다. 이 집안에 시집와서 의무를 다 했다는 안도감이 아주 크게 다가온다. 첫 번째 딸을 낳고 또 출산할 때에는 딸을 낳을 것에 대한 두려움 때문에 산고도 잘 느끼지 못하기도 한다. 진통은 두 번째이고 또 딸을 낳으면 어떻게 하나 하는 걱정만 앞선다. 지금도 가문에 따라서 딸은 족보에 올리지 않는데 비석에는 며느리 이름을 올려 준다.

딸을 낳으면 주변의 시선을 의식하게 되고, 남들이 아들 자랑을 할 때는 더욱 기가 죽게 된다. 반면 아들을 낳게 되면 스스로 당당해지면서 시부모에게도 자신의 의사를 적극적으로 표현할 수 있다. 이런저런 심리적인 이유 때문에 아들에 대한 염원이 강하다고 볼 수 있다.

지금도 부모 입장에서는 딸이나 며느리가 임신하면 이왕이면 아들이기를 바란다. 자신의 딸이 딸을 낳은 것보다 며느리가 딸을 낳은 것이 조금 더 섭섭하다는 부모도 있다. 딸이 아들을 못 낳으면 양자를 데리면 되니까 자신의 가문에는 적통으로 대를 잇기 바라는 마음이 강하게 반영된다.

큰며느리이면 반드시 아들을 낳아야 한다는 부담이 크다. 그 외 며느리는 아들 낳기에 대한 부담이 덜한 편이다. 젊은 부부들은 한 자녀가 좋으며, 아이를 낳지 않으려는 생각은 안 한다. 특히 맞벌이일 때는 육아가 큰 부담이어서 딸아들 구별 없이 하나만 낳으려는 생각이 지배적이지만 전업주부인 경우에는 자녀수를 무시하고 꼭 아들을 낳으려는 여성도 있다. 그런데 30대 중반 이하 연령층에서는 출산에 대한 욕심이나 의무감이 줄어들고 있다.

요즘은 불임 부부가 많아지면서 딸아들을 구별하기보다는 출산에 대한 열망이 더 강하다. 30대 여성도 입양보다는 가능하면 의료기술을 동원하여 임신하려는 시도를 한다. 그러나 앞으로는 입양에 대해서 긍정적으로 바뀔 것이다.

딸을 낳은 여성의 불안감은 시가의 가문을 잇지 못했다는 미안함, 손녀딸을 차별하는 시어머니의 행동에 있다. 매사에 "지집년만썩 ᄒᆞᆫ 것사.(계집애만 한 것이야.)" 등 언어에 의한 차별이 심하다. 그런데 아들을 낳으면 어머니의 위치가 현격하게 달라진다고 한다. 며느리 대접도 중요하지만 아들손자를 대하는 것은 딸손자를 대하는 것과 너무 다르다. 예를 들어 값비싼 전복이 있으면 아들손자가 있는 며느리집에 보내고 딸손자가 있는 집에는 보내지 않는다. 아들 손자가 아프면 온 가족이 병원에 문병 가고, 병원비도 내 주지만 딸이 아프면 들여다보지도 않는다는 사례가 있다.

아들과 딸 손자에게 주는 세뱃돈의 액수도 다르니까 그것을 보는 어머니가 더 스트레스를 받는다. 그래서 아들손자가 대접을 받는다는 것은 그 아들을 낳은 어머니의 위치도 자동적으로 상승된다는 말이다.

집안에 대소사가 있을 때도 며느리가 시가에 가서 일을 해야 할 경우에 아들손자 일로 볼 일이 있다고 하면 면죄부가 되는데 딸손자 일이라면 "똘만썩 헌 거."라고 하며 보이지 않는 압박을 준다. 집안에 따라서 시아버지는 잘 표현은 안 하지만 아들손자 몫으로 저축해 준다.

젊은 때는 딸과 아들을 구별하지 않다가도 50대를 넘기면서 아들이 없으면 허전하고 섭섭하며, 딸만 있는 집을 보면 측은하게 여기기도 한다. 또한 당사자도 아들이 없기 때문에 주변 사람들의 시선을 의식하는 사람도 있다.

| 어머니의 당당함 |

결혼해서 맏이로 아들을 낳으면 마음이 편안하고 부담이 없다. 특히 두 번째 자식에 대한 부담이 없다. 더 낳아도 되고 안 낳아도 되고, 낳게 되더라고 딸이든 아들이든 걱정이 없어진다. 그런데 맏이로 딸을 낳거나 못 낳으면 기가 죽는다.

궨당(친척)들이 모여 있을 때도 시어머니에 따라서 아들을 낳은 며느리는 잘 대접해 주고 딸을 낳은 며느리는 홀대했는데 시간이 흐르면서 이런 차별의식이 내재되어 있으나 잘 표면화되지는 않는다.

40대 후반의 한 여성은 자신이 큰며느리인데 딸만 낳으니까 시어머니가 작은며느리와(이는 아들을 낳은 경우) 비교하면서 보이지 않는 구박과 차별을 받았다고 했다. 집안의 대소사 때 아들 낳은 며느리는 가사노동의 면제부가 주어지기도 한다. 아무리 가치관이 변했다고는 하지만 아들이 가문의 대를 잇는 의무가 있는 한 아들선호의식은 사라지지 않을 것이다. 이것도 여성들을 옭아매는 전승 의례라 할 수 있다.

며느리 입장에서는 아들을 낳으면 자신감이 넘쳐서 하고 싶은 말을 할 수 있다. 시어머니와 대화 중에 "나가 이디 왕 아들을 못 낫수광? 뭘 못 헷수광?(내가 여기 와서 아들을 못 낳았어요? 무엇을 못 했어요?)" 하면서 당당하게 말한다. 그런데 딸만 낳은 경우에는 시어머니가 "느 이디 왕 무신 걸 헤시니, 아들을 나시냐, 무신 걸 헤시냐?(네가 여기 와서 무엇을 했느냐, 아들을 낳았느냐, 무엇을 했느냐?" 하면서 비난하면 며느리는 아무 말도 하지 못한다.

시어머니 입장에서는 며느리마다 아들을 낳아주면 좋지만 그렇지 못할 때는 아들을 낳은 며느리에게 아들을 더 낳아서 다른 형제에게 양자를 주라고 권한다. 따라서 딸이 결혼해서 딸아들 낳고 아무 탈 없이 잘 살고, 시가에서 착한 며느리라는 말을 들으면 친정 부모로서 흡족하고 자식을 낳고 산 보람을 느낀다. 이렇게 자신감이 넘칠 때는 사위나 사돈댁에도 당당하게 처신할 수 있다.

아들집에 가면 시부모는 당당하며, 딸네 집에 가면 오래 머물 곳이 아니라며 서두른다. 사위 보기가 민망하기도 하지만 딸네집은 잠깐씩 드나드는 곳이라고 생각하는 것 같다. 어머니는 아들이 있다는 이유 하나만으로 당당하다. 처가에서 사 준 집에 자신의 아들이 살아도 내 아들이 잘나서 물려받았다고 생각한다. 이런 의식은 비단 제주도만의 문제는 아닐 것이다. 제주도는 재산 분배를 할 때 아들이 없는 자식에게도 그 아들 몫으로 재산을 분배하는데 다른 지방에서는 아들 손자가 없으면 그 아들에게는 재산을 상속하지 않기도 한다.

요즘도 이런 표현들은 교양과 지식, 품위 유지를 위해서 겉으로 잘 드러내지 않지만 속으로는 마찬가지일 것이다. 즉 표현 방법을 좀 자제하는 정도라 본다. 아들선호에 대해서 표현이 변화되고 며느리를 배려하지만 아들을 원하는 것은 인지상정인 것 같다.

1990년대 중반부터는 노후 생활에 대한 입장이 바뀌고 있다. 사실 아들을 원하는 것은 제사도 있지만 자식의 도움을 받으면서 노후를 편안하게 지내고자 하는 마음이 있는 것이다. 딸만 있는 집도 부모가 재산이 있고 건강할 때는 문제가 없는데 이 두 가지가 없을 때는 어려움에 처한다. 친정어머니는 건강하면 딸의 살림을 도와주기 때문에 딸의 입장에서는 무조건 좋은 것이다. 이때는 친정어머니도 자신이 딸을 도와줄 수 있기 때문에 자신감이 넘치고 당당하지만 병약해지면 스스로 위축될 수 있다.

만약 친정부모가 중병에 걸리면 딸의 입장에서 부모의 병 수발을 할 때 주변의 눈치를 보게 된다. 아들이면 당당하게 돌볼 수 있고, 며느리면 칭찬받으면서 부모의 병간호를 한다. 그러나 딸은 남편과 시가의 눈치를 보고, 주변의 동정을 받으면서 병간호를 해야 하기 때문에 이중고에 시달리게 된다. 시가의 협조가 좋더라도 시부모와 같이 사는 경우 친정부모를 돌보기는 쉽지 않다.

친정부모가 건강할 때 경제적, 육체적인 도움을 많이 받아도 별 소용이 없다. 며느리가 시부모를 봉양하지 않으면 주위의 비난을 면하기 어렵다. 오히려 이런 비난은 정당화된다. 그러나 딸이 친정부모를 모시지 않아도 주변의 시선은 안쓰러움 정도에서 그친다. 이런 부모를 볼 때 주변 사람들이 '오죽 갈 곳이 없으면 딸네 집에 가서 사느냐'는 것이다. 오히려 며느리가 시부모를 놔두고 어떻게 친정부모를 모시느냐며 친정부모를 모시지 않는 것이 정당화되기도 하는데, 이런 의식이 남아있는 한 아들 낳기는 계속될 것이다.

그러나 대부분 딸의 입장에서는 친정부모를 잘 모시고 싶지만 사회적 인식의 벽을 넘지 못하는 경우가 많다. 재산상속만 하더라도 아들에게 물려준 것은 소리가 나고 딸에게 물려준 것은 소리가 나지 않는다. 며느리의 입장에서 친정 재산상속을 당연하게 여기고, 시부모가 물려준 것은 "나 우리아들한테 뭐 물려 줬저." 하면서 소리가 난다. 아들 가진 부모는 형태는 다르지만 지금도 유세를 한다. 만약 친정에서 재산을 물려받은 며느리가 있으면 자랑하는데 물려받지 못한 며느리는 심리적 위축이 심할 수도 있다.

사람들은 보통 집안에 아들이 없으면 자신들의 구심점이 없어지기 때문에 아들을 원하는 것인지 생각해 볼 일이다. 우리나라는 남성 중심의 가족제도여서 딸이 결혼해도 대소사 때는 부모집이나 아들집에 모이는 등 의결 집합 장소가 된다. 그런데 아들이 없고 부모가 돌아가시면 딸의 입장에서는 친정 식구들이 모이는 정해진 장소가 사라지게 된다. 주변에서 아들이 없고 구심점이 사라지면 그들을 측은하게 여기는 이유가 될 수 있다. 물론 이것은 기존의 문화 의식에 길들여진 고정관념이기도 하다.

우리가 친정이라고 할 때는 부모도 해당되지만 친정 남성을 가리킨다. 부모 세대들은 이런 구심점이 중요하다고 여겼기 때문에 더욱더 아들 선호에 집착했을 것이다. 이것도 농경사회의 요소가 남아 있고, 만남의 이동거리가 짧아야 공감할 수 있는 풍습이다. 전 세계로 흩어져서 사는 가족이 많아지면 이와 같은 가족공동체 의식도 점차 사라질 것이다.

| 자녀수에 대한 인식 변화 |

우리나라에서는 1960년대 후반부터 가족계획을 홍보했으니까 적어도 1970년대 이후 결혼한 사람들은 자식을 적게 낳으려고 했다. 보건소에서 가가호호 방문하면서 저출산을 강조하고 피임 기구를 보급했다. 이 당시 여성들은 가정 형편이 어렵기도 해서 아이를 적게 낳기에 동참했다.

가족계획을 하기 전에는 임신하는 대로 낳았다. 또한 적게 낳고 싶어도 여성들이 산부인과를 찾아갈 생각도 못하고, 병원에 가는 것을 무서워 하고, 창피하게 여겼다. 가족계획을 계도할 때 부끄러워서 피임을 잘하지 않고 여러 명의 아이를 낳은 여성들도 있다.

1970년대 중반에는 가족계획이 어느 정도 정착되어서 대부분 결혼하면 무조건 두 명만 낳으려고 했다. 첫 아기가 아들이면 두 명만 낳는 경우가 많고, 첫 아이가 딸이고 둘째도 딸이면 셋까지 낳거나 아들을 낳을 때까지 출산했다. 대부분의 신혼부부들은 둘만 낳아 잘 기르자는 생각에 동의하고 실천했다.

1970년대에는 가족계획도 있었지만 자식이 많으면 잘 키우기 어려우니까 저절로 산아제한을 했다. 이 당시에 "딸 아들 구별 말고 둘만 낳아 잘 기르자."는 구호가 있기는 했으나 자식을 낳아서 잘 키울 능력과 자신이 있는 사람은 세 명도 낳았지만 그렇지 못하면 한 명만 낳기도 했다. 자녀수와 관계없이 반드시 아들 한 명은 낳기 때문에 딸의 수가 많아졌다.

■ 가족계획 포스터

부모들은 며느리가 여러 명의 자손을 낳길 바라지만 직접적인 표현을 하기보다는 당사자들의 판단에 따랐다. 이것도 아들을 낳은 며느리는 마음대로 할 수 있지만 딸만 낳은 며느리는 아들을 낳을 때까지 출산하려고 노력한다.

1970년대부터는 자녀를 많이 낳지 않기 시작할 때니까 맏이로 딸 1명을 낳고 그 다음에 아들을 2명 낳으니까 딸을 하나 더 낳아서 벗을 해 주고 싶어도 아들을 낳는 것에 대한 두려움 때문에 아이 낳기를 그만둔 사람도 있다. 또한 아들을 연이어서 날 경우 세 번째도 아들을 낳을까 봐 출산을 꺼리기도 하는데, 이는 아들 여러 명을 키우기가 힘들기 때문이라 한다.

자녀수는 세 명도 좋아 보이는데(아들 2+딸 1, 아들 1+딸 2), 반드시 아들은 한 명 이상이라야 한다는 생각은 지금도 지배적이다. 이왕이면 딸 1명, 아들 1명은 있어야 한다는 생각에는 변함이 없다.

사람들이 생각하는 이상적인 자녀수로는 아들 2명, 딸 1명을 선호한다. 그러나 아들에게 재산을 물려줘야 한다는 생각이 강하면서 아들 1명, 딸 2명으로 바뀌기도 한다. 60대 이상 어머니들도 아들이 있으면 좋지만 없으면 딸도 1~2명이 좋다고 말은 하지만 실제로 자신들의 일일 때는 좀 달라진다. 즉 어머니세대는 아들 없는 것이 용납이 안 되지만 30대인 본인의 자식이 결혼 후 딸만 낳게 되더라도 그것은 그들의 문제이고, 또한 앞으로 사회가 어떻게 변할지 예측할 수 없기 때문에 굳이 아들에 목매달 필요는 없다고 말한다.

1990년대 이후에도 자식이 1명일 경우 아들이면 더 낳지 않는데 딸이면 더 낳으려고 한다. 아들이 2명이면 문제가 없는데 딸은 1명이든 2명이든 어머니에게는 심리적 압박을 준다. 자녀수는 3명도 좋지만 짝수여야 좋다고 말한다. 어른들의 경험으로 보면 자녀는 같은 성이 2명은 있어야 좋다고 생각한다.

젊은 여성들은 한 자녀나 오누이 정도를 원한다. 그래도 아들을 낳으려는 욕망이 있어서 첫아이가 아들이면 그것으로 족하고, 딸을 낳을 경우 아들을 낳으려는 노력을 한다. 그래도 우리 어머니세대에 비하면 아들 선호사상이 희박해지고 있다.

요즘 부모세대들은 옛날 어머니들처럼 드러내놓고 며느리에게 아들을 낳으라며 구박할 수도 없고, 자녀 양육비가 만만치 않은 것을 너무나 잘 알기 때문에 아들바라기를 강요하지는 못한다. 또한 부모가 손자를 더 낳으라고 해도 며느리가 그 말을 잘 들어줄 것 같지도 않으니까 자식들의 의사를 존중한다고 표현하지만 사실은 자식의 인생에 덜 개입하려는 것뿐이다.

가족계획이 국가시책이 되기 전에는 다산(多産)이 곧 집안의 힘이었고, '사람은 태어날 때부터 자기가 먹을 것을 타고 난다.'는 속담을 진리로 여겼다. 그러다가 경제개발계획과 맞물리고, '집안에 먹을 것이 없으면 입을 하나 줄이라.'는 격언이 진리가 되기 시작했다. 농경사회에서는 가족이 노동력이어서 자녀수가 많을수록 좋아했지만, 산업사회로 접어들고 교육열이 높아지면서 자녀수가 많으면 부모에게 경제적 부담을 안겨 주었다.

1970년대 이후 저출산정책을 추진한 결과 인구가 감소하면서 2000년대 들어와서는 우리나라도 저출산과 고령화 현상에 촉각을 곤두세우고 있다. 출산 선택권은 부부 당사자에게 있다. 요즘은 맞벌이가 필수로 되면서 출산과 육아 문제 때문에 아이 낳기에 소극적으로 대한다.

젊은 며느리들은 시부모에게 자신의 의사를 정확하게 표현하려는 경향이 강하다. 아들을 낳은 며느리는 자신감이 충만하여 시부모를 대하는 태도가 더욱 당당하다. 아들의 존재여부에 따라 어머니의 위상이 격상된다. 딸만 있는 며느리는 시어머니가 뭐라 해도 기죽어서 지낸다.

지금도 장자로 이어지는 혈통유지에 대한 고정관념이 있어서 큰며느리는 반드시 아들을 낳아야 한다는 의무가 주어진다. 만약 노력해도 아들을 낳지 못할 때는 둘째 며느리가 아들을 낳으면 큰집에 양자로 보낸다. 물론 이는 선택사항이다. 어릴 때 양자로 입적하여 키우거나 호적상 양자로 처리하는 경우가 있다. 성인이 되면 재산과 제사를 상속해 준다.

제주도의 출산의례 전승과 관련하여 여성들의 주도적 참여 관점에서 살펴보았다. 잉태 전과 후, 출산하기까지 준비과정, 출산 후 아기 보호 의식 등 거의 모든 절차는 여성들이 주체자로 참여하고 있다. 즉 여성이 의례 주관자가 되면서 의례의 전승 주체로도 기여하고 있음을 보았다. 물론 남성들도 개인적인 상황에 따라 협조자로 참여해 왔다. 다만 남성이 주도적 역할을 수행해야 함에도 불구하고 어머니의 관리감독 뒤에 숨어서 며느리와 시어머니인 여성들끼리 갈등 관계를 방조하는 경향이 있다.

근대부터 1970년대까지 제주도의 출산의례를 보면 주로 민간신앙에 의존한 측면이 강하다. 즉 임신기원, 태교, 출산, 육아 등을 보면 어머니와 가족, 마을공동체의 적극적인 협조로 이어졌다. 이는 생명을 온전히 유지하는 것은 유교적인 절차로 보호할 수 있는 대상이 아님을 알려준다. 그래서 출산의례는 '관혼상제'라는 통과의례에 포함되지 않은 것이다.

성년의례

조선시대에 철저하게 준수된 성년의례가 제주도에는 어떻게 남아 있는지 알아보기 위하여 관례(冠禮)를 좀더 살펴보고자 한다. 우리가 알고 있는 문헌으로 『주자가례(朱子家禮)』와 『사례편람(四禮便覽)』이 있다. 두 문헌의 내용은 문화콘텐츠닷컴을 참조하였다.

먼저 『주자가례』에 의하면 남성은 15세~20세에 관례를 치를 수 있다고 되어 있다. 또한 『사례편람』에 따르면 관례(남성에 해당됨)와 계례(여성에 해당됨)를 치를 수 있는 사람은 대공(大功) 이상의 상복을 입지 않는 15세~20세 남녀로 규정되어 있다. 그런데 여성에게 행해진 계례는 주로 혼례를 치른 다음 시어머니가 이 의례를 치러주었다. 따라서 오늘날 성인식과 비교하면 의미는 유사하나 성인임을 입증하는 의식과는 조금 차이가 있다.

어떻든 조선시대 제주도에서 행해진 관례와 계례 의식을 찾아보기 어려운 것은 이 의례를 치를 수 있는 신분이 합당하지 않았기 때문이라고 본다. 일제강점기 이후 제주도에서는 성인식을 공식적으로 치른 사례 찾기가 힘들다. 그래서 관례를 치를 수 있는 나이가 15세~20세이므로 제주사람들은 이 연령층에 해당되는 자녀들을 어떻게 대접했는지 여러 상황을 종합하여 살펴보겠다.

■ 비녀와 댕기

|가사노동 참여 시기|

어린이에서 성인 반열에 들면 가사노동 참여 공간이 확대되고 노동 강도도 높아졌다. 제주여성들은 주로 어린 시절부터 부모를 도와서 집안일을 했지만 소녀들의 일터 겸 놀이터는 부엌, 마당, 우물가, 밭, 바다 등이라 할 수 있다.

근대시기 제주여성들은 대개 16~20세에 결혼을 했으니까 결혼 전에는 친정부모를 도와서 농사일을 거들거나 물질을 배워서 바다일을 했으므로 살림밑천의 의무를 확실하게 수행했다고 본다.

일제강점기부터 1950년대에도 보리와 조 농사를 하면 부모를 따라 밭에 가서 밭일을 하고, 집에서 밥을 하거나 물을 길어오는 등 어머니의 보조자 역할을 훌륭하게 해냈다. 이 당시에는 가사일을 돕지 않으면 먹고살기도 어려웠으며, 결혼 전부터 농사일을 거들다가 결혼한 후에도 농촌에 사니까 본격적으로 농사일을 했다.

제주여성들은 적어도 10살이 되면 대배기(어린이용 물동이)로 물을 긷다가 15세 정도가 되면 물허벅(물동이)을 이용해서 물 긷는 담당을 했다. 우물가에 가서 빨래도 하고, 어린 동생도 돌보면서 하루를 보내었으므로 학교교육의 기회도 없을뿐더러 10대에 누릴 수 있는 놀이도 마땅히 없었다고 볼 수 있다.

여성들은 어린 시절부터 집안일을 거들었는데 정미소가 없을 때는 보리쌀도 ᄆᆞᆯ방에(말방아)에서 갈았고, 정미소가 생기자 기계로 보리쌀을 도정해서 먹었다. 이런 노동력 제공에 딸들이 일조한 것이다.

10대 여성의 하루 일과를 보면 아침에 일어나서 물허벅으로 물을 길어오고, 부모님 따라 밭에 가서 일하다가 부모님보다 먼저 집으로 돌아와서 물항(물을 담아 두는 항아리)에 물을 채우거나 저녁을 준비했다. 밥을 먹은 후에 옷을 만들거나 수선하는 등 바느질을 했는데 어머니들은 딸들의 가사노동 참여를 예비신부 수업의 일환으로 보았다.

10대 여성들이 하루를 마감하면 딱히 놀이도 없었지만 딸들이 저녁에 집밖으로 나다니지 못하게 해서 처녀들은 밤나들이가 제약되어 있었으나 남성들은 나다니며 놀 수 있는 분위기였다. 그래도 농한기에는 또래끼리 모여서 바느질도 하고 이야기도 하면서 나름대로 즐길 수 있는 밤문화가 있었다. 일제강점기에 재봉틀도 있었지만 여성들은 주로 손바느질을 했으며, 기성복이 대중화되기 전에는 집에서 일상복을 만들어 입었다.

농사철에 딸들(어머니 포함)은 주로 새벽 5시쯤에 일어나서 아침밥과 점심까지 무쇠솥을 이용하여 불을 때고 밥을 지었다. 아침을 먹고 밭에 가져갈 점심을 챙겨서 구덕(바구니)에 놓고 지고 갔다. 하루 종일 일을 하다가 해가 떨어지면 집으로 오자마자 저녁밥을 지어서 먹고 설거지를 하고 물을 길어온다. 비가 와서 일을 할 수 없는 날에는 옷을 만들었으며, 간단한 바느질은 주로 밤에 했다. 연료도 없어서 나무나, 솔잎, 쇠똥 등을 주어다가 땔감으로 이용했다.

■ 제주도 물통(용천수)

■ 물허벅

■ 밭담과 밭

■ 불턱

해안마을의 여성들은 어린 시절에는 아트막한 바닷물에서 물놀이를 하면서 수영을 배우고, 10살을 전후해서 어린이용 테왁으로 연습삼아 물질을 배운다. 해녀의 수련기는 7~8세부터 가능하다. 이때는 주로 여름에 목욕하러 갔다가 조그맣게 고여 있는 물에서 물놀이를 하는데 학교에 다니듯이 바다에 가서 스스로 수영을 배우는 것이다. 그러다가 15세 정도가 되면 큰 테왁을 갖고 가서 실전에 대비했다.

사람에 따라서 다르기는 하지만 주로 13~15세가 되면 어린 해녀로 활동할 수 있었다. 기량에 따라서 18~19세가 되면 해녀 대열에 들어서서 물질을 하고, 주로 미역을 채취해서 가계에 도움을 주었다. 제주해녀들은 고향 바다에서도 일을 하지만 다른 지방으로 물질하러 다녔는데, 주로 15세가 넘으면 이런 것이 가능했다.

제주도에서는 성인식을 별다르게 치르지는 않았지만 15세를 전후해서 노동의 강도도 달라지고 혼인도 할 수 있는 등 어른 반열에 들어갔음을 짐작할 수 있다.

놀이 참여 시기

제주여성들은 어린 시절부터 일만 한 것은 아니고 나름대로 놀이도 즐겼다. 마을에 따라서 조금씩 다르기는 해도 일도 하고 '오자미, 자치기, 공기놀이, 고무줄놀이'를 했다.

과거에는 지금처럼 먹거리가 풍부하지 않았기 때문에 주변에 있는 모든 것이 간식거리였다. 산탈(산딸기)이나 인동초를 따 먹거나 팔기도 했고, 지네를 잡아서 파는 등 나름대로 용돈을 마련했다고 볼 수 있다. 또한 해안마을 어린이들은 물놀이를 하면서 자연스럽게 해녀의 입문기를 거치게 되므로 바다는 여성의 놀이공간인 동시에 노동공간이기도 하다.

야학당 학생 시기

예로부터 여성들에게 교육기회는 거의 없었다. 부모 역시 아들은 학교에 보냈지만 딸은 집안일을 거들거나 물질 등 생업에 나서기를 요구해서 딸들은 부모의 눈치를 보면서 야학당에서 한글을 깨친 정도였다. 그러다가 1950년대 이후 딸들에게도 초등교육 기회가 주어졌지만 1970년대가 되어야 중등교육을 자유롭게 받을 수 있었고, 1980년대 이후부터 대학교육의 기회가 많아졌다.

여기서는 일제강점기부터 딸들이 어디서 어떤 교육을 받았는지 배움터를 알아보겠다. 일제강점기에 야학이 성행했으며, 마을의 10대 여성들이 주 학생이었다. 마을마다 야학 선생님이 있어서 하루 일과를 마치고 여성들은 야학 교실로 향했다. 거기서 한글과 수학 정도를 배웠다. 지금 70대 이상 여성은 거의 야학생이었으며, 야학 덕분에 까막눈을 면했다고 한다. 피곤한 몸으로 야학에 다니기도 했지만 부모가 가지 말라고 하거나 피곤하면 스스로 그만두기도 했다.

야학당은 요즘과 같이 정식 건물이 있는 것이 아니고 창고와 비슷한 건물에서 저녁이 되면 호롱불을 켜고 공부했다. 마을에 따라 야학당의 선생은 다른 지방에서 온 경우도 있었다. 어떤 마을은 10대~20대 여남 30명 정도 학생이 공부했다고 전해 주었다.

주로 젊은 여성들은 낮에는 일하고 저녁을 먹은 후에 밤에는 야학당에 모여서 공부했다. 공부시간은 하루 3~4시간 정도였으니 다 마치면 밤 12가 되었다. 교과목으로는 일제강점기여서 일본어, 한글, 노래 등을 배웠다. 일부 여성들은 출가물질을 떠나거나 결혼하면서 야학의 기회도 얻지 못했다.

아들들은 주로 학교에 다녔지만 가정 형편에 따라서 야학당에서 배우기도 했으며, 딸들의 교육 공간은 야학이 전부였다. 경제적인 여유가 있는 집안도 딸은 학교에 보낼 생각을 하지 않고 집안일을 거들면서 신부수업을 하다가 결혼하면 된다는 인식이 팽배했던 시절이 있었다. 즉 "딸자식 공부시켜서 축지방 빌려 쓰려고 하느냐?" 하면서 야학에도 다니지 못하게 막기도 했다. 부모가 교사인 경우 마을에서 한두 명의 여성이 학교교육을 받는 정도였다.

딸들은 10살을 전후해서 야학에 다녔지만 농촌에서는 농한기에만 학교문을 열기 때문에 겨울 3개월만 학기가 진행되기도 했다. 대략 저녁 8시~11시까지 수업을 했는데 시계가 없을 때니까 짐작삼아 저녁을 먹으면 부지런히 학교로 향했다. 야간수업이라 등피불(남포등)을 켜서 공부하는데 당번을 정해서 불을 켰다.

이 당시는 경제적으로 아주 어렵던 시절이라 야학생들이 필요한 문구류도 보잘것 없었다. 한 문화전승자가 사용했던 연필과 공책 대용품을 들어보았다. 크고 낡은 종이 한 장을 접어서 노트처럼 실로 묶는다. 이 노트에 국어와 산수, 자연 등 과목별로 칸을 구분하여 기록했다. 이 당시에는 지우개도 없었다. 종이 질이 약해서 침으로 지우려면 종이가 잘 찢어졌다. 검정고무신을 신을 때이므로 이 신이 닳아서 더 이상 신발의 기능을 상실하게 되면 이것으로 지우개를 만들었다. 검정고무신 뒤쪽을 적당한 크기로 잘라서 석유기름에 한 5일간 담가둔다. 그런 다음 이것을 지우개 대용으로 사용했다. 연필도 좋은 게 없었다. 나무막대기를 적당하게 잘라서 연필처럼 사용했다.

야학은 수업 연한이 정해진 것이 아니라 각자 형편에 맞게 다녔으므로 몇 개월에서 몇 년까지 가능했다. 야학은 일제강점기의 대표적인 사교육기관이며, 1945~1948년에 야학의 기능이 약화되었다.

제주도에서는 일제강점기에도 집안 형편에 따라서 "뚤만씩 헌 거, 공부헤영 무신거. 공부시켱 무신거 헐 건디.(딸만씩 한 거 공부해서 뭐해. 공부시켜서 뭐 할 거야)" 하면서 여성들은 교육 기회도 박탈되었다. 그래도 1960년대에 들어오면 최소한 초등학교는 졸업하고, 중학교에 진학하는 비율도 높아졌다. 1970년대 이후에는 여성들도 보편적으로 고등교육을 받기 시작했다.

이상으로 제주도에서 행해진 성년의례 유형을 살펴보았다. 제주도에서는 오래 전부터 출생과 더불어 할망상을 모셨다. 그런데 할망상(삼신할머니상)을 거둬들이고, 침 맞히기를 끝내거나 아이가 죽어서 제사를 지내주는 나이는 대개 15세를 기준으로 삼았다. 만약 15세가 넘어서 사망하면 성인으로 인정하여 제사를 지내주는데, 15세 이전에 죽으면 제사를 지내주지 않는다. 사혼(死婚) 시행의 분기점도 15세이다.

해안마을에서 여자아이들이 바닷가에서 수영을 배우다가 물질에 동참하는 시기도 15세 전후이다. 또한 이 시기부터 혼담이 가능했다. 그래서 제주도에서는 정식으로 관례와 계례를 치르지는 않았지만 적어도 15세를 전후하여 성인 대접을 해 주었다.

우리나라에서는 1975년에 성년의 날을 5월 6일로 정해서 매년 성년식을 지냈다. 그러다가 1985년부터 5월 셋째 월요일로 일정을 조정하여 현재에 이르렀다. 이 날은 성년식을 치르고 서로 축하해 주는 등 축제 분위기를 형성한다. 성인이 되는 나이는 만 20세로 정했는데 2013년 7월 1일부터는 만 19세를 성년으로 변경하였다.

■ 아동용 소가죽신(1940년대 제작)

【혼인의례(婚姻儀禮)의 전승】

혼인은 사람들이 살아가는 공간에서 이루어지는 대표적인 의례이다. 특히 우리나라와 제주도에서는 지금도 이 의례를 중히 여기고 이 절차를 벗어나면 일탈한다는 부정적인 시선이 남아 있다. 물론 낯선 타인들이 새로운 가족관계를 맺는 절차는 당연히 엄숙하고 까다로울 수밖에 없다. 낯선 문화 탐색하기, 서로 이해하기, 수용하기, 실천하기의 여러 단계가 혼인과 더불어 일생에 걸쳐서 진행된다.

제주도 혼인의례의 시초를 알 수 있는 문헌으로 「삼성신화」가 있다. 이 신화에서 혼인의례 관련 요소를 찾아보겠다.

[제주목 남쪽 3리쯤에 삼성혈이 있으며 옛날의 毛興穴이다. 『고려사』 「고기」에 이르기를 "태초에 인물이 없었는데 세 신인이 땅에서 솟아나왔다. 지금 진산(한라산) 북쪽 기슭에 모흥이라는 굴이 있는데 바로 그곳이다. 맏이는 양을라, 다음은 고을라, 세 번째는 부을라라 하였다. 세 사람은 거친 벽지를 돌아다니며 사냥하여

그 가죽으로 옷을 만들어 입고 그 고기를 먹으며 살았다.

하루는 자줏빛 진흙으로 봉한 나무함이 동쪽 바닷가에 떠온 것을 보고 가까이 가서 열어보니 안에 돌함[石函]이 있고, 붉은 띠에 자주색 옷을 입은 사자 한 사람이 따라와 있었다. 돌함을 여니 푸른 옷을 입은 처녀 세 사람과 망아지, 송아지 및 오곡의 종자가 들어 있었다. 곧 (사자가) 말하기를 "나는 일본국 사신인데 우리 왕이 세 딸을 낳고 이르기를 서쪽 바다 가운에 있는 산에 신의 아들 세 사람이 내려와 장차 나라를 세우려고 하나 배필이 없다 하고, 이에 신에게 명하여 세 딸을 모시고 오게 되었으니, 마땅히 배필로 삼고 대업을 이루소서." 하고 사자는 홀연히 구름을 타고 가 버렸다.

세 사람은 나이 차례로 나누어 장가들고, 샘물맛이 좋고 땅이 비옥한 곳에 나아가 활을 쏘아 땅을 정하니, 양을나가 사는 곳을 第一徒, 고을나가 사는 곳을 第二徒, 부을나가 사는 곳을 第三徒라 하였다.

비로소 오곡을 파종하고 또 망아지와 송아지를 기르니, 날로 부유하고 번성해갔다.]

- 이원진 저, 김찬흡 외 옮김(2002 : 168~169), 『역주 탐라지』

제주도의 혼인의례를 역사적으로 살펴보기 위하여 삼성신화에서 혼인의례 요소를 추출해 보겠다. 제주 남성 3명과 외국에서 들어온 3명의 여성이 등장하는데 이는 신화시대의 통혼권이 외국임을 알려 준다. 또한 중매쟁이는 사신에 해당되며 여성쪽에서 먼저 청혼하고 있다. 사신 일행이 마소와 오곡 종자를 갖고 직접 찾아온 것으로 봐서 이는 일종의 혼수품이라 할 수 있다. 여성들이 입은 푸른 옷은 외출복이며 예복에 해당된다.

세 쌍의 젊은이들은 각자 마음에 드는 배우자를 정하여 혼인하였는데, 사신을 매개로 하여 중매혼의 절차를 밟고 있으나 실질적으로는 자유혼의 사례를 보여준다. 세 왕자와 세 공주는 제주도 최초의 예식장인 혼인지(성산읍 온평리 소재)에서 결혼식을 올리고 조그마한 동굴에서 보낸 것으로 봐서 이곳 또한 제주도 최초의 신혼여행지이자 신혼방이라 할 수 있다. 결혼 후 이들은 물과 땅이 있는 곳을 각자의 신혼살이 공간으로 선택하여 새로운 삶을 시작한다.

삼성신화에도 혼인의례 절차가 드러나 있듯이 근현대 제주도의 혼인의례 절차를 살펴보겠다. 장성한 자녀를 둔 부모는 적당한 시기에 중매를 통해서 자식의 혼사를 성사시키려고 한다. 마을 처녀와 총각이 서로 좋아할 수도 있고, 부모가 마음에 들어서 본인 자녀의 배우자로 삼고 싶어 하는 경우도 있다. 부모의 의사를 존중하는 중매에서 본인의 선택을 중요하게 여기는 연애결혼까지 여러 과정이 있다.

여기서는 근현대 제주도에서 진행되어 온 통혼권, 혼인 나이, 배우자의 조건, 중매와 택일, 막펜지(마지막편지) 교환, 잔칫날 등 혼인의례 절차를 가능하면 시대별로 알아보겠다.

■ 삼성혈

■ 혼인지에 있는 동굴(성산읍 온평리 소재)

■ 혼인지 축제

혼인의례의 필수 요소

혼례의 절차로 주자(朱子)가 육례(六禮 : 납채, 문명, 납길, 납징, 청기, 친영)를 제정했지만 조선시대에는 이 절차의 번거로움을 피하기 위해서 사례(四禮 : 의혼, 납채, 납폐, 친영)로 간소화했으며, 이것이 제주도에도 남아 있다. 우선 사례 절차를 간단히 살펴보겠다.

'의혼'(議婚)은 중매에 해당하며, 남성쪽에서 신발이 닳도록 여성집을 드나들다가 '허혼'(許婚)을 하면 남성측에서 정식으로 청혼하는 '납채'(納采)가 진행된다.

'문명'(問名)은 여성의 사주를 묻는 것인데 중매 단계에서 사주가 오고간다. '납길'(納吉)은 혼인 날짜를 정해서 가져가는 것이다. 제주도에서는 남성측에서 여성측으로 택일기를 가져가고, 이 날을 '막펜지'를 전한다고 한다.

'납폐'(納幣)란 신랑집에서 신부집에 혼서지(婚書紙)와 함(函)을 가져가는 것을 가리킨다. 제주도에서는 결혼식날 신랑측에서 혼서지를 홍세함에 넣고 신부집으로 가져갔다.

'친영'(親迎)이란 신랑이 신부를 맞이한다는 뜻이다. 제주도에서는 결혼식날 신랑이 우시(상객)와 같이 홍세함을 갖고 신부집에 간다. 신부집에서 절차를 마친 후에 신부는 가마를 타고 신랑집으로 가서 결혼식을 치렀다. 신식 결혼풍속이 나오면서 예식장에서 예식을 한 후에 신부와 신랑은 신랑집으로 간다.

『역주 탐라지』(김찬흡 외 옮김, 2002:28)에 의하면 제주도에서는 "결혼을 청하는 자는 반느시 술과 고기를 준비한다. 납채(納采)를 하는 자도 그렇다. 혼인날 저녁에 사위가 술과 고기를 준비해서 신부의 부모를 뵙고 술이 취한 뒤에야 방에 들어간다."고 기록되어 있다.

제주도에는 이러한 혼인 풍속이 지금도 부분별로 남아 있다.

| 혼인 시기 |

대체적으로 결혼적령기 자식을 둔 부모들은 아들보다 딸의 혼인 시기에 더 고민이 많다. 요즘은 남성은 경제적 능력과 사회적 지위 등 외형적 결혼조건을 갖추지 못하면 결혼하기 어렵다고 여겨서 부모 입장에서는 중매혼보다는 연애혼을 권장하는 경우도 있다. 또한 며느리에 따라서 집안의 화목이 달라지기 때문에 어떤 여성이 며느리로 들어올 것인지에 대한 걱정이 많은 편이다.

일제강점기에는 대체적으로 18~20세를 전후로 혼인하였으며, 1950년대 이후부터 20세 중반에 혼인하였다. 1960년대에 여성의 결혼적령기는 24~25세이고, 남성은 대략 27세까지로 보았으며 이 나이를 넘기면 노처녀와 노총각이라 불렀다.

1970년대도 여성과 남성은 23~25세가 결혼적령기라 여겼다. 여성은 26~27세만 되면 노처녀라 하고, 남성은 25~30세 사이에 결혼하면 별 문제가 없지만 30세가 넘으면 노총각이라 해서 조금 꺼리는 정도였다.

1980년대에는 여성은 24~27세, 남성은 26~27세가 결혼적령기라는 사회적 통념이 있었다. 여성들은 직장이 있으면 결혼하는 나이가 늦어지고 그렇지 않으면 20대 중반에 결혼하는 것이 사회적 분위기였다. 어른들이 "자릿도새기허고 비바린 세월 날 때 풀아사 훈다.(새끼돼지와 처녀는 적당한 시기에 팔아야 한다.)"란 말을 한다. 이 속담은 혼인 적령기인 혼기를 놓치지 말고 혼인시키라는 뜻이다.

1990년대에도 이 적령기는 유효했다. 남성들은 주로 27~28세에 결혼을 하는데, 아들이 총각으로 30세가 넘으면 부모들도 걱정했다. 1990년대 후반부터는 여성은 29~30세 정도가 돼야 그 부모들이 딸의 혼인에 대한 걱정을 하였으며, 과거처럼 딸을 빨리 혼인시키려고 애쓰지 않았다. 남성은 주로 30~33세 사이에 결혼해도 되니까 이 나이가 되어야 부모들이 조금 걱정하는 정도이다. 2000년대 들어와서 특히 젊은이들의 결혼이 늦어지고 출산 시기가 조절되면서 자연적인 저출산이 가속화되고 있다.

혼인할 때 남성과 여성의 나이 차이에도 변화가 나타나고 있다. 원래 남성이 여성보다 대개 서너 살 정도 위면 좋고, 다섯 살이 넘어가면 너무 차이가 난다는 생각이 지배적이었으나 지금은 연상녀와 연하남의 결혼도 자연스러워지고 있다. 특히 2000년대 들어와서 유명인들 사이에서 연상녀와 연하남의 혼인이 이루어지면서 남녀 혼인 나이차에 대한 시각이 변하고 있다. 실제로 일반인들 중에도 여성이 남성보다 1세~15세까지 차이나는 배우자를 선택하고 있어서 남성이 연상이어야 한다는 고정적인 관습에 변화가 생기고 있다.

현재 50~60대의 어머니들은 여성의 독신에 대해서도 관대한 편이다. 경제적인 능력이 되면 굳이 결혼을 하지 않아도 좋으며, 혼인에 대해서는 어느 정도 자식의 의사를 존중해 주는 경향이 있다. 결혼이 일생의례에 속하는 의무사항에서 선택사항으로 변한 것을 보면 영속성을 지닌 것 같은 의례도 사회 환경과 가치관의 변화에 따라 절차가 생략되거나 간소화됨을 알 수 있다.

| 혼인 순서 |

혼인의례 중에 형제간에 혼인순서를 어길 수 없다는 절대 불변의 법칙이 불문율이었는데 시간이 흐르면서 이런 법칙을 지키기 어려운 상황이 발생하였다. 남녀 간의 일이란 나이순으로 지킬 수 있는 사항이 아니므로 맏이보다 동생이 먼저 결혼을 하게 되는 변칙이 발생했다. 이때 집안마다 차이는 있으나 불변의 원칙을 고수하는 집안이 있고, 비법을 사용하면서 혼인 순서 바꾸기를 허용하는 집안이 있다. 그러나 지금도 부모들은 가능하면 자식들의 혼인 순서를 지키려고 노력한다. 물론 부모세대가 의례 규칙을 지키는데 주력하는 동안 자식 세대는 전통의 모순을 절감하게 된다. 의례 절차는 원칙대로 지켜야 하지만 각자 처한 환경에 따라 변할 수 있다는 융통성도 필요하다.

사회적 통념상 동생이 맏이보다 먼저 결혼하게 되면 당사자인 맏이가 주변 사람들에게 바보 취급을 받기도 하고, 어느 한쪽이 몰려서 잘 살지 못한다고 믿었다. 만약 형제간에 순서를 어기고 혼인하는 집안이 있으면 주변에서 그 집안에는 어른이 없느냐며 흉본다.

형제간에 순서를 바꾸어서 결혼하게 되면 맏이인 당사자의 동의가 중요하다. 맏이 입장에서 동생에게 혼인순서를 양보할 수 없다고 하면 동생이 먼저 결혼하는데 걸림돌이 되거나 집안에 분란이 발생한다.

맏이가 동생의 혼인을 동의해 주면 혼수품 준비 시에 맏이 몫으로 옷감이나 이불감을 떠 놓는다. 맏이가 결혼하기까지 몇 년이 걸릴 때에는 떠 놓은 옷감이 오래되면 맏이가 결혼할 때 다른 천으로 교체하여 사용한다.

이 외에도 예방법으로 동생이 맏이보다 먼저 결혼할 때 맏이는 동생의 결혼식에 참석하지 않고 다른 곳에 있다가 잔치가 끝나면 오거나, 특별한 제약 조건 없이 결혼식에 참석할 수도 있다. 혼인할 순서를 어길 경우 부모 입장에서는 맏이에게 미안함도 있어서 집에서 잔치를 하지 않고 식당에서 손님을 대접하는 집안도 있다.

제주도와 작은 섬들의 풍속이 같으며, 추자도 역시 1960년대에도 형제간에 혼인순서를 어기지 않았다. 만약 어겨서 할 경우 형에게 동생이 먼저 결혼해도 좋은지 의논하여 추진하는데 이럴 경우 형은 동생의 결혼식에 참석하지 못하고, 가족사진도 찍으면 안 되었다.

| 배우자의 선택 지역 |

교통수단과 통신시설이 발달하지 않던 시대에는 먼 지역에 사는 사람을 배우자로 선택할 기회가 드물었다. 상대방의 가문을 잘 알 수 없다는 단점도 있고, 같은 마을에 있는 친척이 중매를 하니까 이웃마을 정도가 통혼권이었다.

제주도의 통혼권으로는 마을 내, 이웃마을 등 공간 이동이 작았으며, 이때는 주로 중매결혼이 주류였다. 그러다가 연애결혼이 주류를 이루면서 배우자 선택 범위가 제주도 전체로 이동하고 국내에서 국외로 통혼권이 확장되었다. 지금은 국제결혼이 대중화되면서 외국인과 혼인하는 비율이 높아지고 있으며, 이를 자연스럽게 받아들이는 사회분위기가 형성되어 있다.

일제강점기 때는 물론 1960년대에도 교통수단이 발달하지 않아서 여성측에서는 친정과 멀리 떨어져 있는 마을로 시집보내지 않으려고 했다. 이는 딸이 친정을 방문하기가 수월하지 않다는 단점이 있으며, 딸이 시집에서 어떻게 살아가는지 내막을 파악하기 어려운 점도 있었다. 또한 사돈과 배우자의 됨됨이를 파악하기 어렵다는 이유도 있어서 먼 마을과 혼인하기를 꺼렸다.

1970년대에도 통혼권이 한 마을이나 이웃마을이며, 주로 중매로 결혼을 했는데 친척이 중매쟁이였다. 이 당시에도 마을에 따라서 조상 대대로 악연이 내려오기 때문에 서로 사돈을 맺을 수 없을 정도로 원수진 마을이 있다. 이럴 경우 중매는 시도도 안 하지만 연애를 할 경우에는 양측 부모들이 결사적으로 반대해서 성사되기 어려웠다.

1980년대 이후에야 제주도가 관광지로 부각되면 인식이 달라졌지만 다른 지방 사람들도 제주사람과 사돈 맺기를 꺼렸다. 부모에 따라서는 외지 남성이 상냥하고 여성을 잘 위해 준다는 인식이 있어서 이런 결혼을 쉽게 허락하기도 한다. 이런저런 이유를 떠나 멀리 있는 사람과 혼인시키면 자식을 자주 볼 수 없다는 심리적 불안감이 더 컸던 것 같다. 지금도 다른 지방에 사는 자식 얼굴을 보려면 잘해야 일 년에 1~3회 정도이다.

1990년대에 들어와서 생활환경이 달라지고, 가족들도 직장을 따라서 전국으로 흩어져서 사는 것이 보편화되면서 제주사람과 다른 지방 사람의 혼인에 대해서 관대해지기 시작했다. 또한 부모 입장에서는 다른 지방 며느리를 맞이해도 아들이 제주도에 살지 않고 다른 지방에 살기 때문에 자연히 고향이나 가족들과 멀어진다고 생각한다. 2000년대 들어와서는 제주사람들은 외지 사돈에 대한 거부감이 낮아지고 있다.

통혼권은 자연스럽게 형성된 것이다. 부모세대는 외지 며느릿감이나 사윗감의 집안도 모르고 그 성품 등 인간성을 모르기 때문에 반대하고, 딸이 제주도 출신이기 때문에 멸시를 받지 않을까 걱정했다. 또한 딸이 외지로 시집가면 친정과 점점 멀어지게 되고 잘 볼 수 없어서 먼 지역으로 시집보내지 않으려는 의식이 있었다.

반면 다른 지방 출신의 여성을 며느리로 맞이하기를 기피하는 이유도 있다. 이는 지역 간 문화의 차이 때문이다. 가족관계를 형성하고 살다보면 아주 조그마한 문화의 차이 때문에 틀어지기도 하는데 집안의 대소사 때는 여성들이 주도적으로 관여하므로 풍속의 경험 정도에 따라 충돌할 수도 있다.

지금도 자녀들이 외지에 나가서 살 때는 부모들이 제주사람과 결혼해야 한다며 보이지 않는 압력을 행사한다. 만약 사위와 며느리 중에 외지 사람을 선택해야 한다면 며느리를 심하게 거부하는 경향이 있다. 며느리는 시가에 들어와서 가풍을 유지해야 하는데 문화와 풍속의 차이가 있어서 며느리가 잘 적응하지 못하고 시부모 역시 서로 맞추기가 어렵다고 여기는 경우도 있다.

또한 아들이 외지 여성과 결혼해서 외지에 살면 아들을 빼앗겼다는 인식이 있다. 이는 제주도의 배타성을 탓할 것이 아니라 다른 문화의 접촉 기회 부족이나 문화의 이질감을 너무나 잘 알기 때문이라 생각할 수도 있다.

지금은 거주지 이동이 확장되고 인식이 변하면서 특정한 통혼권을 고수할 수도 없고, 고수하지도 않는다. 따라서 현재 제주도의 통혼권은 '마을 내 → 이웃마을 → 국내 → 국외'로 확대되고 있다.

| 배우자 선택 기준 |

혼인절차 중 배우자 선택은 아주 중요하다. 여기서는 며느릿감과 사윗감의 선택 조건을 시대별로 살펴보겠다.

지금도 그렇지만 전형적인 중매결혼 당시에는 배우자 조건으로 양가의 가문을 보았다. 중매쟁이가 드나들면 선뜻 답변하지 않고 여성측에서도 나름대로 남성측 가문을 확인해 본다. 남성측은 조상 때부터 어떤 일을 했는지, 가문이 번창했는지, 아버지의 바람기는 어느 정도인지, 양부모가 살아있는지 등 주로 부모의 성품에 초점을 두었다. 친척이 적어도 '너무 고단하다'며 흠이 되기도 했다.

남성측에서 며느릿감으로 선호하는 기준을 보면 1960년대까지는 아이를 잘 출산하고, 일 잘하고, 물질 잘하면 일등 신붓감이었다. 1970년대만 해도 해안마을에서는 물질할 줄 모르면 중매도 들어오지 않아서 시집가기도 어려웠다. 중산간마을 처녀를 중매하려고 하지 않았다는 이야기가 전한다. 그래서 해안마을끼리 통혼권이 형성되었으며, 중산간마을은 해안마을을 나무라서 사돈을 맺으려고 하지 않았다. 1980년대에도 며느릿감으로는 가문과 다복한 가정의 자녀, 성품 등에 초점을 두었다.

며느릿감 선택 시, 그 어머니가 아들을 잘 낳았는지 등 부덕(婦德) 정도를 보았다. 그래도 자신들의 분수에 맞게 사돈을 맺었으며, 여성쪽이 가난한 것은 큰 흉이 안 되었다. 남성쪽이 아주 가난하면 딸이 고생할까 봐 좀 주저하는 정도였다. 반면 첩의 자식은 배우자로 꺼리며, 우시도 갈 수 없고, 그 집 며느리는 대반도 할 수 없었다.

여성측에서 사윗감을 선호하는 기준을 보면 1960년까지도 벌문(가문)이 좋고, 친척들이 많고 서로 화목한지에 관심이 있었다. 또한 사윗감은 술을 좋아하지 않고, 노름하지 않으면 좋다고 여겼다. 1970년대도 이런 기준을 선호하였으며, 1980년대부터는 경제적인 능력이 우선시되기 시작했다.

사윗감의 외적 능력으로는 부모의 재산 소유 정도, 직장, 학력, 가문 등이 거론되었다. 반면 사윗감으로 맏이는 기피하는 경향이 강했다. 사윗감에 대한 기준은 1990년대에도 이와 비슷했다. 즉 직장이 있고, 재산도 있으면 금상첨화로 생각했다.

1990년대 이후부터 2000년대로 넘어오면 여성과 남성 모두 배우자의 기준으로 서로의 경제적인 능력, 부모의 재산 등 생활의 편리함에 치우치는 경향이 강하다. 특히 혼인에 대한 가치관이 아주 많이 변해서 부모나 결혼 당사자가 맞벌이를 필수로 여긴다.

부모들도 아들의 수입만으로는 가정생활을 유지하기 어렵다고 생각하는 경향이 강하다. 이런 사회분위기를 반영하듯이 며느리가 직장생활하기를 원하면서 육아문제가 대두었다. 그래서 일부 어머니는 육아 때문에 적극적으로 맞벌이 며느리를 원하지 않더라도 며느리가 직장에 다닐 경우 손자는 당연히 키워 줄 생각을 하며, 제사나 명절 때도 며느리의 노동을 줄여주려는 의식의 변화가 나타나고 있다.

이는 우리사회가 점점 더 자본주의화되면서 맞벌이를 하지 않으면 아들의 수입만으로는 살기 어렵기 때문에 아들의 짐을 덜어주려는 의식이 반영된 것이기도 하다. 남성들 역시 혼자 힘으로는 생활하기가 어렵다는 것을 너무나 잘 알기 때문에 배우자 선택 시 맞벌이를 원하는 추세이다.

한 문화전승자는 자신이 1990년대에 결혼할 때도 조건은 비슷했다고 전해 주었다. 남편감 선택 기준으로 직업, 성품, 부모의 재산 정도, 맏이인가 아닌가를 보고, 맏이는 일단 기피한다. 아냇감 선택 조건은 직장, 외모, 심각한 가난 정도이다. 지금은 결혼적령기의 젊은이들이 맞벌이를 당연하게 여기고 가사노동과 육아 등도 부부의 공동 의무로 여기고 있다.

혼인하기 위하여 배우자의 외적 조건을 분석하고 결혼해도 한평생 온전한 결혼생활을 유지하지 못하는 가정이 있다. 산업사회가 되면서 결혼의 외적 조건이 부각되고 내적 됨됨이는 살피지 못하는 경향이 있다. 이는 혼인의례를 유지하면서 파생되는 형식주의의 단점이라 할 수 있다.

혼인에 이르는 과정

중매혼이 대세일 때는 남성측에서 보낸 중매쟁이가 오면 사윗감이 맘에 들어도 여성측에서 한 번에 허락하는 것이 아니고 이 핑계 저 핑계를 하면서 3~4번 드나들도록 한다. 혼담이 성사되기까지 어려움을 극복하고 혼인을 허락하면 남성측에서 여성의 사주를 받으러 방문한다.

그런데 맞선이 유행하면서부터 이런 절차가 조금 간소해졌다. 양가 부모가 대강 서로의 사정을 알고 당사자들이 만나서 좋다면 바로 혼인절차로 들어간다.

즉 연애혼일 때는 혼인당사자가 각자 집에 의사를 표현한 후에 양가부모 상견례를 하고 허혼의 과정을 거친다. 이런 점에서 전형적인 중매결혼 때보다 시간이 절약된다.

| 중매와 사주 |

전형적인 혼담은 중매였으며 젊은이들은 자신의 의지대로 배우자를 만나고 선택하여 결혼에 이르는 표면적인 자유연애가 보편화되기까지 시간이 걸렸다.

혼인 절차는 부모의 적극적 개입으로 진행되었으며, 혼인 당사자는 부모의 결정에 수동적으로 좇아가는 형국이었다. 우선 결혼 적령기의 아들이 있으면 중매쟁이를 이용한다. 중매를 할 때 딸 부모는 어느 집 아들이 사윗감으로 맘에 들어도 직접 표현하지 못하고 주변 사람을 통해서 말을 놔 보도록 권유한다. '저 집에서 며느리를 구하지 않을 건가?' 하면서 알아봐 달라고 한다. 그러면 남성집에 가서 "새각시 막 좋은 디 이신디 ᄒᆞᆫ번 봐 보쿠과?(새각시가 매우 좋은 데 있는데 한번 봐 보겠어요?)" 하면서 엮어준다.

혼인 절차를 보면 우선 혼담이 있을 때는 먼저 남성측에서 여성측에 사람을 보내며, 그 반대는 불가능하다. 이는 남성측에서 청혼 절차를 밟아야 한다는 전통적인 풍속이 전승된 것이다. 사윗감이 맘에 들면 중매쟁이를 통해서 남성측에서 먼저 혼담이 오도록 우회적인 방법을 시도한다. 만약 결혼 당사자들끼리 연애를 해도 부모들은 중매로 위장하여 형식적인 절차를 밟았다.

마을에 따라 처음 혼담 의사를 물을 때 여성이 나서면 그 혼사가 성사되지 않는다고 전해온다. 반면 남성이 시작하면 그 다음부터는 여성이 진행해도 아무 탈이 없다.

중매혼이 사회적 약속일 때 중매쟁이의 역할은 막중했다. 그래서 중매쟁이에 대한 조건이 있었다. 재혼하거나, 딸만 있는 사람은 안 되고, 딸아들 낳고 다복한 사람이어야 적격자로 여겼다. 마을에 따라서는 여성은 중매를 할 수 없도록 관례화되기도 하였다.

1980년대에도 혼담이 오고갈 때 남성측에서 최소한 두 번은 여성집을 방문했다. 혼담이 있을 때가 여성쪽에서는 최대한 주가를 높이는 시기이다. 연애할 때도 남성이 먼저 프러포즈를 해야 한다는 인식이 강했지만 1990년대 이후 이런 의식이 약화되고 있다. 그러나 요즘은 대중매체를 통해 청혼에 대한 환상이 전파되면서 여성들은 남성에게서 기억에 남을 만한 프러포즈를 기대하고, 이를 성실하게 실천해 주는 남성들이 있다. 이는 신풍속도에 해당된다.

의례 절차를 중요하게 생각하던 시절에는 중매쟁이가 여성측에 혼인할 의사가 있는지 묻고, 사주를 가져가기까지 사주를 가지러 가도 될지 묻는 등 양쪽의 의사를 전달하려면 최소한 여섯 번의 접촉이 있었다. 택일해 가도 여성 부모의 혼인날이 들어 있으면 안 되었다. 이렇게 여성 집안에 중요한 일이 있는지 여부를 확인해서 맞지 않으면 다시 택일하는 등 절차상 여러 번 다닐 수밖에 없었다.

남성측에서 여성측으로 의사 타진 후 혼인 의사가 결정되면 사주가 이동한다. 여성의 사주가 남성측에 전달되고 택일이 끝나면 여성측으로 전달된다. 이는 전통적인 중매혼일 때의 절차이다.

예전에도 맞선보기가 있었다. 1970년대에도 여성집에서 선을 보았다. 어느 정도 혼담이 있으면 신랑감과 그 아버지가 여성집을 방문하여 먼발치서 당사자와 가족들이 서로 볼 수 있었다. 또한 낯선 사람이 와서 해당 여성에게 마실 물을 달라고 하면서 '물한모금'이 맞선의 매개 역할을 했다.

혼담이 오고갈 때 옛날부터 지금까지 변하지 않고
전승되는 속설이 있다. 남성측 부모가 사주를 가지러 오는 날은
차 한 잔도 주지 말고, 막펜지를 가져와야 제대로 혼인이
성사되는 것이어서 이때야 음식을 먹어도 좋다는 의식이 있다.
대개 1960년대 후반부터 맞선이 등장하고 주로 다방에서
맞선을 보았는데 처음 선보는 날은 음식을 먹으면 혼담이

깨지거나 나쁘다고 여겨서 자녀들이 선보러 갈 때는 음식을 먹지 말라고 당부하였다. 이 말은 지금도 유효하다. 정식 맞선일 때는 이를 잘 지키지만 소개팅의 형식을 띨 때는 음식을 먹을 수 있다.

| 택일 절차 |

중매결혼이든 연애결혼이든 남성쪽에서 택일했는데, 나중에는 여성쪽에서도 확인한다. 연애를 하더라도 남성쪽에서 정식으로 청혼을 한다.

혼담이 성사되면 남성측에서 여성 사주를 빌리러 간다. 이때 여성측에서는 직접 사주를 써 주었다. 요즘은 혼인 의사가 있으면 남성편에 여성의 사주를 보냄으로써 과거에 비해서 혼인의례 절차가 간소화 되었다.

제주도에서는 지금도 남성측에서 택일을 하면 여성측에서는 그대로 수용한다. 양가 집안의 대소사를 잘 모르기 때문에 남성측에서 택일을 해도 여성측에서 다시 볼 수도 있다. 또한 집안의 대소사가 겹칠 수도 있으니까 결혼 날짜를 여러 개 선택해서 보내면 여성측에서 결정한다. 혼인의례와 관련하여 여성측에 많은 것을 위임한 것은 결혼 전까지는 최대한 여성측에서 주도적으로 의례를 추진할 수 있도록 배려한 것 같다.

택일을 할 때 서로 궁합이 잘 맞지 않아도 가능하면 혼인이 이뤄지며, 이를 예방하기 위해서 길일을 택하는 것이다. 혼담이 있기 전에 미리 여성과 남성의 사주를 알아보고 시행하기 때문에 큰 문제는 없다. 요즘도 중매라고는 하지만 미리 사주를 본 다음에 좋다고 하면 맞선으로 이어지고, 그렇지 않으면 선을 보지 않으니까 어긋날 염려가 거의 없다.

남성측에서 택일을 하므로 만약 여성의 사주가 아주 나쁘다고 하면 그 사주를 돌려준다. 사주가 돌아오는 이유는 여러 가지가 있으나 주로 자손이 귀하다든가 어느 한쪽이 일찍 죽는다면 취소할 수 있다.

혼인 당사자의 궁합을 보는 집안도 있고, 그렇지 않는 집안도 있다. 지금도 궁합을 보는데 연애결혼은 나쁘다고 해도 혼인을 한다. 궁합이 나쁘다는 것을 안 들으면 '내 팔자'려니 해서 사는데, 불행한 일이 생기면 궁합이 맞지 않다고 해서 이런 일이 발생하는가를 생각하게 되니까 안 들은 것만 못하다는 관점이 지배적이다.

혼담이 성사되면 신랑 부친이 신부측에 택일기를 가져갔는데 지금은 각자의 형편에 따라서 신랑편에 보내도 흉이 되지 않는다. 물론 집안에 따라 다르겠으나 보편적으로 막펜지 전달부터 결혼식까지 혼인의례에 필요한 절차를 의논하기 위해서 남성측에서는 최소한 세 번은 여성집을 드나들었는데 요즘은 서로 결혼할 마음이 있으면 시간도 절약할 겸 한번에 택일까지 한다.

중매결혼도 당사자가 좋다면 바로 택일해서 사돈끼리 만나기도 하고, 남성이 여성집에 직접 가져가기도 한다. 혼인 전에 당자사들끼리 사주와 택일기를 전하기도 하고, 결혼식 전에 사돈끼리 한 번만 만나기도 하는 등 각자 형편에 맞게 혼인 절차가 간소화되고 있다.

혼인 날짜를 받았는데 집안에 중요한 일이 있으면 원래 정해진 날짜보다 먼저 하는 것은 가능하나, 뒤로 밀리지는 않는다. 잔치는 택일한 날짜보다 뒤로 밀리면 안 좋다는 말이 있다. 친척집에 잔치가 있어서 날짜를 조정해야 할 경우에 원래 정해진 날짜보다 앞에 해야 좋다는 풍속은 지켜지고 있다. 잔칫날은 한 달에 한번은 좋은 날이 있으므로 변경이 가능하다.

| 막펜지와 약혼식 |

약혼은 결혼을 전제로 하며, 결혼 전 단계에 거행되는 의례이다. 전혀 다른 집단 또는 사회구성원으로 성장한 후에 여성과 남성이 새로운 공간으로 이동하고, 낯선 사람들과 가족구성원이 되어야 하므로 특별한 절차와 의식이 필요하다. 그래서 과거에는 막펜지(마지막 편지)를 가져가는 날이 약혼날이었다. 이날 신부측과 신랑측 부모가 만나서 인사를 하고 사돈 관계를 확인한다. 그러다가 일상생활이 바빠지고 시간이 없다는 이유로 절차를 생략하거나 간소해지고 의식도 변하고 있다.

제주도의 혼인 절차 중 막펜지를 가져가는 날이 오늘날 약혼식에 해당된다. 신랑측에서 신부측으로 택일기를 가져가는 것을 '막펜지'라 하는데 이때는 음식을 장만해서 대접하므로 현대적인 약혼식에 해당한다. 이 날은 예비신랑과 신랑아버지 등 남성만 방문하다가 지금은 신랑어머니도 같이 참석하면서 의례에 변용이 생겼다. '남성측에서는 '쌀, 술, 돼지고기' 등 음식재료를 갖고 신부측에 갔는데 지금은 현금을 미리 보낸다. 그래도 빈손으로 가는 것이 어색해서 돈봉투 외에 '쌀과 고기'를 들고 가는 집안도 있다.

1970년대까지도 남성집에서 여성집으로 막펜지를 가져갈 때는 '쌀 1~2 말, 돼지 앞다리 하나, 술 1~2 되' 등을 갖고 가서 음식을 만들어 먹으면 약혼식이 되었다.

신부집에서 양가 사돈이 만나서 정식으로 사돈 인사를 했다. 이때부터 사돈 간에 대소사를 돌아보았다. 약혼식을 할 때 여성은 한복을 입고, 남성은 양복을 입어서 예물을 교환했다. 이 날부터 여성들은 약혼 예물로 받은 반지를 끼고 다녔다. 여성집에서 간단한 의례가 끝나면 오후에는 예비부부와 친구들이 주변으로 나들이를 다녔다.

1990년대 이후 정식으로 약혼식을 치르는 사람도 있고, 약혼식을 겸해서 양가 어른이 서로 인사하는 날로 간소화되었다.

다음 자료를 통해 대한제국기(1900년) 제주도의 막편지 의례를 알 수 있다. 이 의례는 근현대로 전승되었다.

時維仲春

雅候多福 僕之仲子鍾錫年旣長成未有伉儷側聞

貴宅有令愛夙著賢淑之譽顧此寒微愧乏東床之選

然特蒙許婚之禮考於識處納音平吉更擇涓吉來

十二月初五日最吉云右日納幣行禮之意茲以書呈

鑑察不宣

尊照 下鑑

光武四年庚子二月十八日金海後人金有完 謹拜上狀

ㅐ일혼서(擇日婚書)/막편지

900년(광무 4) 2월 18일에 김유완이 둘째아들 종석의 혼인날을 신부 측에 알려주는 문서이다. 상대방의 안부를 묻고 아들을 사위삼아 주어 ㅓ 고맙다는 말과 함께 혼인 날짜가 12월 초5일로 정해졌으니 이날 납폐를 하고 혼례를 치를 것이라고 하였다.

제주특별자치도 민족자연사 박물관(2013:14), 『제주인의 삶을 읽다 - 제주의 옛 문서』 특별전 도록.

추자도의 약혼식 추자도의 약혼의례는 제주도와 다르다. 별로로 약혼식을 하지 않고 허래기떡(이바지음식)을 가져가는 날이 약혼식에 해당된다. 혼담이 성사되고 혼인 날짜가 정해지면 좋은 날을 택일하여 허래기떡(이바지음식)을 순비하고 여성집으로 산다. 허래기떡은 찹쌀로 만든 절편이다. 마을사람들을 대접하려면 허래기떡 이외에 가래떡을 만들어가기도 했다. 이바지음식은 '돼지고기, 술, 음료수, 과일' 등 가정형편에 따라 준비하였다.

허래기떡은 신랑측에서 부부가 화목하게 사는 친척이 가져가는데, 예비신랑과 부친이 동행한다. 신부측에서도 친척들이 모두 모여서 사돈인사를 하고 이바지음식을 나눠 먹는다. 신랑측에서는 신부측에 가져가고 남은 음식으로 친척들이 나눠 먹는다. 이 날 가래떡을 2~3개씩 포장하여 마을사람들에게 나눠 주는 풍속이 있다.

1990년대에는 집안에 따라서 이바지음식으로 허래기떡을 생략하고 음료수와 과일만 가져가기도 했다. 이 음식을 가져갈 때 과거처럼 특별히 제약을 받는 사람은 없으며, 이 의례는 2000년대에도 전승되고 있다.

혼수 준비 과정

제주도의 혼인 절차를 보면 혼담이 성사되고 택일하면 여성측에서는 이부자리와 가구 등 혼수품 준비가 시작된다. 혼수라고 해도 오늘날 생각하는 것처럼 집과 자동차, 값비싼 예단이 아니고 신혼부부의 이부자리 한 채부터 시작했다. 특히 일제강점기에는 경제적 형편에 따라 결혼식을 올리지 않고 같이 살면 부부가 되었다.

제주여성들이 혼수품을 준비한 것은 주로 1950년대 후반부터라 할 수 있다. 이때부터 여성들이 경제활동에 참여하면서 수입이 생기자 자신들의 결혼비용을 담당했다.

| 혼수품 |

혼수품은 집안과 마을에 따라 다르나 일제강점기에도 이불 두 채와 요강을 마련했다. 농촌에서는 목화를 재배했으므로 이불과 요를 만들 수 있었다. 사기요강에는 성냥을 넣는데 쌀을 넣는 마을도 있었다. 혼수품으로 궤를 장만하는 집은 부자였다. 특히 이 시기에도 장옷이 혼수 품목이었으며, 이 옷은 호상옷(수의)으로 사용했다.

일제강점기부터 혼수품 준비가 있었으나 1950~1960년대에도 보통의 가정에서는 이불을 준비하고 경제적인 여유가 있으면 신부 한복 여러 벌, 방석에 시부모용 베개를 마련한 정도였다. 만약 신부측의 가정형편이 어려우면 시가에서 신혼부부용 이불 한 채를 마련해 주었다. 이 당시만 해도 혼수품을 놓고 타박하지 않았다.

일제강점기에는 잔치 전날 신랑측 하님(하인)이 신부집에 가서 이불을 가져갔다. 1950년대에도 잔칫날 하님이 이불을 지고 신랑집에 도착하면, 신랑보다 먼저 집으로 들어간다. 1970년대까지도 보편적으로 신부집에서 이불을 만들면 길일을 택일하여 신랑과 친구들이 신부집에 가서 가져갔다.

1960년대 혼수품이라고 해야 '이불 2~3 채(봄 · 여름 이불 한 채 포함), 방석 3~5 개' 정도였고, 시부모 몫으로 준비하는 예단은 신부의 의무 사항이 아니므로 비록 준비하지 못해도 흉이 되지 않았다. 신부집에서 정성스럽게 만든 혼수품인 침구와 방석 등을 가져가면 신랑측 친척과 이웃 사람들은 혼수품목의 종류와 수효에 관심을 갖고 구경하러 모여들었다.

1960년대부터 시부모 몫으로 이불 한 채씩 준비하는 풍습이 생겼다. 이 시기 제주도에서는 해녀들이 물질하여 돈을 벌기 시작하면서 혼수품목이 달라졌다. 또한 개인적인 형편에 따라 결혼 후에도 물질로 수입이 생기면 궤를 구입했다. 해녀들은 직접 명주를 구입해서 한복도 만들었다. 해녀들이 출가물질을 다닐 때 일이 없는 날은 옷감에 수를 놓으면서 혼수를 준비하고, '청동화로, 요강, 세숫대야, 찬장, 경대' 등을 사 왔다.

■ 청동화로

일부 해녀들은 1970대 초에도 이불 일곱 채, 방석 열다섯 개, 베개 일곱 개에다 시부모 몫으로 한복 한 벌, 이불 한 채, 베개 두 개, 방석 두 개는 기본으로 장만했다. 1970년대 이후에는 경제적인 형편에 따라서 이불 5~7 채 정도로 불어났으며, 시부모 이불 한 채, 당사자 이불, 장롱, 세간 등 혼수품이 늘어났다.

1980년대에도 이불과 한복 등 혼수품을 만들 때 홀어머니나 재혼한 여성은 바느질을 할 수 없다는 제약이 있었다. 1980년대 후반에도 혼수품 중에 이불 한 채는 꼭 집에서 만들고 나머지는 만든 것을 사기도 했다. 그러다가 침대생활이 대중화되면서 이불을 많이 만들어 가지 않고 집집마다 난방 시설이 잘 되어 있어서 이불의 가치가 과거와 달라졌다. 지금도 이불 등 혼수품을 구입하더라도 원만한 가정을 유지하는 사람이 운영하는 가게를 골라서 사러 가고, 좋은 날을 택해서 구입하는데, 한복감을 구입할 때도 이런 조건을 적용하였다.

1980년대 이후 여성의 혼수품에 자동차 열쇠, 사무실 열쇠, 집 한 채가 포함되기 시작하면서 혼수품의 비합리성이 사회문제로 확대되었다. 2000년대에도 결혼 당사자들은 혼수품 문제로 심각한 위기에 처하고, 혼수가 이혼 사유로 떠오를 정도이다. 이렇게 혼수품이 사회문제로 대두된 것은 주로 아들가진 부모가 위세를 부리기 때문이다. 이는 아들의 사회적 위치에 따라 며느리를 통해서 물질로나마 보상받고 싶은 부모의 욕망이 분출된 것이다. 혼수의 질과 양에 따라 신혼부부의 출발에 행불행이 교차하는 것은 외국의 지참금제도와 다를 바가 없다.

| 예단 |

결혼식을 하기까지 신혼부부의 살림살이 장만이 있다. 이들이 사용해야 할 이부자리와 가재도구 준비 이외에도 신부는 신랑측 부모와 형제간에게 물질적 신고식을 치른다. 이를 소위 예단이라고 하는데, 시대별로 예단품목에 변화가 있었다. 물론 예단을 받은 신랑측 가족들은 신부에게 물질적으로 보답한다.

1950~1970년대에도 예단 품목으로 버선이 있었고 그 다음에는 양말이 등장했다.

1950년대에도 시가 어른들이 신부 예단으로 한복을 한 벌씩 만들어주면 신부는 버선을 만들어서 사례를 했다. 이때 시가 친척들의 발 치수를 모르니까 짐작으로 만들었다. 1970년대 초에도 예단으로 티셔츠를 주는 집안이 있었다.

1970년대 이후에는 신랑측에서 신부에게 '한복 두 벌, 양장 두 벌, 코트(겨울에 결혼할 때)'를 해 주었다. 예단은 시어머니 한복 한 벌과 친척들에게 나눠 줄 양말, 속옷, 보선 등이다. 시부모는 아들 한복 한 벌에 며느리 한복 두 벌을 마련해 주었다.

결혼식을 치르기 전에 미리 예단값을 양가에 보내므로, 결혼식날은 시가 어른들에게 인사하면 절값을 받는다. 과거에는 한복 한 벌씩 하다가 이불로 바뀌었으며, 지금은 현금으로 주고받는다.

1970년대까지는 결혼식날 시가에서 예단을 받았다. 결혼식이 끝난 후에 신랑집으로 가서 미리 마련된 신부방에 앉는다. 신부상을 받은 후에 폐백절차가 있다. 이때 시가 친척들에게 인사하면 절값으로 한복 한 벌씩 받았다. '이건 작은어머니, 이건 고모' 하면서 신부가 한복을 입은 후에 병풍 위에 걸친다. 미리 한복을 만들어 두는데, 신부에게 치수가 잘 맞지 않았다. 신부는 한복을 10 벌, 20 벌 받았다며 자랑했다.

이 당시는 신랑측에서는 '이불 몇 채, 방석 몇 개'를 받았는가가 이웃의 화젯거리였다. 신부측에서는 한복 몇 벌 받았냐가 혼수품의 정도를 가늠할 수 있는 척도였다. 신부는 그 보답으로 여성 친척에게는 버선을, 남성 친척에게는 양말이나 내의를 선물했다.

1970년대에도 신랑 부모는 신랑 한복을, 신부 부모는 신부 한복을 만들어 주었다. 그런데 드레스를 입고 예식장에서 결혼식을 할 때부터는 가문잔칫날 입는 한복은 친정부모가, 결혼식날 신랑집에 들어가서 입는 한복은 시부모가 장만해 주었다. 한복을 만들면 미리 각자의 집에 가져갔는데, 이것은 지금도 지켜지는 풍속이다. 이후에는 신부측에서 신랑의 한복과 마고자, 두루마기까지 마련해 주었다. 지금은 형식을 중요하게 여기지 않는 젊은이들이 많이 있어서 한복 한 벌로 가문잔치와 잔칫날 입기도 한다.

1980년대까지도 예단값이 없거나 조금 줄 때는 신부측도 결혼 비용이 많이 지출되었다. 시가 친척들에게 촌수에 따라서 예단값을 주는 대상과 그렇지 않는 대상이 있다. 신부에게 직접 예단값을 주지 않더라도 시가에서 요구하면 버선이라도 돌렸다. 신부가 신랑측 친척에게 예단값을 받아도 신부의 돈이므로 신혼생활비로 쓰고 친정에는 보탬이 거의 안 되었기 때문에 딸을 결혼시키고 나면 기둥뿌리가 뽑힌다는 말이 생겨났다. 친정부모는 예단 해주랴, 잔치 음식준비 하랴, 신랑 옷(한복 일체, 양복 등) 해주랴, 신랑 폐물 해 주랴 잔치 비용을 전반적으로 부담한다. 물론 신랑측의 결혼 비용도 만만치 않다.

전통적으로는 예단을 옷감으로 주고받았는데, 1990년대 이후에는 거의 현금으로 교환했다. 즉 1980년대 후반에는 신부가 신랑 형제에게 여성은 한복 한 벌감,

남성은 양복 한 벌감을 품삯과 같이 보내고, 시부모 한복 한 벌감과 품삯을 보냈다. 그러다가 기호가 다양해지면서 옷감 대신 돈(30~50만원)으로 오고 갔다. 결혼 축의금을 준다는 데는 변함이 없지만 그 내용이 물건에서 현금으로 바뀐 것뿐이어서 혼인의례는 부분별로 전승되고 있다.

1990년대부터는 신랑측에서 예단과 폐물값으로 현금이 일상화되었다. 신부측에서는 다시 시가 어른들 예단값을 돈으로 보내거나 이불, 카펫 등 상황에 맞게 준비하고, 폐물을 마련한다. 결혼식날 신부는 시가에서 절값으로 미리 보낸 돈만큼 또는 더 많이 받는다. 그래서 여성측이 결혼식 비용은 덜 든다는 말이 나온 것이다.

1990년대 이후 현재까지 신혼집 마련과 예단값 등이 돈으로 지불되면서 남성측 결혼 비용이 많이 든다. 신랑집에서는 신부측에 예단값 일체(드레스 빌리는 삯, 폐물, 신부화장 경비 등)를 평균 일천만원 정도를 주면 이것으로 거의 준비가 되었다. 그래서 요즘은 아들집이 결혼 비용이 더 많이 든다고 한다. 아들이 여럿이거나 형편이 좋지 않으면 서로 예단을 안 주고 안 받기도 하며, 격식을 무시하고 양가 의논하에 생략한다.

그런데 예단 문제는 아직도 신랑측에 권한이 있다. 신랑측에서 예단을 없애자고 하면 별 문제가 없지만 신부측에서 예단을 안 하거나 없애자고 하면 조금 시끄러워진다. 예단은 시가는 잘 챙기는데 처가는 거의 챙기지 않는다. 시부모나 형제간 몫은 배당되는데 처부모나, 처형제 것은 남성의 선택 사항이다. 이런 부분이 싸움의 원인이 된다. 2000년대에 들어와서는 각자 형편에 맞게 시가와 처가의 직계 가족에게 균등하게 예단을 주고받는 풍속으로 변하고 있다.

제주도와 좀 다른 점은 추자도는
신부집에서 신랑집으로 예단비를 먼저 보낸다.
그 금액을 참조하여 신랑집에서도 신부집으로 보낸다.
예단비용으로 각자 옷을 마련하고, 결혼식 비용은 공동으로 부담한다.

| 예물 |

혼수품 중에 혼인 당사자가 주고받는 예물로 폐물이 중요하다. 결혼 폐물은 주로 약혼식 때 교환했으며, 보석이 여러 종류인 경우 약혼식 때 일부, 결혼식 때 일부를 받는 신부도 있다.

신부가 받은 폐물의 변화를 시대별로 살펴보겠다. 1950년대 전반기에는 결혼 폐물로 금반지 선물이 없었는데 1950년대 후반부터 금반지(쌍가락지)를 마련해 주는 집안이 있었다. 부모나 결혼당사자들이 경제적인 여유가 없으면 결혼식 때만 금반지를 빌려서 사용했다.

1960년대부터 신부는 폐물로 금반지를 받았다. 1970년대에는 금 쌍가락지에 경제적인 여유가 있으면 금목걸이와 시계를 받았으며, 이때부터 다이아몬드 제품이 폐물 품목으로 등장했다. 이 당시에 신랑측에서 폐물을 직접 맞춰주기도 하고, 신부가 알아서 구입하도록 폐물값을 주었다. 1970년대에 신랑은 시계를 받고, 시간이 지나면서 금반지도 받았다. 신부와 신랑 측에서는 서로 한복을 한 벌씩 해주었다.

결혼 폐물로 금반지를 받은 것은 개인차가 있지만 주로 1970년대부터 보편화되었다. 1980년대 중반에도 폐물 품목은 금반지, 금목걸이, 시계이며, 다이아몬드반지나 다른 보석반지가 등장했다. 신랑에게도 금반지와 시계를 장만해 주었다. 그러다가 1990년대부터는 실리적으로 폐물을 주고받았다. 신랑과 신부가 서로 18금반지 하나만 주고받거나 폐물을 생략하는 사회분위기가 형성되었다.

폐물 1순위인 금반지는 중요한 재산으로 여겨서 결혼 예물로 받은 폐물을 오랫동안 보관한 사람은 드물고 중간에 생활이 어려울 때 팔아서 유용하게 썼다. 경제적인 여건이 좋아지면 다시 장만하는 사람도 있다. 폐물값은 남성측에서 부담했지만 신혼부부의 기초재산이라 할 수 있다.

제주도에서는 1980년대부터 여성들 사이에서 '금계'가 유행한 적이 있다. 일부 여성은 결혼 폐물을 팔아서 살림에 보탠 후에 이를 장만하기 위하여 반지계를 들었다. 물론 개인이 목돈을 들여서 장만하기에는 부담스러우므로 10명이 한 조로 계를 조직해서 한 달에 한 사람씩 금 열 돈을 받았다. 금은 부의 상징으로 여겨서 화폐 이상의 효력이 있었다. '금계'가 시들해지면서 '여행계'가(국내 · 국외 여행 등)가 조직되었다. 이런 계의 형태에서 경제발전 정도를 가늠해 볼 수 있다.

혼례 진행 과정

혼담이 성사되고 혼수를 장만하면 결혼 준비는 어느 정도 마무리된다. 이제 가장 중요한 결혼식이 남아 있다. 결혼식장은 집 마당에서 출발하여 예식장과 호텔로 변화되고 있다. 특히 제주도에서는 주로 1950년대부터 일상화된 3일잔치가 전승되고 있으나, 1990년대 이후 당일 잔치로 단축되고 있다.

| 신부 치장 장소 |

결혼식의 주인공은 신부와 신랑이다. 특히 신부의 치장은 시대에 따라 변해왔으며, 신부치장 장소는 방안에서 전문미용실로 이동되었다.

과거에는 신부 치장을 하는 미용사도 덕이 있어야 가능했다. 미용사가 따라다니면서 도와줄 때도 다복하고, 행복하게 결혼생활을 유지하는 사람에게 부탁하며, 그렇지 않으면 미용사 스스로 신부치장을 맡지 않으려고 했다.

1960년대로 거슬러 올라가 보자. 결혼식날 아침 신부집에서 미용사가 신부의 화장과 머리치장을 도와주고 신부 어머니와 다른 가족들의 치장도 도와준다. 이런 풍속은 1980년대에도 이어져서 유명한 미용사는 미리미리 예약할 정도였다. 대중교통이 불편하던 시절에는 신부집이 먼 곳에 있으면 미용사는 잔치 전날 신부집에 가서 하룻밤을 묵는다. 반면 신부집이 가까운 곳에 있으면 아침 일찍 미용사가 신부집에 가서 신부화장을 해 주고 예식장까지 따라가서 화장을 고쳐주고 드레스도 잘 입었는지 마무리해 주었다.

결혼식이 끝나면 미용사는 신부 일행과 같이 신랑집에 같이 가서 신부가 한복으로 갈아입을 때 머리를 손질해 주면 미용사의 임무를 다한 것이다. 이 당시에 미용사는 신부상을 같이 받았다. 1990년대 이후에는 결혼식 당일 신부가 직접 미장원에 가서 화장하는 풍습이 생기면서 신부 친구들이 신부 관리를 해 주었다. 이러한 신부치장 풍속은 지금도 이어지고 있다.

이로 보면 신부치장 장소는 신부집 신부방에서 시작되어 개인 미용실로 옮겨가고 전문예식장 미용실로 이동되었다.

| 혼례복 |

제주도의 혼인의례를 보면 서양식 결혼 풍속이 들어오고 신부가 드레스를 입기 시작하면서부터 한복의 분리와 전이 의례가 나타난다. 가문잔칫날은 친정부모가 장만해 준 한복을 입은 후 이 옷은 친정에 놔둔다. 결혼식날 시가에 들어간 후에 드레스를 벗고 시부모가 마련해 준 한복으로 갈아입는다. 이때 친정과 시가의 분리가 일어나는데 그 매개체가 한복이다. 이로써 결혼 전의 생활공동체에서 새로운 집단인 시가 공동체로 전이되었다가 시가의 구성원으로 들어가는 통합 의례가 성립하는 것이다.

전통적인 결혼식 때 신부는 족두리를 쓰고 신랑은 사모관대를 착용했다. 그래서 전통 혼례와 신식 혼례의 구분으로 족두리와 면사포에 드레스를 추가할 수 있다.

신부의 예복이라 하면 전통적인 혼례복이 있고 서양식 결혼 풍속이 들어와서 드레스를 입기 시작했다. 지금도 드레스를 빌려서 입는데 전통 혼례복도 마을에서 공동 관리를 하고 빌려서 입었다. 일제강점기에는 신부에 따라 족두리는 쓰지 못하고, 건지는 빌려서 사용했다. 화장품도 없어서 신부치장이란 말이 없었다.

신부는 치마저고리 한 벌에 속치마, 속바지, 버선 등을 갖춰 입는다. 그런 다음 치마저고리 위에 장옷을 입었다. 예복으로 장옷을 마련하면 이 옷은 나중에 호상옷(수의)으로 사용한다. 경제적인 여유가 있어야 장옷을 장만할 수 있었다. 장옷을 직접 준비하지 못하면 마을에서 장옷을 빌려서 입었다. 한복에 족두리를 쓸 때 장옷을 입었다.

일제강점기에는 신랑측에서는 신부 몫으로 고무신이나 창신을 구입하여 주는데 이런 것이 여의치 않으면 보릿짚으로 짠 짚신을 신었다. 신부에 따라 유단신(파란 유단으로 만든 신)을 신었다. 시가에서는 신부 몫으로 한복 한두 벌과 신을 예단으로 마련해 준다. 이 중에 한 벌은 잔칫날 입고, 다른 한 벌은 결혼식 이후 친정

집을 방문할 때 입었다.

전통 혼례복으로 신부는 원삼을 입으면 족두리를 쓰거나 장옷을 쓰기도 했다. 이것은 얼굴 가리개용이었다. 처음에는 장옷을 입고 쓰고, 다음에는 장옷만 입고, 그 다음에는 원삼에 족두리를 사용하다가 한복을 입으면서 너울만 썼다. 신랑은 사모관대를 하고, 한복을 입다가 양복으로 바뀌었다. 1950년대 후반부터 신식 결혼식을 할 때 신랑은 양복을 입고, 신부는 한복을 입었다.

일제강점기에 결혼할 때 신부가 족두리를 썼으며, 주로 제주4 · 3사건 이후부터 쓰지 않았다. 족두리는 빌려서 사용했다. 이후 족두리 대신 면사포가 등장했다.

일제강점기에는 혼례복을 대여하는 곳이 있었다. 마을마다 상여계, 가마계, 혼례복계 등이 조직되어 있어서 이를 공동으로 사용했다. 이런 품앗이정신은 오늘날에도 본받을 만하다.

신부가 드레스를 입고 너울을 쓴 것이 대략 1960년대 후반이고 1970년대 예식장 사용이 보편화되면서 신부는 드레스를 입고 면사포를 썼으며, 신랑은 양복을 입었다. 1990년대부터 웨딩촬영이 대중화되면서 신부는 드레스를 입고 신랑은 연미복을 입었다.

■ 1919년 김한숙 부모님 결혼장면. 김한숙 제공

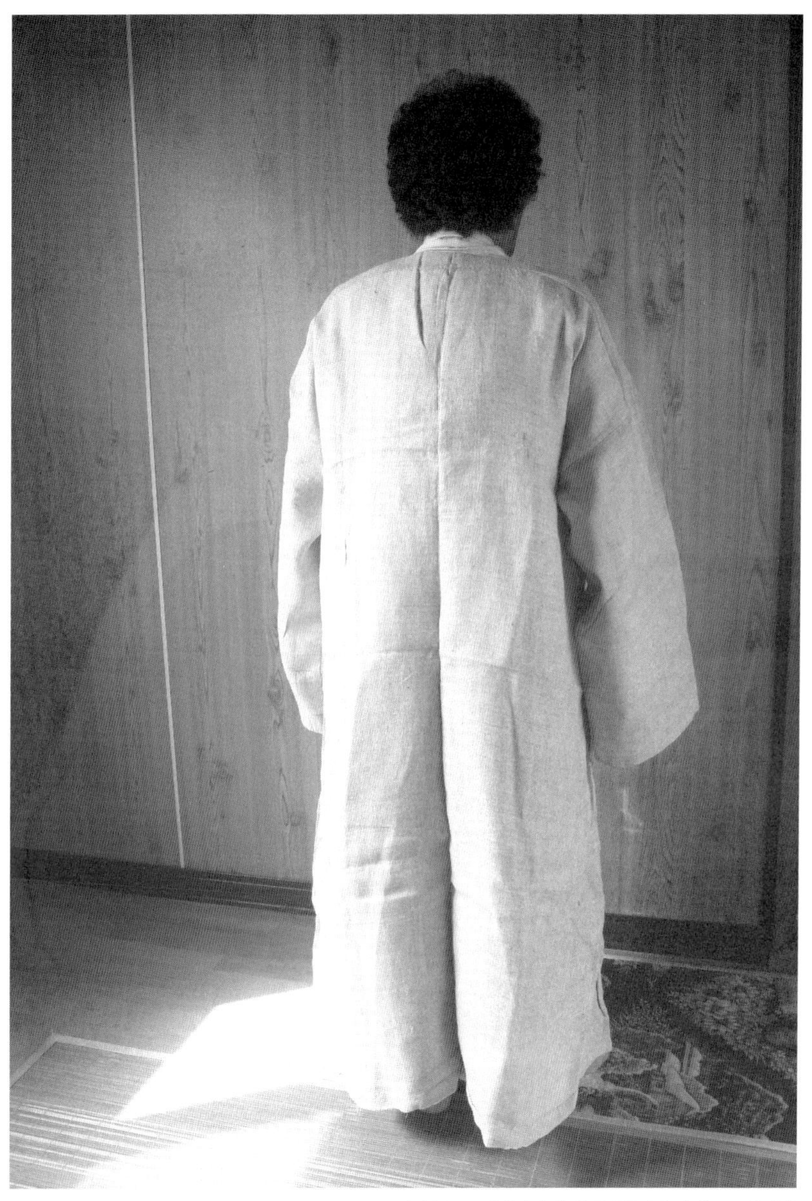

■ 김애옥(1920년생)이 혼례 때 준비한 장옷 뒷면(1941년 제작)

■ 김애옥(1920년생)이 혼례 때 준비한 장옷 앞면(1941년 제작)

| 예식장의 변화 |

전통적인 혼례 장소는 집 마당이었으며 신식 결혼 풍속이 들어오면서 마을 공회당에서 전문예식장으로 이동되었다. 교통수단이 없을 때는 신부집 마당에서 결혼식을 하고 며칠 살다가 신랑집으로 갔다. 결혼식날 신부를 가마에 태우고 신랑집 마당에서 결혼식을 하면 다음날 신부집으로 인사하러 갔다.

1960년대도 농촌에서는 신랑집 마당이 예식장이었다. 사진사를 청해서 결혼사진을 찍었다. 이 당시에는 친구들이 신랑집에 가서 꽃을 만들어서 예식장을 꾸며주었다. 1960년대에도 집 마당이나 공회당에서 결혼식을 올렸다. 1960년대 후반에도 잘 사는 집만 예식장에서 결혼식을 하다가 1970년대부터 예식장 사용이 대중화되기 시작하면서 전통과 서양식이 혼합되어 치러졌다.

지금도 혼담이 어느 정도 진행되고, 성사 단계에 이르면 양가 부모는 결혼식장 결정에 참여한다. 이때 종교나 집안 형편에 따라서 장소 선택에 관여하지만 서로 하고 싶은 대로 주장하기도 하고 양보하거나 타협해서 예식장을 정한다.

결혼식이 치러지는 공간은 '신랑집 마당 → 공회당/마을회관 → 동사무소 → 전문예식장/호텔 연회장/종교시설(교회, 성당, 사찰 등)' 등으로 이동하고 있으며, 부모와 혼인 당사자의 취향에 맞게 선택된다.

오래 전에 집 마당에서 결혼식을 할 때는 동네잔치였고 신랑신부가 익숙한 공간이어서 혼인 과정이 낯설게 인식되지 않았다. 그러다가 결혼식장이 낯선 공간인 남성집 마당, 전문예식장이나 호텔연회장으로 바뀌면서 결혼식 공간에 대한 친밀감이 감소하고 의례를 집행하는 특정 공간으로 인식하게 되었다. 따라서 여성에게 예식장은 과거나 현재나 낯선 공간이라 할 수 있다.

제주도에서는 지금도 집에서 잔치음식을 만들어서 손님을 대접하고 있지만 1990년대부터는 잔치 공간이 좁고, 음식준비에 따른 일손이 부족하고, 집에서 잔치를 치르기가 어려워지자 식당에서 치르기가 점점 확대되고 있다. 혼례를 추진함에 있어서 전적으로 여성들의 일손이 필요하기 때문에 어머니의 의견이 적극적으로 반영된다.

광복 이후 제주도에서는 3일잔치를 했고, 이 의례는 지금도 남아 있다. 그러나 2000년대 들어와서 거의 하루 잔치로 축약되고 있다. 물론 경우에 따라 부모가 힘들어도 집에서 3일잔치를 해주기를 바라는 남성도 있다. 부모 입장에서는 한 번은 집에서 잔치를 하려고 하는데, 이때 아들의 잔치가 선택된다. 그다음 자식부터는 식당에서 잔치를 한다. 딸은 집안 사정이나 일하는 것이 힘들다는 것을 잘 알기 때문에 식당에서 하려고 하지만, 아들은 가능하면 집에서 잔치를 해 달라고 한다. 남성집 잔치는 밤에 모여서 마시는 놀이도 있어서 식당에서 하면 불편함이 많아서 집을 선호하는 경향이 있었다.

하객으로 참석할 경우 신랑과 신부의 잔치에 대한 태도가 다르다. 남의 집 결혼식에 참석해야 할 때 그 집안에 자식이 여럿이 있을 경우 모든 자녀의 결혼식에 참가할 수 없거나, 때를 놓쳐서 참석할 수 없는 상황이 발생한다. 이때 하객 중에는 "에에, 다음에 아들이랑 먹주." 한다. 그래서 같은 자식이라도 아들을 혼인시킬 때가 손님이 더 많을 수 있다.

추자도에서는 1960년대만 해도 공회당(구판장)이 결혼식장이어서 결혼식 사진만 찍었다. 1970~1980년대에는 신랑집 마당에서 사진사를 청해서 결혼식 사진도 찍고 집에서 손님을 대접했다. 대략 2000년대부터 음식점에서 사돈상견례를 했다. 요즘은 수협에서 결혼식을 한 다음 집에서 잔치음식을 나눠 먹는다.

| 신부신랑의 이동 수단 |

결혼식날 신부와 신랑의 교통수단은 가마와 말이었으며, 이는 일제강점기에도 대중적인 방법이었다. 신부는 가마를 타고 신랑은 말을 타고 다녔다. 광복 직후에도 어떤 신부는 4명이 드는 가마를 타고 신랑은 말을 탔다. 마을 공동으로 관리하는 가마가 있어서 신부는 가마를 빌려서 타고, 신랑은 말을 빌려서 탔다. 농촌에서는 1960년대에도 이 풍속이 있었다.

신부는 잔칫날 아침 가마를 타고 시가로 들어간다. 가마꾼은 앞에 둘, 뒤에 둘 모두 네 사람이다. 또는 앞뒤로 한사람씩 두 사람이 메고 간다. 가마 옆에는 이불을 진 하님(하인)이 동행한다. 신랑은 말을 타고, 신부는 가마를 탔는데 처음에는 사람들이(하인) 가마 이동에 참여했으며, 나중에는 말로 이동하기도 했다. 가마 앞뒤로 말을 연결했다.

1950년대에도 집안에 따라 신부의 가마타기가 있었으며, 이는 특별대우에 해당되었다. 물론 1950년대에 자동차가 있어서 신랑신부가 이 차를 타고 결혼식을 치른 사람도 있으나 이는 아주 특수한 경우이다.

추자도에서는 1960년대에도 신랑은 가마를 타고
함진아비는 걸어서 신부집으로 간다.
신부집 입구에서 돈을 타내려고 실랑이를 벌인다.
그런 다음 신랑은 가마를 탄 채 신부집 마당으로 들어간다.
신부집에 들어갈 때 함값으로 돈을 받고,
신랑집으로 들어올 때도 신랑 부모에게서 돈을 받는다.
이 돈으로 뒤풀이를 한다.
결혼식날 신부가 가마를 타고 신랑집으로 가는 길에
친정에서 3~5개 정도 쌀주머니를 준비해 주면서 빠뜨릴 곳을 알려 준다.
그러면 신부는 그곳에 쌀주머니를 하나씩 떨어뜨린다.

잔칫날 풍경

| 잔치명절 |

육례나 사례를 보면 '친영'이 있다. 이는 조선시대에 신랑이 신부를 데리러 가기 전에 사당에 가서 예를 갖춘 것을 가리킨다. 이 친영이 제주도에서는 잔치명절의 형태로 전승되었다. 이는 조상들에게 자손의 혼인을 알리는 즐거운 의례이다.

결혼식날 새벽에 조상에게 먼저 인사하는 것을 '잔치차례/잔치멩질/조상멩질/잔치제'라고 한다. 신랑과 신부 집에서 각각 차례를 지낸다. 차례상에는 잔치 때 준비한 음식을 종류별로 전부 올린다.

잔치명절은 결혼식날 새벽(자시 : 밤 11시~1시)에 지낸다. 명절 때 제상을 차리듯이 그 수만큼 메를 올리고 잔치음식은 전부 제물로 올린다. 혼례 시 차례를 지내는 것은 액막이가 아니고 조상신을 먼저 청해서 대접하고 자손의 경사를 알린다는 의미이다. 이때는 걸명은 만들지 않는다.

잔치명절은 명절(추석 · 설) 의례와 같다. 잔치명절상에 올렸던 음식은 가족들만 음복한다.

잔치 문전제 잔치 문전제는 지금도 전승되고 있다. 잔치명절을 지낸 후에 신랑이 집에서 출발할 시간에 맞추어 문전제를 지낸다. 식당에서 잔치할 때에도 집에서 문전제를 지낸다. 문전제 제물은 잔치음식을 그대로 사용하며 돼지머리도 올린다. 문전제가 끝난 후 걸명은 지붕 위에 뿌린다.

신랑집에서는 결혼식날 아침에 신랑이 제관이 되어 도복을 입고 문전제를 지낸 다음 음복하고 시간에 맞추어 신부집으로 향한다.

신부집에서는 잔치명절은 지내지만 문전제는 선택적이다. 신랑이 신부집에 도착하면 예장을 받기 위하여 마루에 문전상을 준비하고 홍세함을 올려놓는다. 이때 '돼지머리, 과일, 향, 술' 등을 올리고 밥은 올지지 않는다. 이것으로 문전제를 대신한다.

| 신부집 잔치 |

우시(상객) 결혼식날 신랑측에서 우시(상객)로 외가 2명, 친가 2명이 홍세함을 갖고 신부집에 간다. 결혼한 새댁은 별로 따지지 않고 우시로 가지만 주로 아들 낳고 다복한 사람이 선택된다. 남성도 재혼하면 우시로 참여할 수 없다.

신랑이 신부집에 당도하면 신부집 중방이 안내한다. 이때 중방은 신랑한테 대접을 받으려고 하고, 신랑은 그날의 주인공이니까 중방의 절을 받고 들어가려고 서로 기 싸움을 한다.

신랑측 우시와 신랑이 집 안으로 들어가면 이 날은 우시가 우선이므로 우시방에 밥이 들어가기 전에 신랑상에 밥이 들어가지 못한다. 가끔 신랑이 배고프다고 외치면 신부측 사람들이 "ㄱ만이 이시렌 허라. 우시방에 아직 밥 안 들어갓저.(가만히 있으라고 해라. 상객 방에 아직 밥이 안 들어갔다.)" 하면서 뜸을 들인다.

잔칫날 신랑측 우시가 신부집으로 갈 때 이바지음식을 갖고 갔다. 즉 바구니에 '돼지 다리 하나, 술 한 되'를 놓고 가면 신부측에서도 그 바구니에 같은 음식을 놔 준다. 오래 전에는 이 바구니를 갖고 가는 사람이 따로 있었다. 요즘도 잔칫날 신랑측 우시가 바구니에 '돼지 다리 하나와 술'을 담고 가면 신부측에서는 그 바구니에 쌀, 술, 떡, 커피(프림, 설탕 포함) 등을 상황에 맞게 담아서 보낸다. 시간이 지나면서 번거롭기도 하니까 양가에서 협의하여 이를 다 생략하기도 하는데, 이런 부분이 변형된 의례라 할 수 있다.

홍세함 신랑측에서 홍세함을 갖고 홍세우시(글을 잘 쓰는 사람)가 동행한다. 신부집에서는 병풍을 치고 홍세함을 받을 준비를 한다. 잔칫날 신부집에서는 문전에 병풍을 치는데 그림이 없고 글씨가 적혀 있는 쪽을 앞으로 향하게 한다.

신랑측 우시가 예장을 넣은 홍세함을 들고 신부집 마당 안으로 들어간다. 신부측에서는 문전상 위에 돼지머리를 올리고 홍세함을 받는다. 신부측 어른이 예장을 훑어 본 후에 하자가 없으면 신랑을 들여놓고, 하자가 있으면 다시 써 오라고 했다. 예장을 검사하는 동안 약 1~2시간 정도 마당에서 기다리기도 한다. 과거에는 예장을 다시 쓸 것에 대비해서 홍세우시를 동행했다. 지금은 '어느 글자가 틀렸지만 그대로 받으라.' 하면서 의례를 진행하거나, 다시 써 오라고 돌려보내기도 한다. 세월이 흘러도 이런 절차는 잘 지켜지고 있으며, 상대방을 배려하면서 간소화하는 정도이다. 홍세함을 싸는 보자기도 지역에 따라서 청색과 노란색을 사용하고, 이 보자기는 신당에 가져가서 태우는 집안도 있다.

홍세함에는 예장(禮狀)과 옷감이 들어 있다. 처음에는 무명 한 필과 명주 한 필을 담았으며 나중에는 명주 두 필이나 무명 두 필 등 쌍으로 놓았다. 명주는 남편의 도복(제례복이나 수의로 이용함)을 만들기도 하고 이 옷감을 팔아서 살림에 보태었다. 1960년대 후반부터는 이 품목을 제외하고 주로 시렁목 두 필을 놓았다. 1970년대에도 홍세함에 기저귀감 1~2 필과 돈을 넣었다.

1980년대에는 생명주(날명주)를 주니까 도복을 만들기가 좋았으며, 홍세함 품목도 점점 실용적으로 변했다. 1990년대부터는 시렁목에 돈봉투(10만원~50만원)가 추가되었다. 요즘은 홍세함을 가져오라는 집안에는 가져가고, 그렇지 않으면 생략한다.

다음 자료를 통해 대한제국기(1900년) 제주도의 예장 내용을 알 수 있다.

時唯季冬
尊候多福僕之仲子鍾錫年旣
長成未有伉儷伏蒙許以
令愛貺室玆有先人之禮謹行
納幣之儀伏惟
尊照 下鑑
光武四年庚子十二月初五日金海後人金有完

예장(禮狀)
1900년(광무 4) 2월 5일 김유완이 둘째아들 종석의 혼례를 위해 신부집에 보내는 예장(납폐서)이다. 장성한 자기 아들이 아내를 맞이하게 된 것에 대하 감사하며 선인들의 예에 따라 납폐의 의식을 청한다는 것이다.
예장은 신랑 부친이 신부 부친에게 보내는 형식이지만 신랑이 직접 썼으며, 혼인에 있어서 대단히 중요한 문서로 인식되어 신부 부친이 오랫동안 보관하였다.
* 제주특별자치도 민족자연사 박물관(2013:15), 『제주인의 삶을 읽다 - 제주의 옛 문서』 특별전 도록.

■ 홍세함

신부와 신랑의 첫 걸음 신랑은 말을 타고, 신부는 가마를 타고 결혼하던 시설을 잠시 들여다보겠다. 신랑이 말에서 내리기 좋게 도고리(함지박)를 엎고 누람지(이엉과 비슷하고 낟가리 위에 덮는 물건)를 길게 깔면 신랑이 말에서 내린 다음 걸어 들어간다. 이때 신부측에서 예장 검토가 끝나고 무사히 통과되고, 신랑이 마당에 서 있으면 중방이 인사하고 들어오기를 청한다. 신랑은 큰방으로 들어가서 앉는다. 신부는 작은방에서 치장을 하고 나갈 준비를 한다.

신부집에서 신랑을 맞이하여 의식을 치른 후에 신랑은 신부와 동행하여 신부집을 출발하면 신랑측 중심으로 잔치 절차가 진행된다.

신랑이나 신부가 집을 떠날 때는 오른발을 먼저 내디디고, 문지방을 밟지 않는다. 마을에 따라서 신부가 마루에서 나올 때 보리쌀이나 쌀을 담은 자루를 밟고 내려온다. 또한 신랑이 처가에 들어갈 때, 신부가 시가에 들어갈 때 소금과 팥이나 콩을 뿌린다. 이는 좋은 날 잡귀가 붙지 말라는 뜻이며, 지금도 이 풍속을 수행하는 집안이 있다.

추자도에서는 결혼식날 신랑측에서 함을 지고 신부집으로 간다.
함진애비는 마을에서 복이 있고 첫아들을 낳은 사람으로 선정한다.
상주는 이 역할을 맡을 수 없다.
결혼식날 함을 지고 신부집으로 가는데

함 속에는 납기와 시렁목 한 필이 들어있다.
여기에 신부가 결혼식날 입을 한복 한 벌과 속옷 장옷도 포함된다.
신랑이 신부집에 가서 신부를 데려 가려면
함에 납기를 놓고 나무오리를 갖고 갔다.

| 들러리와 손수건값 |

제주도의 신식 결혼 풍속으로 손수건값 주기가 있다. 신부집이나 예식장에서 부신랑이 신부 친구에게 손수건값을 준다. 처음에서 서로 실랑이를 하면서 빈 봉투, 액수가 작은 것, 큰 것 하면서 받는다. 이 돈은 잔칫날 저녁 신부신랑 친구들의 뒤풀이에 보태었다.

1970년대에도 신부 친구가 신랑 친구에게 손수건값을 받았다. 신부 친구들이 손수건을 잘 포장해서 신랑 친구에게 준다. 손수건값을 홍정하면서 밀고 당기는 것이 결혼식날 묘미이기도 했다. 1980년대 후반에는 양측 친구들 간에 서로 타협해서 적당히 손수건값을 건넸다. 양쪽 친구들이 서로 홍정하는데 홍미도 잃고, 서로 타협하는 시간도 부족해지면서 홍정 시간이 단축되었다. 또한 신부나 신랑이 고향에만 사는 것이 아니고 친구들도 다양하게 섞이면서 신랑 친구들의 어울림도 어색해졌다. 그러다가 손수건값 주고받기가 사라졌다.

손수건값 이외에도 신부와 신랑은 상대측의 잔치 협력자들에게 사례품을 돌렸다. 이는 1980년대부터 대중화된 풍속으로 신부는 신랑집에서 일하는 사람들에게, 신랑은 신부집에서 일하는 사람들에게 조그마한 성의를 표시했다. 처음에는 버선이나 양말을 주었으며, 차차 선물 품목이 바뀌었다. 나중에는 잔치 협력자들의 기호가 다양해지면서 물건 대신 돈을 주면 자신들에게 필요한 생활용품을 사서 돌렸다. 지금도 이런 풍속은 남아 있다.

혼례식을 치르는 과정에서 노동을 제공하는 협력자들은 신부와 신랑의 사례품을 놓고 다른 집과 비교하기도 하고, 선물을 주지 않으면 흉이 되었다. 그래서 결혼 당사자가 준비하지 못하면 각자 어머니들이 준비해서 신부와 신랑이 보낸 것이라며 나눠 준다.

| 신랑집 잔치 |

일제강점기에는 결혼식 사진을 아무나 찍을 수 없었고 결혼식을 치르지 않고 택일하면 바로 신접살림을 시작하는 사람들도 있었다.

택일할 때 신랑이 신부집으로 들어가는 시간과 예식 시간이 정해진다. 신부집에서 예장이 통과되면 신랑은 신부와 같이 출발한다. 이들은 신랑집으로 가서 예식을 치렀다. 예식장이 신랑집 마당에서 집 밖으로 이동하면서 공식적인 예식장으로 향한다. 모든 의례는 정해진 시간대로 진행된다.

결혼식장에서 예식이 끝난 후에 신부신랑이 신랑집으로 들어가는 시간을 맞추기 위해서 양쪽 친구들과 주변 명승지에 가서 나름대로 축제를 즐겼다. 1990년대 중반까지도 이 날 웨딩촬영을 했는데 지금은 결혼식 전에 촬영하고, 이 사진은 결혼식날 하객들에게 보여 준다.

올리친심 전통적인 혼례 때 잔칫상에 오리 한 쌍이 놓여 있다. 이를 올리친심이라 한다. 제주도에서는 '전안례'(奠雁禮)를 '올리친심'(오리親尋 : 오리를 갖고 친히 찾아감)이라 한다. '올리친심'이란 신랑이 신부에게 바치는 일종의 선물이라 볼 수 있으며, 이런 풍속이 있을 당시에는 이 오리를 음식으로 먹었다고 한다. 그런데 이 의례를 행하기 위해서는 '홀기'도 읽어야 하고, '밥, 떡' 등 여러 음식을 잘 갖추어야 하기 때문에 일제강점기에는 이를 잘 지키기가 어려웠다.

일제강점기에 마당에서 잔치할 때 나무(박으로 만들기도 함)로 오리를 만든다. 이 나무 오리 양쪽에 청실을 걸어둔다. 이 오리는 누구나 만들어서 사용할 수 있는 품목이 아니므로 빌려서 사용했다.

잔칫날 예식장으로 마련된 마당에 천막을 치고 잔치상을 준비한다. 신부와 신랑이 마주 서면 오리에 실을 매달아서 술잔에 비운다. 박으로 만든 술잔 두 개를 오색실로 묶는다. 여기에 술을 비운다. 이 술잔을 받아서 신랑과 신부가 마신다. 마당에서 잔치할 때 나무 오리를 사용하므로 경제적인 여유가 있는 집안에서만 가능하다. 올리친심이 끝나면 집 안으로 들어가서 신부상을 받는다. 경제적인 여유가 있는 집에서는 마당 잔치를 하고 그렇지 못할 경우에는 신랑이 신부집에 가서 신부를 데리고 오면 특별한 의례를 행하지 않고 결혼생활로 이어졌다.

적어도 1930대부터 공출이 심해지면서 혼인의례 절차를 실천하기가 어려웠고, 이때 '올리친심'도 없어졌다고 볼 수 있다. 대체로 이 시기에는 제사음식의 가짓수도 줄어드니까 결혼식날 아침에 '오리'를 사용하지 않고, 신랑이 신부를 자신의 집으로 데려 와서 간단히 의식을 거행했다.

일제강점기에는 경제적인 여유가 있는 집에서만 '올리친심'이 가능해서 오리를 받은 신부는 스스로 행복하게 여겼다. 제주사람들의 생활이 궁핍해지고 혼례의 절차가 생략되면서 '올리친심'도 사라졌으며, 결혼식날 아침에 신랑이 신부를 데리러 가면 가마를 타고 바로 신랑집으로 가서 잔치가 진행되었다.

폐백 신부가 신랑집으로 들어가면 폐백을 드릴 때까지 거쳐야 하는 관문이 있다. 먼저 신부는 좋은 방향으로 앉는데 이는 택일할 때 정해지며 지금도 잘 지켜진다.

일제강점기 때 신부는 명주로 만든 치마와 저고리를 입었다. 이 한복은 친정에서 만들어 주었다. 신랑옷은 신랑집에서 만들었다.

신랑집에서는 친정 우시들이 음식을 먹고 기다리며, 신부가 들어오면 신부상을 받고 나서 한복으로 갈아입는다. 옆에서 "새각시 옷 다 갈아 입엇수다.(새각시 옷 다 갈아 있었습니다.)"라고 말하면 친정 우시들이 인사를 받고 집을 떠난다. 이때 신부는 친정 식구들과 이별식을 한다.

1980년대까지는 신랑집에서 신부상에 있는 음식을 골고루 가져가서 어느 정도 잘 차렸는지 친정어머니에게 보여 주었다. 신부집에서는 신랑상에 있던 음식은 예식이 끝난 후 나들이할 때 먹을 용도로 준비해 갔다. 나중에는 처음부터 신부어머니가 맛있는 음식을 따로 준비해서 신부 친구에게 주었다. 1990년대부터는 음식 먹기, 음식 싸가기 등이 생략되기도 했다.

추자도 신부집 잔치 추자도의 신부집 잔치 풍경은 제주도와 좀 다르다. 추자도의 결혼 풍속을 보면 결혼식은 낮에 하니까 신부방에 요를 깔아 놓고 병풍을 친다. 신랑이 가마에서 얼른 내리지 않으며, 이때 신부가 직접 나가서 신랑의 손을 잡고 들어오기도 한다. 마루에서 신랑이 인사하고 한참 있다가 눈을 감으라고 한 다음 신부방으로 데려간다.

요를 깔아 놓은 방에 신랑을 앉히고 식사를 한다. 이때가 신부집 잔치이다. 신부는 신랑이 가져온 한복을 병풍 뒤에서 갈아입는다. 신부 이모나 고모가 신부화장을 해 주고, 한복 입는 것을 도와준다. 신부가 곱게 단장하면 신부집 마당에서 결혼식 사진을 찍는다. 이것으로 신부집 잔치는 끝난다.

이후 신랑과 신부는 가마를 타고 신랑집으로 이동한다. 이때 하인이 3명 동행하고 이들이 혼수품을 갖고 간다. 혼수품으로 이불, 옷, 거울, 화장품(동백기름) 등을 갖고 가는 하인들이 있다. 이불은 주로 신부측 여성 친척이 지고 간다.

신부와 신랑 행차 시에 동백기름병을 든 하님이 앞장선다. 신랑집에 도착하면 그곳 하님에게 맨 먼저 이 병을 건넨다. 신랑집에서 친척들과 합동사진을 찍으면 신랑집 잔치가 벌어진다.

신부가 가마에서 내릴 때 신랑측 여성 하인이 인도한다. 신랑과 신부 모두 오른쪽 발을 먼저 내리라고 한다. 신부를 방으로 인도하여 좋은 방향으로 앉게 한다. 신부방에는 요를 깔고 병풍을 쳐 둔다.

신부는 친정에서 가져 온 예단(한복)을 하나씩 병풍 위에 걸친다. 신부에 따라 10벌~20벌도 만들어 갔다. 이것은 시할머니, 시아버지, 시어머니 몫에 신부 자신의 옷이라 하면서 알린다.

결혼식날 신부와 신랑이 가마 타고 다니다가 가마가 없어지고, 가까운 거리는 리어카를 탄 신부도 있었다. 신부가 신랑집으로 들어서면 신랑 친구들이 돈을 받으려고 실랑이를 하는 풍속은 제주도와 다르다.

결혼식날 드레스를 입고 결혼식을 마친 후에 사진을 찍는다. 신랑신부 친구들과 나들이 뒤풀이를 한 다음 신랑집으로 들어간다. 신부는 한복으로 갈아입는다. 1990년대에 신부는 신랑집 밖에서 한복으로 갈아입고 시가로 들어갔다. 그런 다음 시가 어른들에게 인사를 한다. 이때 절값을 받는다. 이 날 저녁에 특정 장소에 가서 뒤풀이를 하고, 신혼여행도 간다.

추자도의 신식 결혼식을 보면 식이 끝난 후 시가에 들어가는 시간이 정해져 있으면 그 사이에 친구들과 풍광놀이를 했다. 친정에서 신부가 나올 때 나들이용 음식을 마련해 준다. 이는 제주도의 잔치의례와 같다. 또한 신부가 들어갈 시간이 너무 늦으면 친정 식구들은 인사를 받지 않고 돌아간다.

요즘 추자도 잔치 모습을 보면 잔치 전날 음식을 모두 준비한다. 잔칫날은 한상 차려서 친척들이 먹는다. 가족들은 한복으로 갈아입고 기다린다.

추자도에서는 폐백은 결혼식 당일에 하는 것이 아니고 3일 후에 한다. 신부가 결혼식날 입은 한복은 최소 3일 간 입고, 3일째 되는 날 아침에는 시가에서 해 준 한복으로 갈아입는다. 이때 시가 친척들이 돈부조를 하면 답례로 버선이나 양말을 드렸다. 시가에서는 신부 몫으로 한복 2벌을 해 주면, 한 벌은 결혼식날 입고, 한 벌은 폐백드리는 날 입는다.

추자도에서는 가문잔치와 사돈잔치라는 말이 없다. 요즘은 결혼식이 끝나면 신부측 친척들이 사돈댁에 가서 식사하고 바로 돌아간다. 이때 친정어머니는 가지 않는다.

추자도의 혼인 절차는 1980년대보다 1990년대에 간소화되고, 2000년대로 넘어오면서 더욱 간소화되고 있다.

| 가문잔치 |

제주도에서는 3일잔치가 행해졌다. 가문잔치란 결혼식 하루 전날 가문들이 모여서 음식을 나눠 먹으며, 잔치 절차를 의논하는 것이다. 사돈잔치는 결혼식 다음날 양가 사돈들이 서로 만나서 인사하는 잔치를 말한다. 이 두 의례도 시간이 흐르면서 점점 간소화되고 있다.

가문잔칫날은 가문만 모여서 의례진행 정도를 점검하는데, 대개 1980년대부터는 가애날 저녁에 신랑이 신부집을 방문했다. 1990년대에도 잔치 전날 저녁에 신랑과 그 친구들이 신부집을 방문하였다. 잔치음식을 한 상 차려주면 신부측 가족과 친구들이 서로 담소를 나누었다.

일제강점기에는 가문잔치가 없었고, 이는 1950년대 이후 자연스럽게 나타난 의례에 해당된다. 그 과정을 들여다보겠다. 일제강점기에는 토종 돼지 크기가 작아서 돼지 한 마리로 잔치를 할 수 없었다. 이를 보충하기 위하여 계란을 부조하면 이것으로 전을 지지고, 닭을 부조하면 닭고기로 음식을 만들었다. 1950년대 중반 이후에는 잔치 전날 돼지 한 마리를(두 마리를 잡는 집은 드물었음) 준비하였다.

1960년대에는 생활형편이 조금씩 나아지고, 손님 수도 많아지면서 돼지고기를 많이 준비하는 집이 생겨났다. 또한 1960년대에 전분공장이 생기고 돼지먹이를 구할 수 있게 되면서 집에서 돼지를 여러 마리 길러서 잔치음식으로 준비할 수 있게 되고, 가문잔치가 보편화되었다고 볼 수 있다. 1970년대로 오면 가정형편에 따라 신랑측에서 전날이나 전전날 신부집을 방문했다.

가문을 대접하는 음식을 '가문반'이라 한다. '가문반'이란 돼지를 잡은 후 돼지의 '귀, 창자, 머리, 허파, 간' 등을 대꼬챙이에 꽂아서 가문잔칫날 가문들이 모여서 나누어 먹는 의례음식이다. 만약 참석하지 못한 친척 어른이 있으면 반드시 그 몫을 가져가야 하며, '가문반'을 챙기지 못하면 예의가 아니라면서 어른들이 야단치기도 했다.

집에서 잔치를 할 때에 이날 저녁에 신랑과 친구들이 신부집을 방문해서 인사도 하고 다음날 일정을 알려주기도 한다. 또한 신부와 신랑 친구들이 인사하는 날이기도 하다. 그런데 시간이 지나면서 이 절차가 생략되고 있다. 신랑집에서도 이날 손님이 많기 때문에 신랑이 집을 비울 수가 없다. 또한 신랑이 신부집을 방문하기 위하여 먼 길을 다니다가 사고가 날 수도 있고, 신부집 방문 시간이 늦어지면 번거롭기도 해서 서로 양해하에 생략한다. 음식점에서 잔치를 하면서부터 이런 절차가 더욱 생략되고 있다. 지금은 이 날 가문잔치는 하지 않고 대부분 손님들이 다녀가므로 본 잔칫날에 해당한다.

지금은 신부집은 가문잔칫날에 대부분 손님들이 다녀가므로 잔칫날에 해당하고, 신랑측은 이 날과 잔칫날에 손님대접을 하고 있다. 또한 전문예식장이나 호텔을 이용하면서 3일잔치가 당일잔치로 단축되고 있다.

| 사돈잔치 |

제주도에서는 잔치 다음날을 사둔잔치(사돈잔치 ; 두불잔치)라 한다. 신랑측에서 신혼부부와 시어른이 같이 음식을 들고 신부측으로 인사를 간다. 이때 신랑측에서는 돼지고기(다리 하나)와 술을 바구니에 담고 신부측으로 보낸다. 이 음식은 하님이 가져 갔다. 이 날 준비해 간 음식재료로 음식을 만들어서 나눠 먹고 사돈인사를 한다. 저녁이 되면 시어른과 신혼부부는 같이 돌아가거나, 신혼부부는 친정에 하루나 이틀 정도 머물고 돌아온다.

처음에는 사돈잔치날 시어머니도 같이 다니다가 잔치 뒷마무리도 해야 하고, 집 주인이 다 집을 비울 수 없으니까 양쪽 어머니들은 안 다니기 시작했다. 또한 집안 어른들끼리 인사를 하는데 아버지인 남성은 필요한 존재이지만 여성인 어머니는 없어도 별 문제가 없다고 여겨서 어머니의 방문이 사라졌다고 볼 수 있다. 요즘도 예식장에서 식이 끝난 후에 신랑집에 갈 때 신부 어머니가 동행하지 않는 것은 다른 이유도 있지만 여성이어서 부정 탄다며 다니기를 기피한 측면이 있다.

1970년대에도 결혼식이 끝나면 다음날 신랑과 신랑아버지가 며느리를 데리고 사돈집으로 가서 사돈끼리 인사를 하면서 사돈잔치를 했는데 1980년대에는 결혼식날 신랑집에 가서 당일에 사돈 인사를 했다.

1990년대에 들어와서 신부측에서도 음식점에서 당일잔치를 하게 되면서 신부

아버지가 장시간 자리를 비울 수도 없게 되었다. 집에서 잔치를 하더라도 양가 사돈이 의논해서 당일에 사돈잔치를 하기 시작했다. 즉 예식장에서 결혼식이 끝난 후에 다방에서 사돈끼리 인사하면서 차 한잔 마시는 것으로 대신하다가 이것도 번거로워지자 지금은 결혼식 전에 미리 만나서 사돈인사를 끝내기도 한다. 이 부분 역시 순서와 내용에 변화가 있어도 격식은 생략하지 않고 전승되는 의례이다.

사돈잔치는 1990년대 초까지도 있었는데 음식점에서 잔치하고 양가가 의례를 치르기도 바쁘다고 여겨서 결혼식날 이 의례를 같이 지냈다. 의례 절차에 따라 간소화할 수 있는 것은 수정되고 있다.

요즘은 결혼하기까지 사돈끼리 만나는 것도 1~2 회로 줄었다. 시간과 경비를 절약하는 측면도 있고 친척과 자녀들이 멀리 살게 되고, 결혼식을 하고 바로 떠나야 하는 등 전통적인 농경사회가 아니어서 의례에도 변화가 나타나고 있다.

혼례 주관자와 협력자

혼례를 시행하는 데는 각 절차별로 주관자와 협력자가 있고, 그들의 역할이 구분된다. 여기서는 근현대 제주도에서 행해진 혼인의례가 누구에 의해서 주도적으로 진행되었고, 그 주관자를 도와주는 협력자는 누구인지 살펴보겠다.

| 잔치 음식 |

제주도의 대표적인 혼례음식으로 돼지고기와 두부가 있다. 돼지고기를 삶고 그 국물에 모자반을 넣어서 푹 끓인 'ᄆᆞᆷ국'(모자반국)이 유명한데, 이는 잔치 전날 먹었다. 신부신랑상과 하객상에 오르는 잔치음식이 있다. 먼저 하객상 차림을 보겠다.

일제강점기에는 잔치 손님들에게 혼식밥(보리쌀과 산듸쌀, 팥을 섞어서 지음), 고깃반, 지지미, 채소(콩나물) 등을 대접했다. 경제적으로 어렵던 시절이라 두부는 아주 작게 잘라서 놓았다. 이 당시에는 먹을 것이 귀해서 하객상에는 한 사발 가득 담은 밥이 올라갔다.

잔치 때 집안에 따라 돼지는 1~3마리 정도 준비했다. 돼지 3마리를 잡는 집은 아주 부자였다. 잔치 때 고깃반을 보면 돼지고기 석 점, 두부 한 점, 수애(순대) 한 점과 메밀전을 그 위에 덮는다. 형편에 따라 고구마튀김을 추가한다. 콩농사를 하니까 집에서 두부를 만들었다.

지금도 잔치집에 가면 두부는 반드시 먹어야 한다는 말이 있다. 그래서 두부 한 접시라도 먹으라고 하는 것이며, 여러 사람이 두부를 먹어주면 잔치하는 집이 좋다는 말이 있다.

잔치 음식으로 미역국은 금기음식이고, 콩나물국을 끓였다. 이 국은 돼지고기와 두부를 조금 넣고 끓였다. 손님용 밥은 두 종류였다. 초불밥은 아침용으로 보리쌀에 팥과 쌀을 조금 섞은 보리혼식밥을 먹고, 두불밥은 신부가 들어오면 먹었는데 쌀이 조금 더 들어간 혼식밥을 지었다.

1960년대에도 집에서 돼지를 잡고 삶을 때에 마을사람들이 공동으로 사용하는 큰 가마솥이나 드럼통이 있었다. 집집마다 보유할 수 없으니까 빌려서 사용하고 그 삯으로 고기를 주기도 했다. 1970년대까지도 집안에 혼사가 있으면 돼지를 사다가 기른다. 이것을 잔치에 이용했는데 돗통시(제주도의 전통적인 변소를 가리킴)가 사라지고, 시중에서 돼지고기를 쉽게 구입하게 되면서 이런 모습이 사라졌다.

추자도에서는 잔치 하루 전에 돼지를 잡아서 삶는다.
일꾼들이 먹을 음식도 준비한다.
전날은 친척들만 찾아오고 손님들은 잔칫날 방문한다.
이 날을 '금을선 비빈날'이라 한다.
예비신부와 예비신랑은 각자 친구들과 미혼으로 마지막 저녁을 보낸다.

■ 몸국

■ 고깃반

■ 두부와 순대

신부상 차림 신부와 신랑이 신랑집에 도착하면 신랑이 먼저 말에서 내려서 가마 문을 열어준다. 신부방으로 준비된 큰 방으로 들어가면 신부상이 준비되어 있다. 신부방에는 병풍을 치고 대반과 들러리가 둘러앉는다. 신부는 장옷을 입은 채로 신부상을 받는다. 식사한 후에 장옷을 벋고 머리 건지도 푼다. 이는 동서 등이 도와준다. 이때 시가에서 만들어준 한복으로 갈아입는다.

신부가 신부상을 받고, 밥을 먹을 때 대반의 도움을 받는다. 대반으로 앉을 수 있는 사람은 신랑과 가장 가까운 친척이면 되는데 결혼한 누이는 안 되고 그 집안에 들어온 며느리는 된다. 마을에 따라서는 신부가 신랑집에 도착해서 신부상을 받을 때 대반이 없고, 들러리가 옆에서 도와준다.

신부가 밥을 먹기 전에 대반이 밥뚜껑에 밥 세 숟가락 뜨고, 다른 음식을 조금 넣어서 상 밑에 내려놓는다. 이는 새각시를 따라 온 잡귀 몫이라 하여, 음식을 잘 대접해서 보내려는 의미가 있다. 이 의례는 제주신화에도 나온다.

> [잔치 때 신부가 신부상을 받으면 먼저 상에 있는 음식을 조금씩 떠서 상 밑으로 놓는 법이 생겼으며, 이는 서수왕 따님을 대접하는 것이다.]
>
> *- 현용준(1976 : 186), 자청비(세경본풀이), 『제주도신화』*

대반이 신부 옆에 앉아서 신부의 첫 음식 먹기를 도와준다. 대반은 신부가 음식을 먹을 수 있게 숟가락을 주고 음식을 먹으라고 한다. 신부상에는 돼지고기, 삶은 닭 한 마리, 삶은 계란 3개, 지지미 등이 오른다. 접시에 닭다리를 하나씩 걸치고 돼지갈비를 하나씩 놓는다. 계란전을 올리는데 이것을 올리지 않으면 흉이 되었다. 이때 대반이 신부를 보러 온 마을 아이들에게 신부상에 있는 돼지고기, 닭, 계란 등을 아이들 손에 조금씩 모두 나눠 준다. 신부상을 물리고 한복으로 갈아입으면 사둔열멩(폐백)을 한다.

신부가 밥을 먹을 때 보통 서너 숟가락을 먹는데 아홉 번 떠먹으면 마을 어른들이 "에에, 저 새각신 아홉 수까락 먹언 밥 수까락 놤신게. 아덜 뚤 엇이 외로우켜.(에에, 저 새각시는 아홉 숟가락 먹언 밥 숟가락 놓고 있네. 아들딸이 없이 외로우겠다.)" 라는 해석을 덧붙인다.

대반은 신부가 처음 밥을 먹을 때 많이 떠서 먹어야 복스럽게 산다고 하며 권유한다. 신부어머니와 신랑어머니가 각자 집에서 신랑과 신부가 먹을 밥을 뜰 때는 꾹꾹 누르면서 밥그릇에 가득 떠 놓는데 이는 두 사람이 잘 살라는 의미이다. 신부가 신랑집에 들어가서 밥을 먹을 때 숟가락을 앞으로 떠야 하며, 뒤쪽이나 옆으로 뜨지 말라는 행동 금기가 전해 온다.

과거부터 현재까지 결혼식날 신부와 신랑이 미역국을 먹으면 미끄러져서 결혼생활을 유지하기가 힘들다고 믿어서 먹지 않으며 주로 생선무국을 먹는다. 잔치의 주인공인 신부와 신랑은 특별한 음식상을 받는다. 신부상에 오르는 대표음식인 닭과 삶은 계란은 지금까지 전승되고 있다.

1950년대에도 신부상에는 '돼지고기, 닭 한 마리, 삶은 계란'은 반드시 오르고, 1970년대부터는 시루떡 대신에 케이크를 준비하고, 닭 한 마리, 삶은 계란 3~5 개가 올라가는데 이는 지금도 변함없는 음식이다. 계란이 귀할 때는 신부상에는 온 것을 올리고 신랑상에는 반으로 쪼개서 올리기도 했다. 신부는 우선 계란 하나를 먹은 후에 신부상 주변에 아이들이 모여들면 이 음식들을 나눠 주었다.

1960년대에도 쌀이 귀하던 시절이라 신부신랑 밥만 쌀로 하고, 하객들은 보리쌀과 쌀이 섞인 혼식밥으로 대접했다.

추자도 신부상 추자도의 신부상차림을 보자. 신부가 오후에 신랑집으로 도착하면 간단히 요기를 하는데, 이는 선택사항이다. 저녁이 되면 정식으로 신부상을 받는다.

신부가 신랑집에 도착하면 오후가 된다. 그래서 저녁에 신부상(큰상)을 받는다. 잔치음식은 전부 올라온다. 갈비도 크게 만들어서 올리고, 대떡(쌀가루로 만듦)도 두껍게 잘라서 가로 세로로 걸쳐서 놓는다. 신부상에 대떡 올리기는 필수품이었는데 대략 1990년대부터 케이크가 올라간다. 신부상에 미역국은 올리지 않고 콩나물국을 올렸다.

신부가 저녁을 먹으면 잔치는 마무리된다. 이날 저녁 특별한 놀이는 없었다.

결혼식이 끝나고 3일째 되는 날 친척들을 청해서 잔치음식을 나눠 먹고 인사를 드린다. 이 의례가 끝나면 신혼부부는 처가로 향한다. 이때 친척 중에 다복한 사람이 동행한다. 처가에서는 음식을 준비하여 대접해 준다. 신혼부부는 이 날 처가에서 하룻밤을 자거나 바로 자신들의 집으로 돌아갔다.

현재 추자도에서 결혼하는 사람들이 줄어들고 외지에서 식을 지내는 경우가 많아지면서 딱히 과거의 풍속을 고수하거나 유지하기 힘들다. 어른들도 옛것을 고집하지 않는다.

이상으로 제주도의 잔치음식과 신부신랑상 차림을 보았는데, 찬치음식을 준비하는 장소도 중요하다. 잔치 음식을 준비하는 공간은 집 안, 마당, 부엌, 우영팟(텃밭) 등 울타리안에 해당된다. 손님을 대접하는 공간은 본인집이 좁으면 이웃집까지 빌려서 사용했다.

1990년대부터는 일손도 부족하고, 손님접대 공간 확보에도 어려움이 있어서 전문적인 음식점을 이용하고 있으며, 가정형편에 따라서 집에서 손님을 대접한다. 즉 처음에는 집에서 손님을 맞이했는데 주거환경의 변화에 따라서 집 옆 길가에 천막을 쳐서 음식을 준비하고, 손님을 대접했다. 또한 이웃집을 빌리기가 어려워지자 아파트 지하 공간을 이용하였으며, 지금은 주로 대형음식점을 이용하고 있다.

| 잔칫날 놀이 |

제주도에서는 지금도 집에서 잔치를 할 경우에는 주로 마을사람들이 모여서 윷놀이를 하고 화투를 친다. 1970년대까지도 잔칫날은 신랑집에서 저녁에 흥건하게 놀았다. 신부가 노래를 부를 때까지 신랑을 매달아서 발바닥을 때리는 풍속이 있었다.

마을에 따라서 다르지만 윷놀이나 화투의 비율이 비슷하다. 상가(喪家)에서도 이 놀이는 같은데 화투를 할 때 상주의 돈을 사용하면 재수가 좋다고 해서 상주에게 자본금을 빌려서 하기도 한다.

잔치 때는 어른들이 윷놀이를 했으나 시간이 지나면서 이 놀이는 사라지고 화투놀이는 간간히 행해지고 있다.

| 결혼 행렬 |

전통적으로 신혼부부의 운송 수단은 가마와 말이었다. 마을에 따라서는 1960년대까지도 가마를 타고 결혼한 신부가 있다. 이때 신부가 신랑집으로 들어간 다음 말이 똥을 싸면 신랑 어머니가 치마에 받아서 고팡(고방)에 옆으로 놔두면 재수가 좋다는 말이 있다. 그러다가 서양식 결혼식이 도입되고 자동차가 운행되면서 가마와 말 이용은 사라진 풍속이 되었다.

1950년대에도 신부가 탄 가마 행렬이 보이면 누구도 그 앞을 가로막지 않았다.

지금은 꽃으로 승용차 앞에 장식하고 달리면 다른 차들이 비켜 준다.

1980년대에도 결혼식날 한라산을 가로질러서 가야 할 때는 신부신랑과 하객이 탄 차는 반드시 일주도로를 이용했다. 특히 신부신랑이 탄 승용차는 반듯하게 앞으로만 달려가야 좋다는 믿음이 강하다. 신혼부부가 탄 승용차가 가는 길에 영구차를 만나도 오른쪽으로 가라고 한다. 신랑차는 길 위쪽으로만 가는데 영구차도 길 위쪽으로만 가려고 해서 길에서 기 싸움을 한다. 이는 인생을 새롭게 출발하는 사람들이 곧은 신작로처럼 행복하게 살기를 바라는 마음도 있지만, 사고를 미연에 방지하려는 의례이기도 하다. 이런 의식은 지금도 전승되고 있다.

2000년대에도 혼례의 숭고함이 지켜지기를 바라는 이야기가 전승되고 있다. 잔칫날 비가 오면 고생한다고 하고, 잔치 넘어서 비가 오면 잘 산다고 한다. 잔치 주관자는 음식 만드는 사람들에게 그릇을 깨지 않도록 조심하라고 당부한다. 간혹 잔칫날 신부신랑 밥을 하다가 솥이 깨지기도 한다. 그러면 밥을 준비하던 사람들이 나쁜 징조라면서 당황해 한다. 신부 밥을 담당한 사람은 종손며느리가 하며 홀어머니는 안 된다는 금기사항이 전해 온다.

결혼 날짜를 받으면 한 달 안에 남의 집 잔치에 참석하지 않으며 상가에도 다니지 않는다. 한 의례전승자는 친정부모상을 당해도 자식의 혼사가 있어서 장례식에 참석하지 못하고, 잔치를 한 다음 산소에 다녀왔다. 결혼당사자 역시 혼인 날짜를 받으면 한 달 안에는 다른 사람의 결혼식이나 상가에 가지 않는다. 이는 부모들이 조심하라고 알려 주며, 지금도 잘 지켜지고 있다.

신랑이 신부집에 도착해서 마당에 들어서면 바가지를 밟고 들어가기도 했다. "새 시방이 들어 갈 때, 가시어멍(장모) 얼굴 보지 말라."는 금기어가 지금도 잘 지켜지고 있다. 신부도 시가에 들어갈 때 시어머니 얼굴을 보면 재수가 나쁘다고 한다. 결혼식날 양가 어머니가 이를 잊어버릴까 봐 옆에서 신랑이나 신부가 들어올 때는 얼굴을 보이지 말고 어디 숨어 버리라고 말한다. 이는 2000년대도 전해 오는 말이다.

■ 제주도의 혼인의례 절차를 표현한 시

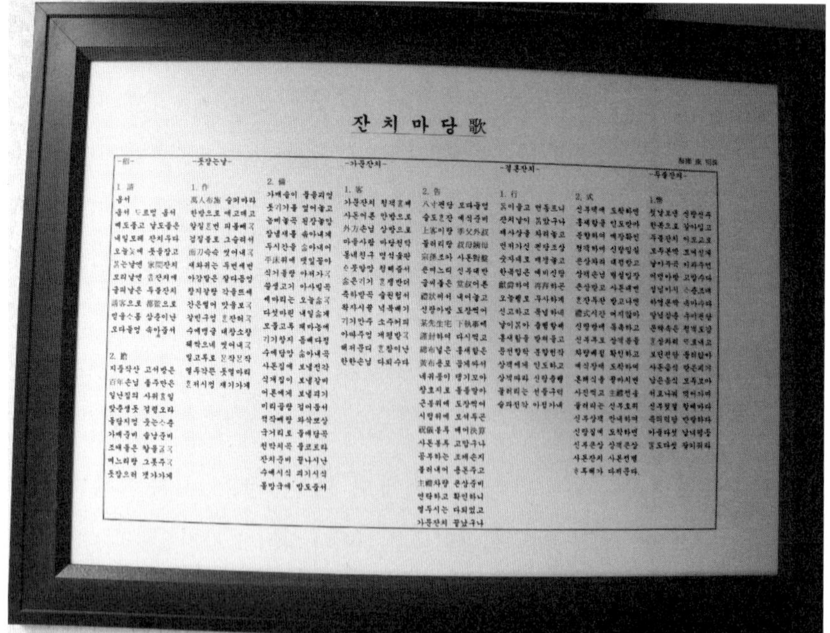

잔치마당 歌

海鄕 康明洙

-招-

1. 請

옵서
옵서 ᄃᆞ르멍 옵서
때도좋고 날도좋은
내일모레 잔치우다
오늘ᄂᆞᆽ에 돗을잡고
ᄇᆞᆰ는날엔 家問잔치
모리날엔 ᄎᆞᆷ잔치에
글피날은 두불잔치
請客으로 都監으로
믿을ᄉᆞ름 삼촌이난
모다들엉 속아줍서

2. 擔

지둥작산 고서방은
百年손님 좋주만은
일난집의 사위ᄒᆞᆯ일
맞춘생돗 걸령오라
돌담지껑 웃는ᄉᆞ춘
가매준비 솥낭준비
조캐들은 칼을ᄀᆞᆯᄀᆞᆨ
며느리랑 그릇주ᄀᆞᆨ
돗잡으로 갯가가게

-돗잡는 날-

1. 作

萬人布施 슬퍼마라
한방으로 애고데고
칼질ᄒᆞᆫ번 피를빼ᄀᆞ
검질불로 그슬려서
面刀슥슥 씻어내ᄀᆞ
새와귀는 두 번세번
아강발은 잘다듬엉
창지갈랑 각을뜨세
간은썰어 맛을보ᄀᆞ
갈빈구엉 ᄒᆞᆫ잔허ᄀᆞ
수에맹글 대창소창
뒈싹으네 씻어내ᄀᆞ
밀고루로 ᄆᆞᆫ작ᄆᆞᆫ작
열두각뜬 돗열마리
ᄒᆞᆫ저시꼉 재기가게

2. 擔

지둥작산 고서방은
百年손님 좋주만은
일난집의 사위ᄒᆞᆯ일
맞춘생돗 걸령오라
돌담지꼉 웃는ᄉᆞ춘
가매준비 솔낭준비
조캐들은 칼을ᄀᆞᆯᄀᆞ
며느리랑 그릇주ᄀᆞ
돗잡으로 갯가가게

-가문잔치-

1. 客

가문잔치 청객ᄒᆞᆯ제
사돈어른 안방으로
外方손님 상방으로
마을사람 마당천막
동네친구 멍석윷판
ᄉᆞ뭇알앙 청해줍서
ᄉᆞᆱ은ᄀᆡ기 ᄒᆞᆫ쟁반더
축하받곡 술권협서
왁자시끌 넉둑배기
ᄀᆡ기안주 소주커피
아따주엉 개평반ᄀᆞᆨ
해저문디 ᄒᆞᆫ참이난
한한손님 다되수다

2. 告

八寸괸당 모다들엉
술도ᄒᆞᆫ잔 예식준비
上客이랑 季外叔
둘러리랑 叔母姨母
宗孫조카 사돈對盤
큰며느리 신부대반
글씨좋은 堂叔어른
禮狀써서 내어놓고
신랑아방 도장찍어
某先生宅 下執事에
謹封하여 다시찍고
線布넣은 홍새함은
黃布용포 곱게싸서
네귀퉁이 댕기꼬아
창호지로 돌돌말아
근봉위에 도장찍어
시렁위에 모셔두곤
祝儀봉투 께어決算
사돈봉투 고맙구나
공부하는 조캐손지
불러내어 용돈주고
主禮차량 큰상준비
연락하고 확인하니
열두시는 다되었고
가문잔치 끝났구나

-결혼잔치-

1. 行

ᄃᆞᆰ이울고 먼동트니
잔치날이 ᄇᆞᆰ았구나
제사상을 차려놓고
먼저가신 귄당조상
숫자대로 배갱놓고
한복입은 예비신랑
獻辭하여 再拜하고
오늘행로 무사하게
신고하고 묵념하네
날이ᄇᆞᆰ아 출행할제
홍새함을 받쳐들고
문전향탁 분향헌작
상객에게 인도하고
상객따라 신랑출행
둘러리는 선물구덕
술과전각 아정가네

2. 式

신부댁에 도착하면
홍새함을 인도받아
분향하여 예장확인
청객하여 신랑입실
큰상차려 대접받고
상객손님 별실입장
큰상받고 사돈대면
ᄒᆞᆫ잔두잔 받고나면
禮式시간 머지않아
신랑방에 독촉하고
신부부모 상객분들
차량배정 확인하고
예식장에 도착하여
혼례식을 끝마치면
사진찍고 主禮전송
둘러리는 신부호위
신부상객 안내하여
신랑집에 도착하면
신부큰상 상객큰상
사돈잔치 사돈전별
ᄒᆞ루해가 다저문다

-두불잔치-

1. 幣

첫날보낸 신랑신부
한복으로 갈아입고
두불잔치 이모고모
모두몬딱 모여신게
낳아주곡 키와주언
어멍아방 고맙수다
성님아시 ᄉᆞ춘조케
하영몬딱 속아수다
알녁삼춘 우이괭당
몬딱속은 청객도감
ᄒᆞᆫ상차려 ᄯᅩ로내고
보딘권당 둘러앉아
사돈음식 받은괴기
남은음식 모두모아
서로나눠 먹어가며
신부첫절 할때마다
축의덕담 만발하다
아들다섯 남녀평등
ᄯᆞᆯ도다섯 잘키워라

결혼 생활상

혼담부터 잔치까지 모든 의례를 다 마치고 나면 혼인 당사자들이 행복한 가정을 꾸리고 화목하게 살아야 하는 의무가 기다린다. 신혼여행의 설렘부터 가정의 구심체로 살아가는 과정을 들여다보겠다.

| 신혼여행의 일상화 |

전통적인 혼례는 가문잔치와 사둔(사돈)잔치로 이어지면서 신부와 신랑집을 번갈아 다녀야 했으므로 굳이 신혼여행의 의미가 없었다고 본다. 그러다가 경제적인 수준이 높아지고 교통수단이 발달하면서 신혼여행이란 신조어가 나타났다.

1960년대까지만 해도 신혼여행이 생소했고, 1970년대에도 제주도내에서 하루 정도 신혼여행을 다닌 정도였다. 1970년대 후반부터 경제적인 여유가 있으면 국내지역을 신혼여행지로 선택했다. 1990년대부터 국외여행이 자유로워지면서 너도나도 국외로 신혼여행을 가는 분위기가 조성되었으며, 2000년 이후 신혼여행은 당연히 국외 지역을 택한다.

신혼여행 경비는 주로 신랑측이 부담하며, 상황에 따라서 신부가 같이 부담하기도 한다. 신혼여행을 갔다 오면 먼저 신부집에 가서 인사하고 하룻밤 자고 나서 다음날 신랑집으로 가서 인사한다. 그런데 이런 의례는 집안과 개인에 따라 다를 수 있으나 처음에는 신부측을 배려하여 먼저 방문하게 했다.

| 신혼부부의 거주 공간 |

제주도에서는 큰아들이 결혼하면 밧거리(바깥채)에 신접살림을 차린다. 간혹 부모가 살던 안거리(안채)를 큰아들에게 물려주고, 부모는 밧거리로 옮기는 경우도 있다. 한 울타리 안에 사는 것이 여의치 않을 때 부모는 다른 집을 구입하거나 빌려서 이사한다. 이는 장자에 대한 의무이고, 부모와 자식의 살림을 정확하게 구분해서 서로 간섭하지 않으려는 독립적인 거주 형태로도 볼 수 있다.

우리나라는 물론 제주도에서도 남성쪽에서 신혼부부가 살 집을 마련해 주는 것이 보편화되었다. 신랑측에서 집을 마련해 주면 신부측에서는 가제도구를 준비한다. 지금도 결혼하게 되면 아들집에서 신혼집을 마련해 준다. 신랑측에서 집을 사 주건, 빌려 주건 형편에 맞게 준비해 주는데 아들이 여러 명일 때는 경제적으로 어려움이 따른다.

2000년대에도 결혼하게 되면 으레 남성측이 집을 마련해 주어야 한다는 생각은 부모나 당자사도 크게 변하지 않았다. 돈과 관련되기 때문에 이 풍속을 개혁하려는 시도는 잘 보이지 않는다.

■ 장한철 생가(애월읍 한담리 소재)

| 아내로 살아가기 |

결혼 후 집안이 평화로우면 며느리가 잘 들어왔다고 말하고, 문제가 많이 발생하고 불행해지면 죄 없는 며느리 탓을 한다. 요즘은 이런 인식이 점점 엷어지고 있을 뿐이고, 아직도 어른들의 의식 속에 굳건히 자리잡혀 있다.

사람에 따라서 며느리 구할 때가 신경을 더 쓴다. 남의 자식을 잘 만나야 집안이 화목하다고 여기므로, 며느리가 잘 들어와야 집안이 유지된다고 믿는다. 며느리에게 가풍을 알려주는 것은 주로 시어머니 담당이다. 그래서 과거에는 며느리 흉을 많이 봤다. '살림 못한다. 농사 못한다. 바느질 못한다.' 등 온갖 것으로 타박하는 시부모가 있었으나 요즘은 이런 풍경을 보기 어렵다. 여성측에서는 시집살이와 고부간의 갈등은 혼인 이후 직면하게 되는 낯선 말들이다. 제주도는 다른 지방과 비교하면 시집살이는 덜한 편이다.

과거에는 며느리의 직장생활이 선택 사항이었으나 지금은 필수라는 의식이 지배적이다. 즉 가정생활을 유지하는데 경제적인 부담이 늘어나면서 남편의 수입만으로 살기 어려워지자 시부모 입장에서 며느리를 구할 때 맞벌이를 원하는 추세이다.

최소한 1990년대 이후 시부모도 며느리의 직장생활을 권한다. 이때 육아는 시부모가 담당해 주려는 의지가 있다. 그래서 출산이 늦어져도 과거처럼 구박하지 않으며, 제사명절에 잘 참석하지 못해도 흉이 안 된다. 며느리가 직장에 다니면 손자는 친가든 외가든 형편에 맞게 돌봐 주려고 한다.

현실적으로 교육비 등 자녀 양육비가 많이 들기 때문에 며느리가 자식을 적게 낳아도 시부모 입장에서는 뭐라 할 말이 없다는 입장이 강한 편이다. 또한 경제적인 현실을 너무나 잘 알기 때문에 부모 욕심만 앞세울 수도 없고, 대신 키워 줄 수도 없어서 자식의 의사를 따르는 부모들이 있다.

며느리의 직장이 필수가 되면서 시부모가 보기에 직장에 다니는 며느리는 당연하고, 전업주부는 무능하게 생각해서 죽도록 집안일을 부려먹으면서 고마움을 표현하지도 않고 당연하게 여겨서 고부간, 동서간에 갈등이 발생한다.

그런데 맞벌이 부부가 늘어나면서 육아부담이 새로운 사회문제로 떠올랐다. 과거에는 친정어머니가 딸의 자식을 돌봐 주었는데, 친정어머니나 시어머니도 직장이 있거나 사회활동을 하게 되면서 전업 육아전담이 어려워지고 있다. 또한 자신의 생활을 접고 손자 양육에 전념하려는 의식도 엷어지고 있다. 더욱이 육아에 따른 육체적 고달픔이 더 크고, 자식들은 부모의 수고로움을 모른 채 당연히 받아야 할 도움으로 인식하면서 부모의 정신적인 고통이 수반된다.

그래서 요즘은 결혼한 자녀의 임신 소식을 들으면 좋아하다가도 출산과 육아의 부담을 생각하면 즐거운 표정을 지을 수 없다고 한다. 이는 저출산시대에 전적으로 개인에게만 의존하는 사회구조가 개선되지 않는 한 출산과 육아의 굴레를 벗어날 수 없음을 알 수 있다. 육아와 양육을 개인적인 부담에서 사회적인 부담으로 전환하는 정책을 추진하고 있으나 개개인의 다양한 욕구를 해소하기에는 현실적으로 역부족이다.

| 며느리이자 딸로 살아가기 |

맞벌이인 경우 여성에게도 경제권이 있기 때문에 친정부모에게 용돈을 드릴 수 있지만 전업주부일 때는 아주 어렵다. 아내들의 불만은 이런 데 있다. 남편의 수입이 시가에는 정기적으로 들어가면서 왜 친정에는 들어갈 수 없느냐는 것이다. 시부모는 자신의 아들이 경제적 수입원이기 때문에 자신들이 경제적 지원을 받는 것은 정당하다고 여긴다. 그런데 같이 사는 아내가 없다면 그 돈을 모을 수 있을까? 그 며느리가 있기 때문에 아들의 가정이 잘 유지되는 것이다.

최근에 결혼하는 부부들은 시가와 친정에 대한 효도를 동일하게 생각하고 행동하려는 경향이 강하다. 예를 들어 기성세대들은 시부모의 용돈과 생활비 부담을 당연하게 여기지만 젊은 세대는 친정과 시가를 균등하게 대접해야 한다면서 경제적 비용을 꼭 같이 지불한다. 결혼할 때 부부가 이런 부분을 협의한다. 물론 이는 경제적으로 여유가 있는 가정에서 가능한 일이다.

혼인에 대한 가치관

| 혼인 유지 유무를 바라보는 시각차 |

우리사회는 이혼에 대한 편견이 지금도 남아 있으며, 제주도라고 해서 예외는 아니다. 아들보다도 딸의 이혼에 대해 적극적으로 반대하던 시기가 있었으나, 사회적 여건이 급격히 변하고, 가정을 유지할 수 있는 조건이 파괴되면서 결혼한 자녀의 이혼에 대한 생각이 불변에서 가변으로 바뀌고 있다.

특히 1997년 우리나라에 불어 닥친 경제위기 이후 평화롭던 가정들이 경제적인 문제로 어긋나고 가족 해체의 단초가 되면서 사람들의 의식에도 변화가 생겼다.

부모세대와 자식세대의 가치관이 다르지만 부모 입장에서는 자식들이 성장하고 결혼한 후에는 가능하면 참고 살라고 하지만 친정부모에 따라서는 딸의 이혼에 관대하다. 즉 사위가 바람을 피우면 이혼해야 한다는 입장이다. 어떤 부모는 사위에게 직접 "나중에라도 바람을 피우려면 조금이라도 젊을 때 해어지라."고 한다. 여성이 나이가 들면 경제력이 없기 때문에 젊을 때 해어져야 자립할 수 있다는 말이다. 과거에는 어머니들이 딸들에게 결혼생활이 아무리 힘들어도 무조건 참고 살라고 했으나 지금은 여성들이 참고 살아야 하는 이유가 명분을 잃고 있다.

만약 딸이 이혼하게 되면 자식 양육 문제가 부각되는데 남성 집안의 자손이니까 자식을 놔두고 와도 좋다는 부모도 있다. 상황이 조금씩 다르기는 하지만 지금 60대나 그 이하의 어머니들은 딸들에게 "악착같이 거기 살아라. 이왕 가시난 그 집 구신이 뒈라.(기왕 갔으니까 그 집안의 귀신이 되어라.)"는 말은 덜하는 편이다.

물론 부모들이 이혼을 반대한다고 해도 자식들이 무조건 참으면서 살지도 않을 것이다. 그래서 과거에는 시집살이라면 며느리였지만 요즘은 시어머니에게 해당되는 추세로 변하고 있다. 시어머니가 며느리의 눈치를 보는 집안도 있다. 또한 여성들이 경제 활동을 하면서 이혼에 대한 두려움이 사라지는 것도 사실이다.

1980년대까지도 부모들은 자식들의 이혼, 특히 딸의 이혼을 부정적으로 생각했는데 이혼의 사유가 다양해지고, 사회의 인식이 달라지면서 무조건적인 결혼생활을 강요하지는 않는다. 그래도 부모의 입장에서는 자식들의 가정에 문제가 발생하면 최대한 해결을 해 주려고 노력한다.

1990년대 이후에는 부모 세대들이 자식 세대들의 이혼, 재혼, 독신 등 한쪽 삶의 형태에 대해서도 관대한 편이다. 여성들도 경제적인 능력이 될 때는 이혼을 결정하기가 쉽지만 그렇지 못할 때는 결정하기가 어렵다고 한다. 젊은 부부들은 이혼할 때 아이 양육은 2차적인 문제로 생각하는 경향이 있다. 첫째는 자신의 문제이지만 그래도 여성들은 가능하면 자신이 자녀를 양육하려고 한다.

세상이 많이 변해서 이혼하는 가정이 늘어나고 있으나 가능하면 부모입장에서는 자식 양육 문제도 있어서 딸에게 참아서 살라는 부모들이 있고, 참지 말고 이혼하라는 부모도 있다. 만약 아들이 이혼하게 되면 며느리에게 자식을 키우라는 시부모도 있다.

요즘은 친정어머니가 딸들에게 딱히 무조건 참으면서 시집살이를 하라고는 안 하지만 자신들은 친정식구들을 생각하면 잘 살아야 된다고 마음먹어서 살아왔다. 이는 겉으로는 딸들에게 자유를 준 것 같지만 속마음은 어머니로서, 며느리로서 제 본분을 다하라는 무언의 압력으로 작용한다.

| 혼인의례 참여의 주체 |

혼담부터 결혼 후 생활까지 제주도 혼인의례를 문화전승자의 이야기를 토대로 해서 살펴보았다.

근현대 제주도의 혼인의례를 보면 일제강점기부터 2000년대까지 절차가 생략된 것은 의미가 퇴색한 경우이고, 그 외는 다른 형태로 대체되거나 간소화되었다. 즉 시대의 흐름에 맞게 변형되면서 고정적인 절차를 지키기보다는 사람 중심의 편리함으로 변용된 점이 있다. 잔치음식이나 신부신랑상에 올리는 음식도 기본적인 것은 변함이 없다. 경사스러운 일을 앞두고 함부로 거역하거나 변화를 주려고 하지 않으며, 금기 사항도 그대로 전승되고 있다. 이는 의례를 수용하고 전승하는데 참여하기는 쉬우나 거부하거나 변용을 시도하려면 풍속에 대한 저항과 거부할 용기가 있어야 함을 알려 준다.

중매부터 혼인까지 절차가 아주 간단해졌다. 의례를 보면 생략하거나 단축해도 흉이 안 되는 것만 하고 결혼식날 행해지는 의례는 생략하지 않는다. 즉 혼담 오고가기, 남성 측에서 택일하고 막편지 가져가기, 결혼식날 조심하기, 홍세함(봉채함), 문전제, 사돈잔치, 우시, 예단 주고받기 등 중요한 부분은 그대로 전승되고 있다. 혼수품과 예단은 커지고, 약혼식은 생략하며 사돈잔치 역시 단축되고 있다.

결혼식날 잔치명절과 문전제는 지금도 전승되고 있다. 잔치 음식 중 지금도 빠지지 않고 신부상에 오르는 것은 '닭 한 마리와 삶은 계란'이다. 1950년대에도 신부상에는 '돼지고기, 닭 한 마리, 삶은 계란'은 공통적이며, 1970년대부터는 시루떡 대신에 케이크가 오르고, 닭 한 마리, 삶은 계란 3~5 개가 올라가는데 이는 지금도 변함이 없다. 예단 주고받기, 절값 등 1950년대든 1960년대든 새롭게 생긴 의례도 지금까지 잘 지켜지고 있다.

결혼식날 신부와 신랑 일행이 나들이를 하는 것도 신랑집에 들어가는 시간이 정해져 있어서 그 시간을 맞추려는 것이다. 결혼식장에서 신부아버지가 신부의 손을 잡고 들어가는 것이 관례인데 요즘은 당사자나 양가가 의논해서 신부와 신랑이 동시 입장하는 풍속도 있다. 이런 것은 의례와 의식의 변화라 할 수 있다. 지금도 아버지들은 딸의 손을 잡고 예식장에 들어가는 것을 의무나 권리라 생각하는데 이를 안 하겠다고 하면 섭섭하게 여긴다. 만약 동시 입장하면 일부 어른들은 친척도 없는 집안이냐며 수군거린다. 그런데 우리나라의 전통 혼례는 신부가 남성의 손에 이끌려 나가는 것은 없고 예식장에서 치르는 서양식 결혼 풍속이 들어와서 퍼진 신풍속이다.

혼인의례를 보면 여성들의 참여가 높을 수밖에 없다. 혼수품을 마련하거나, 음식을 준비하는 등 어머니의 일손이 많이 필요하므로 어머니의 권한이 강한 편이다. 또한 혼담이 있을 때 어머니의 의견이 깊게 개입하는데 어머니(여성)들이 대체적으로 새로운 사람에 대한 경계심이 겉으로 드러나는 것뿐이다. 그래서 며느릿감이나 사윗감을 첫 대면할 때 이것저것 흠집 내기도 하고, 아버지(남성)들은 가슴

속에 묻어두고 잘 표현하지 않는 것뿐이다. 이는 여성과 남성의 가치관이 다른 데서 나타나는 현상으로 볼 수 있다.

혼인의례가 수행되는 장소가 바뀌고 있다. 음식점에서 잔치하기가 허용된 것은 단독주택에서 아파트형 공동주택으로 변화하면서 손님대접이 어렵기 때문이다. 도시에서도 단독주택에 사는 경우 간혹 길가에 천막을 치고 손님을 맞이한다. 농촌에는 빈 터가 있고, 이웃집을 빌리기가 수월해서 집에서 손님 대접하기에 편리한 이점이 있다.

지금도 부모에 따라서 음식점에서 잔치하는 것을 부끄럽게 여긴다. 농촌에서는 동네잔치라 하는데 식당에서 하루에 후다닥 해치워 버리면 마을사람을 대접하지 않으려고 했다면서 흉보기도 하고, 무슨 도둑잔치를 한다면서 나무란다.

따라서 단순히 의식의 변화가 의례 절차에 영향을 미치는 것보다 주거 환경, 거주 범위, 직업에 따라서 그 의례를 제대로 유지할 수 없는 외적 요인에 의해서 절차가 간소화되면서, 이 간소화를 수용하는 의식도 변화되었다고 본다.

제주도 풍속처럼 집에서 잔치를 하던 시절에는 남의 집을 빌려서 하객을 맞이했다. 이때 남의 집을 하루 종일 빌리는 것이 아니고 신랑이나 신부가 상을 받고 나갈 때까지만 빌렸다. 그런데 집을 빌려준 사람에게 조그마한 불행이라도 닥치면 남의 잔치에 집을 빌려주어서 이런 일이 발생했다며 원망한다.

혼인의례에서 보듯이 가치관의 변화란 자연발생적인 것이 아니라 생활 형태가 변하면서 의식도 같이 변한다는 것을 알 수 있다.

환갑잔치

제주도에서는 환갑잔치도 행해졌다. 1960년대에도 시부모 생신을 챙겨 주기는 했지만, 1970년대에 와서야 생일잔치에 대한 인식이 보편화되었다. 자녀들의 생일도 챙겨 주고, 자녀들이 부모의 생신도 차려주기 시작했다.

1970년대까지는 모든 사람이 환갑잔치를 지내지 않았다. 환갑상이라 해도 생일상으로 차리는 정도였으며, 환갑잔치를 하면 빨리 죽는다며 절을 받지 말아야 한다는 속설이 있다. 지금은 가족끼리 간단히 생일상을 준비하고 부모님께 선물을 드리거나 환갑여행을 보내드린다. 과거보다 오래 살기 때문에 환갑이라 해도 젊어서 본인들이 쑥스러워 하고, 오히려 칠순잔치가 보편화되고 있다.

환갑여행을 가는 경우 아버지와 어머니의 나이가 다르더라도 경제적인 여건 때문에 아버지 환갑에 맞추어서 여행을 간다. 만약 어머니 나이가 위라도 아버지 환갑날을 기준으로 하는데 이는 부모 특히 어머니가 주장한다.

환갑여행이 시도된 것은 경제적으로 윤택해질 때니까 주로 1990년대 이후이다. 이때는 자식이 경제적으로 어려워도 부모님 환갑여행을 보내드리는 것을 최대의 효도라 생각하고, 이 일이 유행처럼 보편화되었다. 부모의 환갑여행 경비는 자식들이 분담하는 집이 많다.

1990년대부터 환갑잔치를 크게 지내지 않고 환갑여행으로 대체하는 추세이며, 칠순잔치를 지낸다. 요즘은 장수하는 추세여서 팔순잔치를 의미있게 치르고 있다.

환갑은 경사스런운 일이나, 이 날을 조심해야 하는 이유도 있다. 운수에 따라서 환갑상을 받지 말라고 하면 생일밥도 먹지 않는 사람이 있다. 또한 부부 중에 한 쪽이 병환 중이면 환갑잔치를 하지 않는다. 홀어머니에 따라 환갑잔치를 지내기를 거절한다. 이는 배우자 없이 혼자 살아남아서 경사스럽게 환갑잔치를 받을 수 없다는 의미이다.

추자도에는 환갑잔치가 없었다.
생활형편이 나아지면서 환갑이나 칠순잔치를 하는데
자식들이 뭍에 나가 있어면 추자도 밖에서 이런 기념식을 치른다.
남편이 환갑잔치를 하지 않고 돌아가시면
그 아내는 환갑잔치를 하지 않는다.

【상장례(喪葬禮)의 전승】

우리 인간은 인간세계에서 살다가 죽게 되면 전혀 다른 세계로 넘어가게 되며, 이때 필연적으로 거쳐야 하는 의례가 기다린다. 인간은 신비의 세계인 자연에서 인간의 세계로 넘어올 때 출산의례를 경험하게 된다. 세상에 태어나면 인간의 영역에서 무사히 성장하고, 그 삶을 영속시켜야 할 의무가 부여된다. 이는 혼인의례를 거치면서 유지하게 된다.

출생이라는 신비의 세계에서 현세로 넘어올 때도 모험심이 필요하지만 인간세계에서 아주 익숙하게 살다가 죽음의 공간으로 건너가야 한다는 사실을 인정하는 것은 더욱 힘들 수 있다. 인간으로서 여러 경험을 하고 활약하다가 또 다른 미지의 세계로 들어가야 하는데 이것이 '죽음'이다. 태어남은 무지한 상태에서 받아들이는 세계이므로 낯설기만 한데 죽음은 이와는 좀 다르다.

아무 것도 모르던 시절부터 모든 것을 알고 애착을 갖게 되었는데 이를 포기하거나 버려야 한다는 것은 사람들이 지키기 어려운 숙제로 여길 수 있다. 그래서 상례장로 넘어가는 과정은 더욱 조심스럽고 경건하게 치러지므로, 이 의례의 변화가 더디다고 생각한다.

죽음은 인간이 치러야 하는 무서운 의례가 아니고 숭고한 의례라고 본다. 죽음이 두려움, 회피, 무서움의 대상이 아니고 언제나 우리와 공존하므로 상장례를 경험하면서 인생무상과 인생이 유한함을 깨닫게 된다.

이 장에서는 일제강점기부터 현재까지 전해 오는 제주도의 상장례 절차와 여성들의 의례 참여 방법 등을 살펴보겠다.

살아있는 자들의 의무

상례는 사람이 운명한 순간부터 장지로 가기 전까지 행해지는 의례이다. 장례는 장지에서 하관한 후 망자와 공식적으로 이별하고, 장례식이 끝난 후 최대한 3년상이 지나고, 완전히 탈상할 때까지 행해지는 의례를 말한다.

사람이 죽으면 우선 초혼 의식이 거행되고, 입관예절이 이루어진다. 입관 후에는 산 자들이 망자를 위한 예를 갖추고, 슬퍼하면서 망자가 이승과 이별할 수 있도록 최선을 다한다. 이러한 내용을 좀더 구체적으로 들여다보겠다.

| 임종 알리기 |

상례는 주자가례의 마지막 제차이고, 제주신화에도 민간에서 행해지는 상장례 절차와 예법이 나온다. 제주도의 상장례에는 유교식 절차가 전승되고 있으며, 종교에 따라 유교식을 배제하고 각자의 종교의례를 따르고 있다. 여기서는 전통적인 방식에 의한 상장례 풍속을 보고자 한다.

[이원사자는 강님에게 저승 가는 길을 가르쳐 준 후에 강님의 적삼을 들어 혼을 불러 주었다. 三魂을 불러주니 강님의 삼혼은 저승의 포도리청 · 호안성을 지나 행기못가에 이르렀으며, 그곳에는 저승과 이승을 가지 못한 영혼들이 들끓었다. 이원사자의 말대로 염려대왕의 행차가 지나가길 기다리며 쉬었다. 다섯 번째 가마를 겨냥해서 세 번이나 흔들어대니 염라대왕의 손목에 수갑이 채워지고, 발엔 차꼬가 끼워지고, 몸에는 밧줄이 감겼다. 염라대왕은 밧줄을 조금 늦추어주면 인정(人情 : 신에게 올리는 재화)을 많이 걸어주겠다고 했으며, 이때 낸 법으로 사람이 죽어서 갈 때는 이 차사가 앞장을 서서 이 밧줄로 결박하여 데려가는 것이다.]

- 현용준(1976 : 120), 인간차사 강님(차사본풀이), 『제주도신화』

신화를 보면 사람이 사망하면 초혼의식을 치르는 절차부터 상뒤꾼의 행렬, 저승 갈 때 바치는 제물의 유래가 나온다.

제주도에서 행해진 고복의식을 보겠다. 사람이 죽으면 집안의 남성 어른이 망자의 하얀 속옷이나 겉옷을 들고 지붕 위에 올라간다. 망자의 성과 나이를 말하고, 망자의 이름을 세 번 부른다. 처음에는 지붕 위에서 의식을 진행하고 난 후 마당에서 망자의 이름을 부르고, 그 다음에는 올레(골목길)로 나가서 부른다. 이 의식을 행할 때는 그해 터진방(운수가 좋은 방향)으로 향해서 그 이름을 불렀다. 고복의식 때 사용했던 옷은 관 위에 덮어 두었다가 같이 매장한다.

오래전부터 사람이 집 밖에서 사망하면 집 안으로 들어올 수 없다고 여겨서 집 주변에 가매장을 했다. 지금은 가매장을 할 수 있는 여건이 안 되므로 집 밖에서 사망하더라도 마치 살아있는 사람이 집에 들어오는 형식을 취한다. 간혹 시신이 마당으로 들어올 수 없을 때는 울담을 넘어서 들어오게도 한다.

시신이 집 마당으로 들어오면 집안 어른이 "아이고, ᄒᆞ저 오라. ᄒᆞ저 오라. 느 밥상 출령 기다렴저. 기다렴저.(아이고, 어서 오라. 어서 오라. 네 밥상 차려서 기다리고 있다. 기다리고 있다.)" 라고 하면서 밥상을 차려 놓고 입담을 한다. 또는 "뭐 헴수과? ᄒᆞ저 들어옵서양.(뭐하고 계신가요? 어서 들어오세요.)" 하면서 집 안으로 불러들인다. 요즘도 사람이 병원에서 사망하면 산소호흡기를 매단 채 집으로 모시는데 이는 죽어서는 집에 들어올 수 없다는 의식이 남아 있기 때문이다.

■ 올레

| 저승으로 가기 위한 준비 |

사람이 죽으면 초혼의식을 마치고 택일하여 입관 절차를 밟는다. 이때 호상옷(수의)를 입는다. 이것이 이승과 이별하고 저승으로 들어가는 첫 단계라 할 수 있다.

주자가례가 전파되어서 유교식 상례가 일상적인 예법으로 굳어졌으며, 이를 확인할 수 있는 자료로 제주신화를 들 수 있다. 신화를 제시한 것은 역사시대에 준수되었던 예법이 신화시대에는 어떻게 받아들였는지 알아보고자 함이다.

[강님은 염라대왕을 모셔오는 사자로 선택이 되자 죽을 맛이었다. 여덟 명의 첩과 놀다가 할 수 없이 본부인을 찾아가서 고민을 말했다.

큰부인은 강님을 저승에 보내려고 여러 가지를 준비했다. 우선 나주 영산의 은옥미를 꺼내어 가루로 만들고 강남에서 가져온 시루에 떡을 만들었다. 첫째 시루는 문전시루, 둘째는 조왕시루, 셋째는 강님이 저승 가며 먹을 시루를 다 찐 후에 목욕재계하고 새 옷을 갈아입었다. 부인은 집 안을 정결하게 하고 일뤠 동안 조왕님께 축원을 드렸다.

강님이 저승을 떠날 차비를 하며 은대야에 세수하고 저승의복을 입었다.

강님이 저승 가는 증거를 확인하니 흰 종이에 검은 글씨여서 부인은 놀라면서 이는 生人의 표시이며 저승으로 염라대왕을 잡으러 가려면 붉은 종이에 흰 글자를 써 달라고 했다. 이때 낸 법으로 사람이 죽어서 銘旌을 쓸 때는 붉은 바탕에 흰 글자를 쓰는 것이다.

강님이 저승 의복을 입고 보니 언제 부인이 다 준비했는지 물어보았다. 부인이 미리 예견해서 옷을 지어 놔뒀다고 했으며 이때부터 사람들은 죽기 전에 수의를 준비하게 되었다.]

- 현용준(1976 : 106~110), 인간차사 강님(차사본풀이),『제주도신화』

위 신화를 보면 강님이 저승차사인 것, 입관할 때 이름 쓰는 예법, 수의 준비 등의 절차가 나와 있다. 물론 이러한 의례는 유교식 절차에 해당되지만 신화에도 등장함을 알 수 있다. 이 신화는 구전되다가 1970년대 기록화 된 것이므로 시간차가 있으나 신화의 특성상 아주 오래 전부터 제주사회에서 공유된 의식일 것이다.

호상옷은 주로 환갑이 넘고 60~70대에 만든다. 호상옷은 죽은 사람이 입는 옷이므로 산 자들이 만들어도 금기사항이 전해 온다. 호상옷은 윤달에 만들면 좋다는 속설이 있다. 윤달은 손이 없이 달이라 해서 윤년이 돌아오면 옷을 잘 만드는 사람을 청해서 만들거나 전문가에게 맡긴다. 호상옷을 만들 때 나쁜 날은 '소, 쥐, 뱀, 범날'이고, '양, 닭, 개날'은 좋으니까 본인의 띠와 겹치지 않으면 된다. 호상옷을 만들 때는 금기 사항이 많지 않지만 주로 매듭짓지 말라고 전해 온다.

제주도에서는 좋은 날을 택해서 호상옷을 만드는데 그날 재단하면 며칠 걸려서 완성해도 상관없다. 처음에는 호상옷을 만드는 품삯은 받지 않고 바늘을 맡긴다.

호상옷을 찾으러 가서 수건 한 장을 산다. 그 수건에 품삯으로 주인 모르게 십만원이든 십오만원이든 잘 싸서 놓고 나온다. 집에 온 다음 돈을 놓은 곳을 알려 준다. 지금은 호상옷을 만들어서 판매하는 곳이 많다.

호상옷감으로 다른 지방에서는 삼베가 주이지만 제주도에서는 명주를 최고로 쳤다. 명주는 비싸서 평소에는 명주옷을 입을 기회가 없으므로 아무리 못살아도 결혼할 때 한 번 호강하고, 죽어서 한 번 호강한다는 말이 있다. 혼례복도 다 명주로 만들지 못하고 대부분 무명으로 만들었다. 이때 장옷은 명주로 만들며, 이 옷을 빌려 입기도 했다.

호상옷은 주로 흰색이며 명주로 만드는데 2000년대에 들어와서 삼베를 선호하지만 가격이 비싼 편이다. 명주로 버선을 만들면 신을 때 미끄러우니까 안감은 삼베로 하고 겉감은 명주로 하는 마을도 있다. 삼베는 명주보다 흙에서 잘 썩기 때문에 선호한다. 과거에는 삼베로 도복을 만들어서 제례복(祭禮服)으로 입다가 호상옷으로 사용하기도 했다.

과거나 현재나 호상옷의 가짓수는 변함이 없다. 남성은 팬티, 중의적삼, 저고리, 두루마기, 도복을 입히고, 버선을 신긴다. 여성도 같다. 젊은 여성이 죽으면 화장을 해 준다. 호상옷을 만들 때 가짓수를 다 갖추지 말고 한두 가지는 빠뜨려야 좋다고 하지만 자잘한 종류가 많아서 다 준비하기도 어렵다고 한다. 주로 손톱과 발톱을 담을 주머니나 얼굴을 싸매는 수건 만들기는 남겨 둔다.

호상옷을 미리 만드는 것은 자신에 대한 준비이며, 자손에 대한 의무로 볼 수 있다. 호상옷은 몇 십년 간 보관하기 때문에 해마다 이를 잘 관리하는데 좀(옷감 벌레) 먹은 것을 사용하면 도둑질하는 자손이 나온다면서 새로 만들어서 입힌다. 이런 의식은 지금도 전승되고 있다.

부모의 호상옷을 만들어 두었는데 자식이 먼저 죽으면 그 호상옷을 입힐 수 있지만 반대로 자식의 호상옷은 부모에게 입힐 수 없다. 이는 지금도 유지되는 풍속이다. 어른들이 이런 생각을 하는 한 부모와 자식간에 호상옷 바꿔 입기는 없을 것이다. 의례의 전승이라면 의식이 행동에 반영되는 것이라 할 수 있다.

| 상주의 예절 |

초혼의식을 마치고 염습한 후 호상옷을 입히고 시간에 맞추어 입관한다. 입관 예절을 알아보겠다. 부모가 돌아가시면 지관이 올 해는 어느 띠는 보면 안 된다고 말하면, 그 띠에 해당되는 자식은 입관할 때나 하관할 때 보면 좋지 않다고 한다. 그런데 이 금기사항을 어기고 입관에 참여하면 그 당사자가 제 명보다 빨리 죽을 수 있다는 속설이 있다. 이는 목숨과 관계있는 금기어이므로 가능하면 이를 잘 지키려고 한다.

그래도 지관이 지적한 띠를 가진 자식이 있을 때는 부모의 입관을 보지 않을 수 없으므로 목수가 관에 못질을 하면서 "무슨 생 있소?" 질문하면, "없다"고 답하면 통과된다. 입관이 끝나면 상주들은 상복을 착용하고 조문객을 맞이한다.

상례와 관련하여 제주신화를 보면 다음과 같다.

[날이 밝자 강님은 부모님께 인사를 드리고 그 사이 어떤 마음인지 물어보았다. 그러고 나서 아버지가 돌아가시면 여섯 마디의 왕대로 喪杖대 마련하여 대 마디마디마다 아버님을 생각하고, 자식을 위하는 마음을 헤아려 옷자락 밑을 풀어놓은 상복을 이어 삼년 공을 갚는다. 어머니가 돌아가시면 동으로 뻗은 머구나무로 상장대를 만들어서 먹먹하게 행각하고 머구나무 가시마다 자주 생각하고, 어머니의 자식에 대한 마음은 감추어 주니 밑을 감친 상복을 입어서 어머니 공을 갚아드리는 것이다. 형제들의 서러운 마음도 헤아려서 형제는 옷 위의 바람이라 열두 달 소기까기 복을 입고, 친척들은 큰일 때만 생각나니 친척이 죽으면 고적(의무적으로 떡을 부조하는 것)을 하는 법이 생겼다.]

- 현용준(1976 : 128), 인간차사 강님(차사본풀이), 『제주도신화』

[자청비와 문도령은 혼인을 하고 하늘 옥황에서는 며느리 칭찬이 자자했다. 어느 날 자청비는 서천꽃밭의 막내딸이 생각났다. 문도령은 저간의 사정을 말하고 "한 여자를 억울하게 박대할 수 없다."며 그녀의 남편이 되어 주기를 청했다. 즉 한 달이면 자청비와 15일, 막내딸과 15일 지내는데 남편이 이상하다고 하면 과거 보

느라고 달라졌다는 거짓말까지 알려주었다.

자청비 말대로 서천꽃밭 막내딸과 신혼생활은 달콤해서 시간 가는 줄을 몰랐다. 기다리다 지친 자청비는 까마귀에게 편지를 보냈다. 그때야 정신이 번쩍 들어서 말 안장을 거꾸로 놓고, 관을 쓴다는 게 행전을 둘러쓰고, 두루마기는 한쪽 어깨에만 걸치고 하늘로 갔다. 그 시간에 자청비는 머리를 풀어 손질하고 있다가 말방울소리가 나자 바쁜 척하며 머리를 짚으로 묶고 문간으로 마중하러 갔다.

"낭군님아, 낭군님아. 모든 차림새가 바쁜 차림새이니 法之法이나 마련하세요."

하니 이때부터 부모가 돌아가시면 정신이 없고 바쁘므로 초상나고 성복하기 전에는 통두건(윗부분을 꿰매지 않음)을 쓰고, 두루마기는 한쪽 어깨에만 걸치는 법을 마련하고, 여자상제는 머리를 풀어 짚으로 묶는 법이 생겼다.]

- 현용준(1976 : 187~188), 자청비(세경본풀이), 『제주도신화』

위 신화를 보면 상복 착용과 상주 예절이 나온다. 입관한 다음에 성복제를 지내고 조문객을 접빈할 때 상주가 지팡이를 짚는 이유, 성복하기 전에 상복을 갖추지 않아야 하는 이유, 형제들의 상복, 친척들의 부조금인 고적의 유래 등을 알 수 있다. 이러한 상례 절차는 지금도 철저히 전승되고 있다.

상가(喪家) 풍경을 좀더 들여다보겠다. 성복제를 지내면서 제상을 마련하면 산 자들이 망인에게 인사를 할 수 있다. 상가에 가면 제상이 놓여 있고 남성 상주들은 지팡이를 들고 있다. 그런데 지팡이를 그냥 놔두고 안 짚기도 한다. 조문객이 들어오면 '아이고, 아이고' 하면서 곡소리를 하지만 이 의식 또한 점점 사라지고 있다. 상례를 철저히 지키던 시절에는 부모상 때 상주들의 곡소리가 끊기면 불효라고 여길 정도였으며, 사람을 빌려서라도 상가에 곡소리가 울려 퍼지게 했다.

부모가 돌아가시면 상주는 베로 상복을 만들어서 입는다. 성복하기 전에는 남성 상주는 반쯤만 바느질한 상태로 통두건을 쓰고 매장이 끝나면 나머지를 꿰매서 완성한다. 먼 친척벌이면 여성은 수건을 쓰고, 남성은 두건을 쓴다. 복친에게도 삼베치마를 주었는데 삼베 가격이 비싸지자 1980년대 후반부터 광목과 옥양목으로 바뀌었다.

지금까지도 상주복은 삼베인데, 종교에 따라서 옥양목으로 만들어 입는다. 여성 상주는 검은 한복을 입지만 남성 상주는 검은색 양복에 리본과 완장을 두르기도 한다.

상복 입기를 보더라도 전통을 지키는 것은 여성들이다. 1990년 이후에 장례 절차가 간소화되면서 상복에도 변화가 있으나 유교적인 방식을 따를 때는 거의 변화가 없다. 즉 호상옷의 가짓수와 호상옷 입히기나 매장 순서는 예나 이제나 변함이 없다.

과거에는 마을사람이 상을 당하면 모두 슬퍼하면서 마을 여성들이 공동으로 상가(喪家)에서 밤을 새우면서 상복을 만들어 주었다. 상가는 물론 그 마을 전체가 상례에 동참했다고 볼 수 있다. 그러다가 전문적인 장례식장과 장의사에 의존하게 되면서 마을사람들 간의 공동 협력은 엷어지고 있다.

상주는 상복을 입는데 이때 남성은 두건을 쓰고, 여성은 머리에 머리창(애도용 리본의 의미)을 맨다. 과거에는 머리창 착용이 필수였으나 지금은 장례 기간에만 하고 탈상 때 같이 태우거나 처음부터 착용하지 않는 상주도 있다. 일설에는 부모상을 당하면 슬퍼서 머리창을 매고 눈물을 닦을 수 있을 정도로 크게 만들었다.

젊은 사람들은 머리창을 잘하지 않고, 대개 50대 이상 여성들이 하는데 종교에 따라서 다르다. 여성 상주는 머리창을 머리에 꽂음으로써 "부모가 돌아가셔서 나는 죄인이다." 하며 상주임을 표시하는 것이다.

그런데 탈상하기 전에 양쪽 부모가 돌아가시면 친정부모는 왼쪽에, 시부모는 오른쪽에 꽂기도 하고, 한 달씩 번갈아 가면서 착용하는 집안이 있다. 어느 한쪽 부모가 먼저 사망하고 머리창을 매면 나중에 돌아가신 부모 몫은 표시하지 않는 집안도 있다. 아무튼 부모상을 당하면 여성 상주는 머리창을 착용하는 것이 의무였음을 알 수 있다. 물론 이 머리창을 착용하면 주변사람들이 상주임을 인식하고 큰 기도를 할 때도 동참시키지 않는다.

만약 여성 상주가 머리창을 하고 다니다가 잃어버리면 "어멍 일러먹엇저. 아방 일러먹엇저.(어머니 잃어 버렸다. 아버지 잃어 버렸다.)" 하면서 농담도 한다.

졸곡은 영장날부터 100일까지 해당하는데, 이 기간에 조문하러 다녔다. 상주들은 공식적인 자리는 삼가고, 결혼식에도 조심해서 다녔지만 제사집에 갈 때는 상복을 입고 다녔다. 일부 마을에서는 광복 후에도 상주들이 밭일을 하러 갈 때 상복을 입고 다녔다.

지금도 상례에 따른 금기 속설이 전승되고 있다. 성복하기 전에 세수도 하지 말아야 하고, 밥 먹으면 상주질을 못한다면서 죽만 먹으라고 했다. 요즘은 부모가 돌아가시고 성복하기 전에 죽을 먹는데 배고프니까 편법으로 밥을 먹는다.

장례를 치른 다음에 비가 오면 부자 자손이 난다고 한다. 마을에 초상이 나면 '성복하기 전에 머리도 감지 말고, 빨래도 하지 말아야 한다.' 는 금기어도 전해 온다. 만약 이 금기 사항을 어겼을 경우에는 죽은 사람이 저승에 가서 '아무네 집에서는 빨래하고, 머리 감아서 내 뒤에 따라오려고 차리고 있더라.' 라고 보고하게 되면 그 사람이 제 수명을 다하지 못하고 빨리 죽는다는 말이 있다.

추자도에서는 머리창을 댕기라고 부른다. 댕기는 딸과 며느리 등 여성들이 머리에 꽂는 것이다. 부모가 돌아가시면 입관 후에 상복을 입으면 이 댕기를 머리에 핀으로 꽂았는데 요즘은 머리카락에 묶기도 한다. 어머니가 돌아가시면 오른쪽에, 아버지가 돌아가시면 왼쪽에 꽂았다. 아버지상일 때는 댕기를 펄렁펄렁 날리게 달고, 어머니상일 때는 리본처럼 접어서 꽂는다. 요즘은 장지에서 당일에 탈상을 하므로 댕기도 같이 태운다.

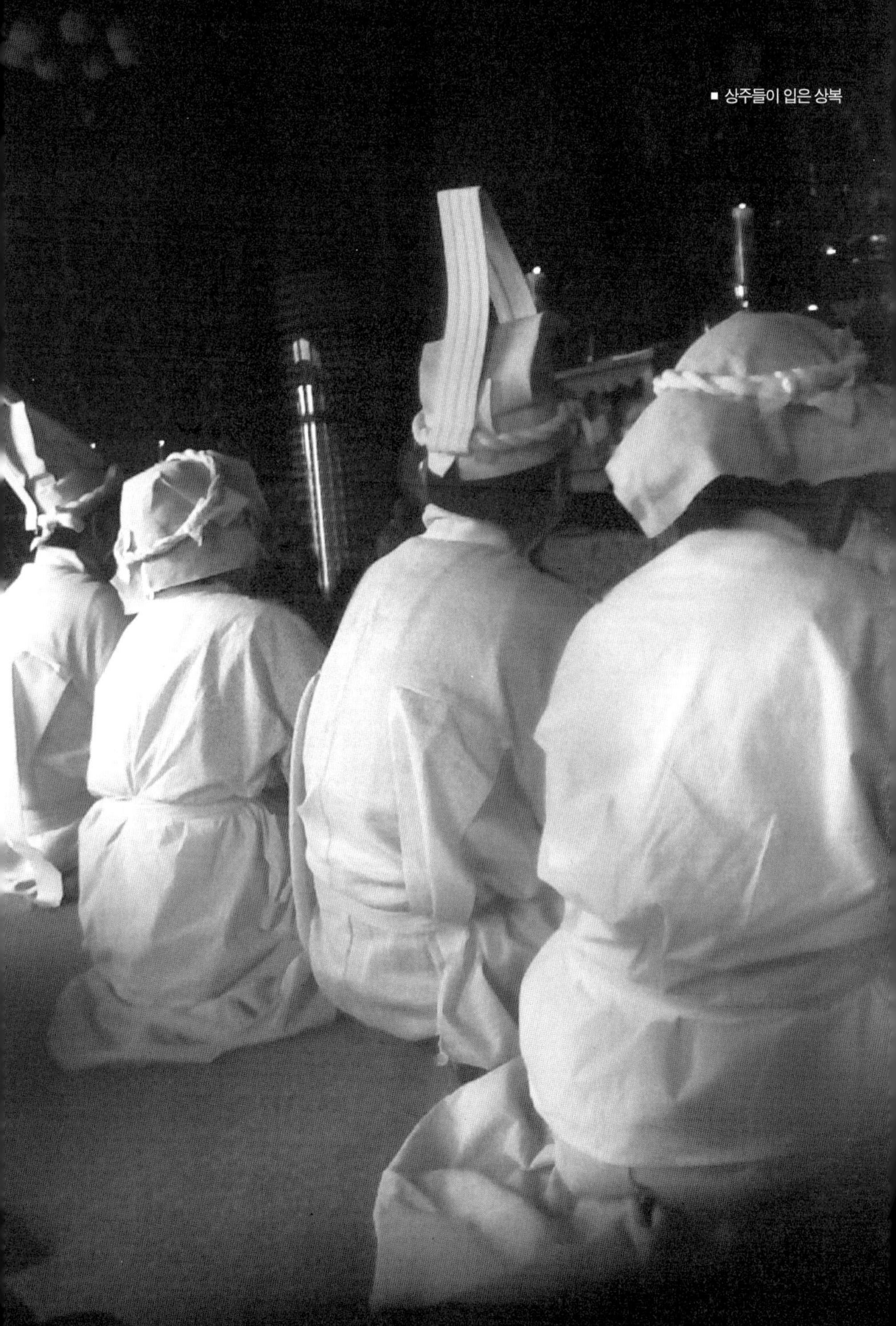
■ 상주들이 입은 상복

■ 머리창

| 영장제물 |

문화전승자들의 경험에 비추어 보면 영장제물은 최소한 일제강점기부터 지금까지 거의 변하지 않고 전승되고 있다. 영장제물은 제사제물과 유사하다.

먼저 일제강점기 때에 준비했던 영장제물을 보겠다. 이 당시에는 주로 침떡(시루떡)과 물떡[6]을 준비했다. 한 집에서 상웨떡(보리떡)도 10~20개 정도씩 만들어 갔는데 이를 고적이라 한다.

메밀은 돌ㅋ레(맷돌)로 갈아서 빙떡을 만들었다. 소상 때는 부주(부조)로 빙떡을 만들어 갔다. 제사 때는 각자 형편에 맞게 빙떡을 준비했다.

영장제물로 만들었던 우주시(우찡)는 동그랗게 생겼는데 산디(밭벼)쌀로 만든다. 산디쌀을 반죽해서 납작하게 만든 다음 종지로 뜬다. 그런 다음 삶아낸다. 이 떡은 영장이나 대소상 때 중요한 제물이었다. 대소상 때는 중괴와 약괴도 만들었다. 중괴는 흐린 좁쌀로 길게 만들었다. 약괴는 좁쌀이나 쌀로 네모 모양으로 만들었다.

초상 때는 조문객에게 밥을 대접하지 않았다. 딸 상주가 떡을 한 가지씩 만들어서 쟁반에 그 떡과 돼지고기 석 점을 담아서 준다. 아주 잘 사는 집에서는 이렇게 대접했다.

---

6 물떡은 메밀가루로 만든다. 메밀가루를 잘 반죽하여 반달모양으로 빚은 다음 그 속에 팥소나 무채를 넣어서 끓는 물에 삶아 낸다.

영장날 상뒤꾼(상두꾼)들은 일찍 아침을 먹고 상여를 멘다. 보리밥을 먹던 시절에는 소화가 잘되어서 빨리 배가 고팠다. 상여를 메고 걸어가다가 시간을 봐서 중석을 먹었다. 이때 주로 떡을 주었다. 1970년대까지는 떡을 먹고, 1980년대 이후에는 밥을 먹었다. 그러다가 지금은 영구차로 이동하므로 이런 절차들이 생략되었다.

장지에 가서 하관을 하고 흙을 덮은 다음에 중석으로 떡을 주었다. 이는 봉분을 반 정도 만든 상태에서 먹는 간식에 해당된다. 중석으로 돌레떡을 주는데 술과 적갈을 주기도 했다.

장지에 가면 피력으로 '아들 상주 몫, 딸 상주 몫'이라 하면서 떡반을 나누어 주었다. 그래서 두건을 준 것은 떡을 받아오는 도구로 사용하도록 했다는 추측도 있다. 과거에는 두건에 직선으로 바느질한 것이 밖으로 드러났는데, 지금은 바늘땀이 안쪽으로 들어가게 만든다.

■ 빙떡

■ 무덤에 잔디 입히기

| 초상 참석자들 |

일제강점기 때 상장례를 보면, 사람이 죽으면 토롱을 한 후 명전을 하고 집에 와서 조문객을 맞이한다. 초혼의식 때 사용했던 옷은 집에 가져 와서 모셔두고 아침저녁으로 상식을 한다. 상주 입장에서는 음식이 준비되면 조문객을 대접하고, 없으면 대접하지 않아도 흉이 되지 않았다. 예전에는 교통이 발달하지 않아서 조문하는 데 시간이 걸렸다. 그래서 오랫동안 음식을 준비하고 손님을 기다릴 수 없었다. 요즘처럼 3일장이니, 5일장이니 하는 공식이 없었다.

그러다가 장례 일정이 정해지면서 주로 3일장이나 5일장을 택일하는 집안이 많아졌다. 상주가 많으면 5일장으로 택일해 준다. 그래도 장례 전날을 일포라 해서 이 날 주로 조문객이 문상을 한다.

제주도에서도 지역에 따라 장례식 경비를 부담하는 방법에 차이가 있다. 상례 기간에는 주로 조문객에게 밥이나 국수를 대접한다. 그런데 발인날 아침은 큰딸, 장지에서 점심은 둘째딸, 피력(하관 후에 먹는 음식)은 셋째딸이 부담하고, 자녀들의 경제 사정에 따라서 장례비용 담당에 가감이 있다. 지금은 장례 경비를 공동으로 부담하는 추세이다. 공동 부조로 장례비용 일체를 처리하고 부족한 부분만 자식들이 분담하는데 만약 결혼한 딸이 경제적으로 어려우면 부담하지 않아도 된다.

사돈댁에 초상이 나면 입관하는 날 팥죽을 쑤어간다. 보통 한 허벅 정도 쒀 간다. 관을 짜고 입관하는 날 이 팥죽을 먹었다. 팥죽은 악귀를 물리치는 부적의 의미도 있어서 사돈댁 상주와 친척들을 대접했다. 상주들은 성복하기 전에 음식을 준비하여 먹을 경황이 없으므로 이 팥죽으로 요기했다. 팥죽을 쒀 가는 의례는 지금도 남아 있으며, 사람들이 팥죽을 잘 먹지 않을 경우 다른 먹거리로 대체하여 준비해 준다.

추자도의 상장례 절차를 보면 보통 3일장을 하며, 일포라는 말은 없다.
초상이 나면 바로 마을사람들이 찾아온다.
부조는 영장날 상에 놓는다.
마을사람들이 상가에 가서 상주와 같이 밤을 세워 주고,
윷놀이를 하고 음식을 나눠 먹는다.

발인날 아침 제상을 차리고 제를 지낸다. 친척들이 장지까지 동행한다. 상여가 출상하는 시간이 정해져 있다. 관은 집 안에서 현관으로 나간다. 관이 나가면 마루에서 바가지를 깬다. 기름칠한 바가지를 잘 닦아 두었다가 관에 세 번 탁탁 친다. 바가지가 부셔지면 쓸어 담는다. 친구와 친척들이 상여꾼이다.

출상하기 전에 마당에서 영정을 놓고 제를 지낸다. 이때 어른이 메를 들고 상여 앞을 몇 번 왔다갔다 한다. 좀 쉬었다가 술을 가져가서 관 위에 뿌린다.

여성들은 마을 어른들과 같이 설배를 맨다. 영정은 사위나 손자가 들고 며느리

는 들지 않는다. 영정은 상여 맨 앞에 선다. 추자도에서는 장지까지 차로 간 다음 차가 들어가기 어려운 길은 상여를 메고 걸어간다.

추자도에서는 부모상을 당하면 장례비용은 아들이 전적으로 부담하고 딸은 형편에 따라 부담한다.

| 장례식장의 변화 |

지금도 대부분의 어른들은 병원에서 장례 치르는 것을 싫어한다. 관이 냉동실에 보관되기 때문에 너무 춥다고 생각해서 싫어하는 것이다. 1980년대까지만 해도 당연히 집에서 초상을 치렀는데 1990년대 이후에는 주택구조가 달라지고, 일손이 부족하다는 이유와 삶의 형태가 달라지면서 장례식장을 이용하고 있는 추세이다. 집 안이 번거롭고 뒤처리가 힘들어서 장례식장에서 초상을 치르는데 장소 선택은 여성 상주의 주장이 반영된다. 그런데 노인들은 "절대 나 냉동실에 강 놓지 말고, 절대 병원에 놓지 말라."고 한다.

1990년대부터 장례식도 병원에서 치르는 집이 늘어나고 있다. 또는 입관 후에 관은 병원 영안실에 놔두고 집에서 조문객을 맞이하는 사람도 있다. 전문적인 장례식장에서 초상을 치르는 것은 자식들의 집이 좁아서 큰일을 치를 만한 공간이 없기도 하지만 조문객을 맞이하는데 필요한 일손이 부족하고 음식준비 등 모든 일을 마무리하는데 어려움이 있기 때문이다. 장례식장을 이용하는 풍속은 도시에서 먼저 나타나고, 농촌에서는 선택적이며, 집에서 초상을 치르는 사람도 있다. 2000년대인 지금도 농촌에서는 집에서 초상을 치르는데 집에서 할 여건이 안 되면 임종 시에 병원으로 모셔 간다.

사람에 따라 자신이 죽으면 병원에서 조문객을 받지 말고 집에서 초상을 치러 달라고 하거나 또는 관은 집에 놔두고 음식점에서 손님 대접을 해달라는 요청을 한다. 사람에 따라 겉으로는 자신의 사후에 화장해서 납골당에 안치해 달라고 하지만 속으로는 매장해 주길 바란다.

장례식장은 '집 → 병원 → 전문장례식장'으로 이동하고 있다. 지금도 집에서 장례식을 치르는 것은 농촌에서는 가능하지만 도시에서는 점점 어려워지고 있다. 이는 자녀들이 직장생활을 하고 주거 형태가 아파트로 바뀌면서 남의 집을 빌리기도 어렵고 이웃들의 일손을 빌리기도 어렵기 때문이라 본다. 초상 때는 집에서 3~5일장을 하니까 마을사람이나 친척들이 여유 있게 지낼 수 있는데 전문적인 장례식장에서 초상을 치르면 섭섭하다는 어른들이 있다.

■ 장례식장에 마련된 제상

■ 교회에 마련된 제상

| 윤달 사망 |

윤달에 태어나거나 죽으면 나쁘다는 속설은 없지만, 윤달에 죽으면 죄가 면해진다는 속설은 있다. 즉 아주 복이 좋아야 윤달에 죽는다는 말인데 이는 망자와 자손들을 위로하는 말 같다.

특이한 것은 여름에 사망하면 역시 복이 좋다고 한다. 이는 날이 더우면 시신이 빨리 상하고, 상주들도 고생하게 되므로 이를 위로하기 위해서 생겨난 속설로 여겨진다. 사람이 여름에 죽으면 시신이 땅에서 빨리 썩고, 땅 속이 시원하다고 여긴다. 반면 겨울에는 땅속이 추워서 망자도 불편하다는 위로의 말도 전해 온다.

장례 절차

| 토롱 |

제주도에는 오래전부터 장례 일정을 빨리 정할 수 없을 경우 토롱(土壟)하는 풍속이 있었다. 사람이 죽으면 입관하고 지관이 정해 준 시간에 토롱을 한다. 토롱할 땅은 평평하게 잘 단장되어 있다. 시간에 맞춰 그곳에 가서 가매장을 한다. 비늘하우스 모양처럼 임시 묘지를 만들고, 그 위에 ᄂᆞ람지(이엉과 유사하게 낟가리 위에 덮는 물건)를 덮어둔다. 토롱 후 매장 일정이 빠르면 짚으로 덮고, 매장 날짜가 오래면

느람지 위에 짚을 더 덮는다. 이를 초빈이라 한다.

일제강점기에는 마을에서 토롱 장소를 지정해 두었다. 마을마다 지정된 토롱 장소가 있어서 자신들의 집과 가까운 곳을 공동으로 사용했다. 그래도 주로 상주의 밭에 가서 가매장을 했다.

이 당시 장례 절차를 보면 먼저 토롱을 하고 친척이나 친구들이 오후 3시경에 모여서 조문을 한다. 그 다음날 토롱한 곳에 가서 천막을 치고 시신을 지켰다. 바로 입관하지 못하고 토롱을 한 것은 일제강점기에는 사람이 죽으면 즉시 산터(묘지)를 구하기가 어려웠기 때문이다. 지관을 청해서 명당자리를 선정하는 데 시간이 걸렸다.

일제강점기에는 토롱이 일상화되었고, 1960년대에도 집안에 따라 토롱을 했다. 집안에 중요한 일이 있으면 토롱을 했다. 만약 집안에 혼사가 있어서 택일을 했는데 갑자기 상을 당하면 토롱을 했다가 나중에 정식으로 매장을 했다. 토롱 기간은 3개월까지도 가능했다.

사람이 죽으면 관을 짜는데 여름 상이면 매장할 때 솔잎을 깔고 그 위에 관을 올려 놓는다. 토롱할 때는 매장을 한 후에 솔잎을 덮고 그 위에 느람지(짚으로 엮은 덮개의 일종)로 덮어서 마무리를 했다. 토롱을 한 후 시신이 썩기 시작하므로 그 전에 매장을 하거나 그렇지 못하면 다 썩은 후에 매장을 했다. 이럴 경우 토롱 기간이 길어진다. 요즘처럼 냉동시설이 없을 때 5~6일장을 하게 되면 거의 토롱을 했다.

과거에는 여름철에 장사를 지낼 경우 시신 썩은 물이 관 밖으로 새어나오지 못하게 관 내부 틈새를 초로 메꾸었다. 요즘은 관에 틈이 안 생기게 잘 만드니까 이런 일이 없다.

요즘 조문과 달리 일제강점기에는 토롱을 하면 집에서 조문객을 맞이한다. 날을 정하고 장사를 치른 날 저녁에도 조문객을 맞이할 수 있었다. 상주들이 곡을 하지 않고 손님을 그만 받겠다고 할 때까지 조문이 가능했다.

| 매장 |

제주도의 전통적인 장례 풍속에 매장이 있다. 매장을 당연시 하던 풍속에서 최근에는 화장이나 매장이 선택되고 있으며, 납골묘에 안치하는 풍속으로 변화되고 있다. 화장 풍속은 묘지로 사용할 수 있는 토지가 부족하고, 산소 돌보기에 어려움이 따르면서 급속히 확산되고 있다. 또한 화장 후 납골묘도 거부하고 바다와 들판에 뿌리거나 수목장을 치르는 집안도 있다.

1990년대부터 화장과 납골묘에 대한 대중매체의 홍보가 강해졌다. 좁은 국토에서 해마다 묘지 면적이 넓어져서 사람이 살 공간이 부족하다며 아우성이다. 그래도 매장풍속은 쉽게 바뀔 것 같지 않다. 종교적인 입장도 있지만 우리처럼 혈통을 중요하게 여기며 제사를 통한 조상숭배사상이 있는 한 이 부분은 더디게 변화될 것 같다.

그런데 여기서 한번 고민해 보자. 오래전부터 상장례는 하나의 의례인데 단순히 매장할 공간이 부족하다면서 화장을 권유하는 사회는 문화가 없는 것 같다. 우리나라 사람들이 왜 매장을 선호했는지 잘 관찰한 후에 그래도 화장을 해야 하는 당위성을 문화적으로 설명하고, 그에 따른 의례 예절을 갖추도록 권하는 것이 바람직하다고 본다. 삶과 죽음은 경계의 문제인데 현세의 삶은 소중하고 죽는 순간부터 무의미하다면 인간의 존엄성이 무너질 수도 있다. 죽음도 경건하게 맞이할 권리가 있다.

노인들 중에는 화장을 하면 자신을 두 번 죽인다고 생각하는 경향이 있다. 한 번 죽는 것도 서러운데 화장터에서 불로 태우면 두 번 죽는 것이라며 화장을 싫어한다. 만약 화장을 하더라도 흔적도 없이 뿌리는 것은 섭섭하고, 납골묘라도 만들어 주기를 바라는 사람도 있다.

따라서 영육의 일치와 이승과 저승의 영속성을 지니고 있는 사람들의 정서를 고려하지 않고 단순히 땅이 부족해서 화장을 권장한다면 인간의 삶 자체가 무의미하다고 여길 수 있다.

50대 후반인 사람 중에 아들이 없는 경우 자신의 사후 의례를 수행하려면 딸에게 짐이 된다고 생각하여 화장해서 뿌려 달라고 한다. 그런데 아들 가진 부모는 납골묘에 안치하거나 매장하고 제사해 주길 바란다. 이렇게 사후까지 혈육의 인연을 영속하기 위하여 아들을 힘들게 키우고, 공부도 시켰다고 생각하는 사람들에게는 죽음 이후의 의례에 대한 보상심리가 일정 부분 내재되어 있다고 본다.

전통적인 매장 풍속에 따라 제주도의 무덤 공간을 보면 '개인 소유 밭 → 개인 묘지 → 시설공동 묘지(마을공동 묘지, 읍면공동 묘지 등)/가족공동 묘지 → 납골묘'로 변화하는 중이다.

매장 후에 이묘(천리)하는 풍속이 있다. 집안에 우환이 있거나 가족공동 묘지를 조성할 경우 이묘한다. 산터(묘지)가 나쁘다고 하여 이묘하거나 매장했다가 화장하고 납골묘로 옮기기 위하여 이묘한다. 이 과정을 보면 다음과 같다.

먼저 이묘하기 전에 축문을 읽는다. 새끼줄(왼새끼줄)을 무덤 둘레에 치고, 세 번 무덤 주위를 돌면서 이묘한다는 내용이 적힌 축문을 읽는다. 이묘의 주인공에게는 이묘를 할 것이므로 놀라지 말라는 내용이고, 지신(地神)에게는 이런 사람이 떠나니까 잘 돌봐 달라는 내용이다.

이묘를 한 다음 원래 무덤 자리에 날계란 하나를 놓고 버드나무를 심는다. 계란은 눈이 없어서 앞을 보지 못하므로 영혼이 뒤를 돌아보지 말라는 뜻이다. 버드나무는 귀신을 때리는 나무로 쓰이므로 귀신이 무서워한다고 여겼다.

다음은 추자도의 매장풍속을 살펴보겠다.

추자도에는 마을공동 묘지가 있어서 여기를 사용하거나 개인 땅이 있으면 그

곳을 묘지로 사용한다. 추자도에는 화장터가 없어서 매장을 한다. 다른 지방에서 사망하면 입관한 다음 추자도로 들어와서 매장한다. 완도까지는 차로 운송하고 추자도까지는 개인 배로 운송한다.

추자도에서는 과거부터 3일장을 했다. 매장 후 점심쯤에 집에 가서 마을 어른들을 모시고 식사한다. 일꾼들에게 담배도 사 주고 돈으로 사례를 한다.

■ 가족공동 묘지

| 장지로 가는 길 |

제주도에는 마을마다 상여계가 있어서 장례를 치르는데 필요한 도구들은 빌려서 사용했다. 이 당시에는 친척들과 마을사람들이 공동으로 운구행렬에 동참하고, 매장할 때까지 노동력을 제공했다. 그러다가 전문적인 장의사가 대행하면서 이러한 공동체문화는 사라지고 있다. 여기서는 일제강점기부터 현재까지 전승되는 장례 절차를 살펴보겠다.

발인을 하면 상뒤꾼(상여꾼)들이 운구하여 장지로 출발한다. 이때 집 안에 모셨던 관을 집 밖으로 보내는 예법이 있다.

먼저 망자의 영혼을 보내기 위하여 관이 나가는 절차를 보겠다. 발인을 한 후에 관이 방에서 나갈 때는 현관을 통해서 대문으로 나갔지만 그러지 못할 형편일 때는 창문으로 나간다. 관이 현관을 통해서 반듯하게 나갈 때는 문지방을 밟지 않는다. 다만 망자의 운이 대문으로 나가지 못할 형편일 때는 창문으로 나가기도 하며, 좋은 방향을 보고 울담을 허물어서 나가기도 한다.

상여가 나갈 때 마을마다 의례가 조금씩 다를 수 있다. 일부 마을에서는 상여가 나갈 때 맨 앞에 선 상뒤꾼이 보리나 쌀을 담은 자루를 밟고 지나간다. 이것은 그해 농사가 잘되기를 기원하는 마음이 들어 있다. 일부 마을에서는 여름철에 장사지낼 때 관이 방에 있다 나가면 시신 냄새를 제거하고, 귀신을 쫓기 위해서 화로에 오곡(보리, 팥, 콩, 메밀, 조)을 넣고 태운다. 곡식을 태우는 것은 냄새를 제거한다는 의미가 있으나 풍년을 바라는 주술의례이기도 하다.

관이 나가면 자루에 항아리나 사기그릇을 담아서 방안을 돌면서 와삭와삭 깨고 소금을 뿌렸다가 치운다. 상여가 집을 출발하면 친척 중에 제일 어른이 밥을 올래에 뿌린다. 집을 새로 지으면 초상 치르는 것을 조금 꺼리고 잔치를 먼저 해야 좋다는 속설이 있어서 남의 집을 빌릴 때 이러한 어려움이 있다.

상여를 매고 장지로 가려면 상뒤꾼들이 필요하다.
과거에는 마을사람들이 상뒤꾼으로 참여하였으며,
이들은 상여를 움직이는 상뒷줄을 메고 간다.
보통 상여에 2~3줄로 연결되며 한쪽에 6명씩
양쪽에 12명의 상뒤꾼(남성들)이 담당한다.

여성들이 상여 앞에 서서 설배(운상할 때에 상여에 매어 앞으로 잡아당기게 된 참바)를 메고, 망자의 영혼을 인도하는 역할을 담당했으며 상주 친구와 친척들이 '설베꾼'이다. 다른 지방과 달리 제주도에서는 여성들이 상여 운구에 앞장서서 동참했다.

한 문화전승자의 기억에 의하면 1940년대에 들어와서 여성들이 설배를 매었다고 했다. 그 전에는 여성들은 상복을 입고 장지에 가서 곡을 하는 정도로 동참했다. 나중에는 상여 운구시에 노래도 불러 주었다.

장지로 출발하기 전에 상뒤꾼들에게 아침식사를 대접할 때 '돼지고기 석 점'이 들어간 국을 대접한 마을도 있었다.[7] 장지가 아주 멀리 있을 때는 상여를 메고 가다가 간식으로 떡을 나눠 준다. 장지에 가서 점심때가 되면 점심을 먹고, 하관 시간을 맞춰야 하므로 기다리다가 다시 떡을 나눠 준다.

일제강점기에 일부 마을에서는 장지에서 돌레떡 두 개 정도를 주었다. 장지에서 매장을 하고 점심때가 되면 사람들이 두 줄로 마주 앉는데 광목이나 삼베를 마주 보게 깔아서 그 위에 적당한 간격으로 밥을 떠 놓는다. 사람들은 각자 앉아서 밥을 떠먹는데, 고깃반은 한 고지(꼬치)씩 따로 받아서 먹었다.

장지에서 돼지고기를 한 고지씩 대접하면 아주 잘 차렸다고 했다. 밥 그릇 대신에 천을 사용하다가 나중에는 공동 양푼을 사용했으며, 요즘은 장지에서도 음식점에 주문해서 손님을 대접하기도 한다.

지금은 영구차에 상여를 싣고 가니까 별 문제가 없지만 사람들이 직접 상여를 메고 다닐 때에는 마을 청년들이 상여를 메고 여성들은 앞에서 설배를 메었다. 1990년대에도 마을 청년들을 빌려서 상여를 매고 마을 입구까지 가면 영구차로 이동했다.

---

7 이때 신사라(신서란)로 돼지고기 석 점을 묶어서 국 솥에 넣고 끓이다가 한 사발에 한 묶음씩 건져 놓거나, 국그릇에 미리 이 고기를 놓은 후에 국물을 붓기도 했다. 이는 고기를 받은 사람과 그렇지 못한 사람이 있을 수 있기 때문에 모든 사람에게 골고루 나눠 주기 위한 방법이었다. 장지에서는 개개인의 고깃반을 접시에 놓는 것이 아니라 적고지(적꼬치)에 꽂아서 주던 시절도 있었다.

다음은 이승의 길을 기억하면서 영정이 다니는 길을 살펴보겠다.

장례식날 영구차가 나갈 때 주로 큰며느리나 종손이 망자의 사진을 들고 맨 앞자리에 앉는다. 그리고 장지에서 의례가 다 끝난 후에 집으로 돌아올 때도 갔던 길도 바르게 와야 하며, 그렇지 않으면 귀신이 집에 오는 길을 몰라서 헤맨다고 한다. 즉 상여가 나갈 때 영정을 들고 묘지에 간 다음 장례가 끝나면 영정을 모신 상주는 아침에 갔던 길로 정확하게 되돌아와야 한다.

마을에 따라 상여는 ᄆᆞᆯ방에(연자매)에 보관했다. 주로 1960년까지 ᄆᆞᆯ방에가 있었다. ᄆᆞᆯ방에가 없어지면서 상여를 보관하는 상여집을 만들었다. 특별히 관리자는 없었고 상여계가 있어서 공동으로 관리하고 마을에서 초상이 나면 빌려서 사용했다. 계원이 아닌 경우에는 일정금액을 내고 빌려서 사용했다.

■ 연자매

| 장지에서 이별 |

장지에서 매장이 끝나면 제를 지내기 위해 제상을 차린다. 요즘은 장지에서 초우제부터 삼우제까지 다 지내며, 탈상을 하는 집안도 있다. 이때 상복을 벗어서 태운다. 주로 일년 상을 하는데 백일 탈상을 하는 집안도 있다.

이런 의례 집행 절차는 상주들이 의논해서 결정하는데 어머니가 살아계시면 아버지의 삭제(朔祭)를 지내거나, 일 년 상식도 한다. 삭제는 주로 초하루에 하니까 상식을 하는 집에서는 보름에는 가족들만 간단히 제를 지낸다. 자녀가 여러 명이면 삭제 제물을 순번제로 준비한다.

1990년대 중반부터 소기(小朞)가 야제(夜祭)로 간소화되었으며, 탈상 기간도 빨라지고 있다. 탈상을 하지 않으면 삭제를 해야 하며, 상식도 해야 하는 등 복잡하다. 또한 남의 집을 빌려서 살면 이런 의례를 수행하기가 어렵다. 그래서 상주들은 자신들의 형편에 맞게 탈상하면 소기와 야제를 지내지 않고 일주기에 제사를 모신다. 또한 삭제를 한다고 해도 상식(常食)이 어려운 것은 직장생활을 할 경우 매 식사 시간에 상에 음식을 올려놓을 수가 없기 때문이다.

제주사람들도 매장 풍속에서 화장 풍속으로 의식이 변하고 있다. 또한 의례간소화 경향에 따라서 '3년상-2년상-1년상-백일 탈상-3일 탈상' 등 각자 형편에 맞게 지내고 있다.

| 아기무덤 |

아기들이 질병으로 사망률이 높을 때는 마을마다 아기용 공동묘지가 있기는 했지만 특별히 지정된 장소는 없었다. "애기 안아그네 갈음팟(농경지) 넘어가그네(넘어가서) 묻어 불민 그 애기 난 어멍 다시 애기 못 난덴 허주게." 하고 어른들이 말했다. 그래서 농경지를 넘어가지 않으려고 묘 터를 찾다보면 자연스럽게 아기용 공동묘지가 되었다. 아기를 묻을 때 밥과 과자를 넣어 주기도 했다.

아기무덤은 정해진 곳은 없고, 그 해 터진방(운수가 좋은 방향)으로 가서 묻는데 이때 할머니 속옷을 덮어 준다. 눈을 가리고 뒤를 돌아보지 말라는 뜻이다. 집안에 따라서 다르나 주로 할머니 옷으로 싸 주는데, 기저귀나 아기의 옷을 입혀서 바닥에 묻는다. 삼태기나 아기구덕(요람)에 넣고 간다. 아기를 땅속에 묻은 후에 아기구덕은 그 옆에 돌로 눌러서 놔둔다. 의료혜택을 받지 못하던 시절에는 홍역으로 아기들이 많이 사망했다.

장례 뒤풀이

| 귀양풀이 |

일제강점기부터 귀양풀이 의례가 있었다고 한다. 귀양풀이는 장사를 치른 후에 차사가 망자를 곱게 모셔가고 살아남은 후손들이 무탈하게 살아갈 수 있도록 도와달라는 달라고 청하는 의례이다. 또한 망자가 저승길로 가면 이승을 돌아보지 말라는 요청의 의미도 있다. 말하자면 귀양풀이는 망자의 혼이 집에 남아 있다고 믿어서 그를 잘 달래서 저승으로 보내 줘야 한다고 믿는다. 그래서 남아 있는 가족들도 편안히 지낼 수 있도록 서로를 위로하는 굿이다. 특별한 종교가 없는 한 귀양풀이는 지금도 진행되고 있다. 만약 귀양풀이를 하지 않으면 그 집안이 잘 안 된다는 말이 있다.

귀양풀이는 사람이 죽으면 장사를 지낸 후에 집으로 돌아온 다음 적당한 시간을 정해서 시작한다. 이때 같은 마을에 심방(무당)이 있으면 그를 청하고 없으면 다른 마을에서 청한다.

귀양풀이할 때 망자는 무당의 입을 빌려서 가슴에 맺힌 한도 말하고, 돈이나 옷도 가져가지 못했다고 하면 물건을 태워 준다. 한 문화전승자의 경험에 의하면 친척이 사망하여 매장하였는데 남에게 맡겨둔 소중이(속옷)를 찾아오지 못하고 입관을 해 버렸다. 귀양풀이할 때 그 소중이를 가져가지 못해서 아쉽다고 하니까 태워 주었다고 한다.

귀양풀이와 같은 뜻으로 행해지는 살풀이가 있다. 이는 주로 어린아이를 대상으로 한다. 즉 어린아이가 죽으면 귀양풀이를 하지 않지만 대개 15세가 넘어서 죽으면 성인으로 인정하여 귀양풀이를 해 준다. 이를테면 15세가 되면 '할망 직혼'(삼신할머니의 보호) 아이에서 벗어나는 시기이다. 집안에 따라서 15세 이전에 자식이 사망하면 귀양풀이에 해당되는 살풀이를 한다.

아이를 묻고 와서 살풀이를 하는데 이는 귀신이 다시는 사람 주변에 얼씬거리지 말고 다른 아이를 데려가지 말라는 뜻이다. 그렇지 않으면 다른 아이의 생명에 지장이 있으니까 '살풀이'는 반드시 해 주었다는 집안이 있다.

아기가 죽어도 귀양풀이를 해 주는데 어떤 무당은 이 굿이 아주 중요하고 힘들다고 한다. 죽은 아기 귀양풀이는 꽃분을 풀고 악신을 내쫓는 것이다. 아기는 귀양풀이를 잘 해 주어야 서천 꽃밭에 가고 살아있는 아기들이 편안해 진다고 믿는다.

간혹 자연유산이 되는 경우 이는 악신(구삼승할망)의 장난이라고 생각하고, 사산(死產)해도 귀양풀이를 해 주는 것이 좋다는 견해도 있다.

제주도에서는 대체적으로 15세가 되면 성인 대우를 해 주므로 그 이전에는 어린이용 귀양풀이를 하고 그 이후는 성인용 귀양풀이를 한다. 귀양풀이를 하는 것은 저승사자를 위하는 굿이기도 해서 망자를 저승으로 곱게 데려가 달라는 부탁이다. 귀양풀이할 때 오곡밥을 해서 냄비째 들고 방안을 돌아다니는 의례도 있다.

추자도에서는 장례가 끝나면 저녁에 사제박음 한다면서 굿을 한다.
이때 집에 차례상을 차리고 망자의
좋은 옷 한 벌을 준비해 두었다가 제를 지낸다.

■ 귀양풀이

■ 귀양풀이

| 삭망과 대소상 |

제주신화에 삭망과 대소상을 치르는 예법이 있다.

[큰부인은 남편이 죽자 초하루 · 보름 朔望만 넘겨서 남의 말 듣고 가려 했는데 정의를 생각하여 스물넉 달 대기(大忌)까지 있다가, 이를 넘기고 가려 했는데 첫 제사 넘고 가려했는데 남편이 온 것이다.
큰부인은 강님이 죽자 염습(殮襲), 成服, 日晡祭, 動棺을 해도 섭섭해서 역군을 모아서 상여를 매개 하고 상여소리를 불러도 섭섭했다. 좋은 땅에 감장(勘葬)하고, 初虞, 再虞, 三虞祭를 지내고, 초하루 · 보름 朔望祭를 지내도 섭섭했다. 그래서 小忌 · 大忌를 지내도 섭섭해서 일 년에 한두어 번 잊어버리지 않으려고 三名節, 忌日 제사법을 마련했다.]

- 현용준(1976 : 129/135), 인간차사 강님(차사본풀이), 『제주도신화』

위 신화에서 보듯이 삭망을 하게 된 연유와 대소상을 지내게 된 연유를 알 수 있다. 물론 장례 절차는 유교에서 나온 예법이나 신화에도 내포되어 있는 것으로 봐서 제주사람들의 일생의례 준수 의식을 짐작할 수 있다. 즉 삭망, 소상, 대상, 제사 등의 의례는 일부 절차에서 간소화되면서 핵심은 그대로 전승되고 있다.

제주신화에는 장례 유래가 나오는데 조선시대 제주사람들의 효도 행위로 부모상에 대한 예법을 보여주는 내용[8]을 보면 다음과 같다.

[文邦貴는 태종 6년(1406)에 부친상을 당하자 3년간 묘지를 지키며 가례를 잘 지켰으며, 이 후 제주사람들이 이 풍속을 따랐다. 태종 13년(1413) 6월에 도안무사 윤림이 아뢰어 정표되었다. 후에 예빈판관을 지냈다.]

-*『태종실록』, 『제주충효열지』*

[吳夢悅은 前主簿이며 어려서부터 효성이 지극했다. 부모 사망 후 廬幕을 짓고 3년 간 죽으로 연명하면서 효를 실천했다. 친모 사망 후 庶母 섬기기도 부친의 생존 시와 같이 정성을 다했다. 오몽열의 효행을 목사 閔璣가 추천하여 인조 2년(1624) 5월에 정표되었다.]

-*『인조실록』, 『제주충효열지』*

8 여기에 소개하는 효자의 덕행은 문순덕(2007), 『역사 속에 각인된 제주여성-제주열녀들의 삶』에 정리된 내용을 인용하였다. 각 문헌에 나오는 효행을 필자가 요약한 것으로 출전 문헌을 제시하였다.
일제강점기 이후 상장례는 문화전승자의 경험을 통해서 알 수 있는데 그 이전 시대에는 유교적인 예절이 어떻게 이행되었는지 확인할 방법이 부족하다. 이를 보완하기 위하여 문헌에 소개된 효자들의 덕행을 제시함으로써 조선시대 제주사람들의 상장례 봉행 방법을 추론해 볼 수 있다.
『제주충효열지(濟州忠孝烈誌)』(제주도, 1984)는 제주도의 '효열' 기념시설물과 효열행 사례를 조사하여 전통적인 미풍양속을 전승하고자 하는 교육적 목적으로 발간되었다.(문순덕, 2007 : 32. 참조).
『속수삼강록(續修三綱錄)』은 1904년(광무 8년)부터 1909년(융희 3년)까지 충 · 효 · 열 삼강을 하나의 책으로 엮은 것으로, 여기에는 제주도의 열녀와 효자가 수록되어 있다.

[宋敏安은 宋進建의 아들이며, 효성스런 마음을 타고나서 어버이를 섬기는데 정성을 다했다. 부모喪을 당하자 가례에 어긋남이 없이 치르고, 하루도 어김없이 묘소를 돌보았다. 마을에서 천거하여 완문이 내렸다.]

- 『속수삼강록』, 『제주충효열지』

옛 문헌에는 조선시대 효자의 덕목으로 부모가 돌아가시면 가례(家禮)에 따라 초상을 치른 후 무덤 옆에 여막 짓고 묘지 관리와 삭망 등 3년간 상주의 의무를 다하기 등임을 알 수 있다. 또한 매달 삭망제를 지내고 3년간 상식을 했다.

이와 같은 의례는 시대와 집안에 따라 변형되면서 간소화 되고 있는데, 지금은 소기와 대기를 합해서 사망 후 첫제사에 포함하여 지낸다. 지금도 삭망은 선택사항이다. 이와 같은 의례 수행 의무가 있어서 가문의 대를 잇고 가문을 유지할 '아들낳기'는 우리사회의 필수 덕목이 되었다.

한 문화전승자는 일제강점기 때 부친이 사망하자 장례식을 치른 후 1년간 아침저녁으로 집에서 산소까지 걸어가서 문안인사를 했다. 묘실을 지어서 살 수 없으니까 묘지 근처에 가서 삼년상에 대한 예를 갖춘 것이다.

부모상을 당하면 원칙적으로 삭망과 3년상을 정성들여 봉행했다. 그 과정을 보면 장지에서 하관하고 봉분을 다 만든 후에 초우제를 지내고, 집으로 돌아와서 제우제와 삼우제를 지냈다. 그러다가 이러한 절차가 간소화되면서 장지에서 삼우제까지 한꺼번에 지내 버렸다. 특히 1970년대 후반 '가정의례준칙'이 발표되고 전국민이 이를 준수하도록 적극적으로 홍보하면서 3년상 치르기에도 변화가 생겼다.

1980년대 후반부터 소상은 약식으로 하고 대상은 원칙대로 지내다가 이를 합해서 한 번에 치르거나 야제로 대체되었다. 그래서 소기에 해당되는 첫제사는 규모를 크게 해서 지낸다. 이때 탈상도 겸한다. 3년상을 지낼 때는 소상과 대상에는 부조를 하고 조문했는데, 약식으로 치러지면서 참가 범위가 친척으로 한정되기 시작했다.

요즘은 장지에서 초우제부터 삼우제까지 다 지내며, 탈상을 하는 집안도 있다. 주로 일년상을 하는데 백일 탈상을 하는 집도 있다. 집안마다 탈상하는 시기는 조금씩 다르나 마을에서 한 집이 일찍 탈상을 하면 금방 따라간다.

장례에 따른 예법들이 전통적인 농경시대에는 가능했으나 산업사회로 접어든 이후에는 일상생활과 개인별 생활주기가 달라지면서 절차에도 변형이 나타났다.

■ 야제상

사혼(死婚) 과정

제주도에 남아있는 풍속으로 사혼(죽은혼사)이 있다. 이는 일제강점기에 나타난 풍속으로 성인이 된 아들이 죽으면 양자를 취해서라도 대를 잇기 위하여 사혼을 추진한다.

사혼은 대개 15~19세 이상이 되어서 사망했을 때에 해당되며, 이 나이가 되면 제사지내는 대상이 된다. 이는 최소한 15세가 넘으면 성인으로 인정한 풍속에 기인한다고 본다. 사혼을 하는 이유는 호적과 족보에 흔적을 남기기 위함이며, 양자를 입적하면서까지 영속성을 유지하기 위함이다. 즉 아들을 참 귀신 만들려고 하면 사혼을 시킨다. 딸 부모 입장에서도 처녀귀신으로 남는 것보다는 사혼을 하게 되면 친정 호적에서 정리되고 제사에 대한 부담도 덜 수 있다고 생각했다.

사망신고를 하면 혼인신고를 할 수 없기 때문에 만약 사혼할 의사가 있으면 사망신고를 하지 않고 놔둔다. 젊은 아들이 사망하면 그 부모는 어디 마땅한 처녀가 없을까 고민하다가 혼처가 있다고 하면 중매 절차를 밟는데, 이는 살아있는 사람의 혼인 절차와 같다.

사혼을 하기 위하여 사주를 볼 때 궁합이 맞지 않거나, 사혼을 하면 좋지 않다고 하면 이 의례를 수행하지 않는다. 간혹 동일한 사고로 죽은 사람끼리 사혼을 시키려고 하는데 적합한 배우자를 만나기가 어렵다. 사고면 사고, 익사면 익사인 경우에 해당된다.

만약 사망 직후에 바로 혼담이 성사되면 남성측에서 여성의 장례를 치러 준다. 이미 죽은 상태에서 혼례를 하게 되면 중매를 통해서 허락을 받고, 택일을 해서 결혼식을 한다. 친척들을 불러 모아서 잔치를 한 후에 남성측에서 여성의 무덤도 이묘하고 제사를 지내 준다. 신부의 무덤을 이묘(移墓)하는데 방위가 맞지 않아서 이묘하지 못하기도 한다. 여성측에서는 경제적인 여유가 있으면 제사하는 몫으로 남성측에 밭을 물려 주기도 한다.

사혼식날 신랑측에서 우시가 신랑의 영정을 들고 신부집으로 간다. 신부집에서 두 사람의 사진을 놓고, 곡을 한 후에 신랑집으로 보낸다. 영정을 든 일행이 신랑집에 도착하면 신부방으로 들어간다. 신부방에 병풍을 치고 그 위에 한복을 걸쳐서 마치 두 사람이 입은 것처럼 의례를 행한 후에 한복을 태운다. 결혼식날 입힌 한복은 잘 보관했다가 제삿날에 태운다. 죽은 자의 옷이나 물건을 태우면 그들에게 간다고 믿었다.

신부측에서는 '이불 한 채, 방석 두 개, 베개 두 개, 궤, 제기(祭器)' 등 혼수품을 마련해서 신랑집에 보낸다.

추자도의 사혼 절차 추자도에도 사혼 풍속이 있다. 나이가 어느 정도 들어야 사혼 대상이 된다. 마을에서 사망한 사람이 있을 경우 사혼의사를 알아본다. 산 자와 똑같은 방법으로 진행된다. 이때 친척은 중매할 수 없고 반드시 남이 중매를 해야 한다.

혼주쪽에서 원하는 배우자가 정해지면 택일하여 혼인 날짜를 정한다. 결혼식 날 신부집에서 신랑집으로 혼수품을 보낸다. 이때 이불은 솜을 조금만 넣어서 얇게 만들거나 솜을 넣지 않은 이불을 만든다. 부부가 같이 밸 수 있도록 베개도 길게 만든다.

신랑 한복에 신부 한복(속치마, 버선 등 옷가지 일체)을 준비한다. 집안에 따라 신랑과 신부 모양으로 인형을 크게 만들어서 각자에게 맞는 한복을 입히고, 신부 인형 머리에는 족두리를 씌운다.

잔칫날 아침 신랑집에서 밥그릇에 쌀을 담아서 가마에 넣고 가면 신부집에서는 신부의 사진을 준다. 신랑측에서는 신부의 사진을 모시고 신랑집으로 간다. 이때 이불도 갖고 간다. 그런 다음 산소로 가서 신랑신부 인형과 이불, 옷, 베개 등을 전부 태운다.

신랑 무덤 옆에 신부의 이름 새긴 것을 묻는다. 이때부터 신랑집에서 신부의 제사를 지낸다. 이런 제사는 주로 합제한다.

상장례에 대한 가치관

| 부조로 알 수 있는 공동체의 결집 |

제주도에서는 지금도 경조사 때 겹부조가 일상화되었다. 과거에는 노동력과 곡식으로 부조를 하다가 경제적인 형편이 나아지면서 지금처럼 현금으로 부조품이 바뀌었다. 이를 좀더 자세히 알아보겠다.

제주도에서는 주로 혼례와 상례 때에 행하는 부조가 있다. 일제강점기 때 부조품목을 보면 영장 때는 제물로 물떡 4개가 한 사람 몫이므로 20명분에 해당하는 80개 정도를 만들어서 떡구덕(떡바구니)에 담고 갔다. 제삿집에 갈 때 부조금으로 쌀 한 사발 정도를 주머니에 담아 갔다.

이 당시에는 가까운 친척은 산듸쌀(밭벼) 한 말을 했고, 일반적으로는 보리쌀 두 대를 하고, 돈부조는 하지 않았다. 부조로 쌀을 받으면 그것으로 잔치밥을 지어서 대접하고, 남은 쌀은 보관했다가 다시 다른 집 경조사 때 부조했다. 보리쌀은 ᄀᆞ는대구덕(가는대바구니)에 담아서 간다. 그러면 빈 구덕을 돌려보내지 못하니까 거기에 밥과 떡, 고기를 넣어서 답례했다. 남성들도 특별히 물품으로 부조를 할 경우 잔치 때는 계란이나 닭으로 하고, 초상 때는 창호지, 한지, 양초, 과일 등을 준비해서 의례주관자에게 주었다.

제주도에서 대소사 때 행해지는 부조품목을 보면 의례 협력자로서 자신의 형편에 맞게 준비하여 의례 주관자가 의례를 진행하는데 실질적인 도움을 줄 수 있는 물품을 전달했다. 이것으로 보면 부조금은 일종의 후원금이라 할 수 있다.

제주도에는 특별히 '물부조'가 있었다. 상수도시설이 없던 시절에 식수는 아주 중요했으며, 특히 혼례나 상례와 같은 집안의 큰일 때는 많은 양의 물이 필요했다. 이때 의례 주관자는 음식을 준비하고 큰일을 치르는데 필요한 물을 준비할 수 없다. 식수는 마을에 있는 공동 샘물에 가서 길어 와야 하는데 이 물을 운반하는 것은 여간 어려운 일이 아이다. 그래서 마을의 젊은 여성들은 물허벅(물동이)을 지고 마을에 있는 우물에 가서 3~4회 정도 물을 길어 주었으며 이것이 품앗이에 해당되며, 식수를 부조했다는 뜻으로 '물부조'라는 말이 생겼다.

주로 10대 여성들은 물 긷기를 담당하고, 어머니들은 음식을 만드는데 동참하여 노동력으로 협력했다. 따라서 상장례를 지속하기 위하여 여성들의 절대적인 협조와 지지가 필요하며, 의례를 수행하면서 친척과 마을사람들 간에 공동체의식이 강화되고 문화공유가 가능했다.

상가(영장집) 조문객의 부조 형태를 보면 1950년대까지도 마른 생선을 짚으로 엮어서 사용했다. 생선을 말려서 오랫동안 보관하려고 해도 냉장고가 없던 시절이라 보리항아리에 마른 생선을 묻어두면 변하지 않고 오래 보관할 수 있었다. 이 당시에는 조문객이 상가에 가면 요즘처럼 봉투를 놓는 대신 생선꾸러미를 올렸다. 이때 손님에게 보리밥(보리쌀과 쌀 혼합)과 고깃반(돼지고기 3~4점, 순대 1점)을 대접했다.

마을에 따라서는 일폿날 조문객에게 줄 고깃반이 없어서 좁쌀시루떡(좁쌀 10말 정도의 떡을 만든 마을도 있음)을 넉넉히 만들어서 손님을 대접했다.

제주도에서는 1960년대에 들어와서 부조금을 돈으로 지불하기 시작했다. 초상이나 제사 때 친척들은 마른 생선 두 마리 정도를 하다가 나중에는 돈부조로 전환되었다.

1970년대에도 쌀부조와 돈부조가 병행되었다. 마을에 따라서 조금씩 차이가 있으나 주로 쏠구덕(쌀바구니)에 '쌀, 보리쌀, 좁쌀' 등 개인의 형편에 따라 두 되에서 한 말까지 담고 의례에 참여했다. 그러다가 이런 것들이 번거롭고 쌀이 흔해지면서 쌀 대신 돈으로 부조를 하기 시작하면서 지금까지 내려오고 있다.

제주도에서 겹부조가 전승되는 것은 과거에 물부조나 노동력 제공, 떡을 사 가기, 쌀부조 등의 변형이라 볼 수 있다. 상가에 가게 되면 큰딸이 조반상제(아침상주)면 도와주고, 둘째아들이 상주니까 그를 도와주던 것이 개인 부조로 변하고, 돈부조가 보편화되면서 지금처럼 겹부조 형태로 지속되고 있다.

부조에 대한 답례품도 변하였다. 과거에는 장지에 가면 수건이나 시루떡을 답례품으로 주었다. 잔치 때는 돼지고기를 싸 주었으며, 지금도 싸 주는 집이 있다. 쌀을 부조하면 바구니에 밥을 담아주고, 고깃반을 넣어주고, 국수를 담아주기도 하다가 지금은 생활용품으로 바뀌고 있다.

쌀부조를 하면 밥을 주니까 부조를 받은 쪽에서도 섭섭하지 않았는데 돈부조가 시작되면서 부조만 받고 빈손으로 보내기가 미안해서 자그마한 물건을 주기 시작한 것이 답례품의 시작이라 볼 수 있다. 구덕을 들고 다니던 풍속이 남아 있어서 답례품은 여성들끼리만 주고받는 것 같다. 즉 여성들에게만 답례밥을 주었기 때문에 답례품 역시 여성들끼리 전승되는 의례라 할 수 있다. 답례품의 폐단을 없애려고 계몽을 해도 잘 안 되고 여전히 지속되고 있다. 이는 풍속은 인위적으로 바꾸기가 얼마나 어려운지 잘 보여주는 대목이다.

지금도 제주도에서는 지역에 따라 겹부조 영향이 있어서 안사돈과 밭깥사돈도 각자 부조를 한다. 상가에 가면 조문객은 자신과 친분 정도에 따라 상주별로 부조를 한다. 남성들은 공동 부조함에 넣는데 여성들은 각자 봉투를 주고받는다. 이것도 개별적으로 쌀부조를 했던 관습으로 볼 수 있다.

1970년대 이후 경조사 때 재일교포들이 답례품을 돌리기 시작했다고 볼 수 있다. 고향에서 살던 부모가 돌아가시면 이들은 고향에 와서 친척과 마을사람들에게 미안함과 고마움의 표시로 답례품을 주기 시작하면서 또 하나의 풍속으로 굳어졌다. 이는 오랜만에 고국을 방문해서 고향사람들이 자신들의 빈자리를 대신해 준 것에 대한 고마움을 나름대로 표현한 것이다.

추자도에는 겹부조가 없다. 초상 때도 겹부조는 없다. 잔치 때는 부모에게 부조를 하고 결혼 당사자에게는 부조를 하지 않는다. 이는 제주도와 다른 점이다.

제주도에서는 친소관계에 따라 혼주와 혼인 당사자에게 부조를 한다.

추자도에서 잔치를 할 때는 음식을 대접하니까 답례품이 없고, 다른 지방에서 결혼식을 하고 추자도에 들어오면 부조를 받으니까 답례품을 준다.

| 상장례 전승의 주체 |

근대시기인 일제강점기부터 현대인 2000년대까지 상장례 풍속은 일부의 변형

■ 가는대구덕

을 허용하는 범위 내에서 고정적으로 지속되고 있다. 상장례는 『사례편람』에 따라 전승되었으나 제주도에서는 주로 장례 후 3년상을 마칠 때까지 예법을 준수했다.

사람이 사망하면 '초혼' 의식을 치르고, 택일하여 입관한다. 장례식을 마친 후에 초우제, 재우제, 삼우제를 지내고, 삼제 이후 석 달 후에 졸곡제와 소상, 대상 등을 지낸다. 이 외에도 상주는 묘지를 정성스럽게 관리하였으며, 매년 벌초를 하고 산터가 나쁘다고 하면 천리(이묘)하여 가문의 안녕을 꾀했다. 이러한 제차에 여성들은 협력자로서 역할을 다하였으며 의례 주관자로서 손색이 없으나 남성을 위해 조력자로 남겨졌다.

장례식은 집에서 3~5일 장을 하니까 마을사람이나 친척들이 여유 있게 지낼 수 있는데 이것도 장례식장에서 하면 섭섭하다고 한다. 그래서 고향에 살면 이런 의례를 변화시키기가 어렵다. 적어도 1990년대에 들어와서 외지에서 온 사람들이 결혼식이나 장례식을 특정 장소에서 치르는 것을 보고 관대해진 마을도 있다. 상례 절차 변화를 수용하는 의식이 변한 것은 1990년대 중반 이후라 볼 수 있다.

일반적으로 사람들은 죽음과 관계된 것을 잘못 대하면 자손의 길흉화복이 연결된다고 믿어서 더욱 함부로 하려고 하지 않는다. 그래서 상장례와 제례는 전통 유지에 보수적인 의례이다. 상장례 절차가 일부 간소화되었으나 사람들은 이 의례는 가능하면 함부로 변용하려고 하지 않는다.

【제례(祭禮)의 전승】

제례에는 사당제(祠堂祭), 시제(時祭), 기제(忌祭), 이제(-祭), 묘제(墓祭) 등이 있으며 제주도에서는 사당제와 이제는 시행되지 않는다. 문중에 따라 시제나 묘제를 지내며, 최근에는 친척들이 많이 참석할 수 있도록 제일을 일요일로 조정하는 추세이다. 문중 의례는 가문의 결속과 공동체의식을 맛보게 해 주고, 개인의 정체성 정립에도 영향을 미친다.

이 장에서는 기제(忌祭) 절차와 수행의 지속성과 변용을 살펴보고 의례 협력자로 참여하는 여성들의 역할과 의무도 논의하고자 한다.

제사는 주로 3~4대 조상까지 지낸다. 제례 주관자는 집안의 남성으로 이어진다. 주로 부모가 조상의 제사를 모시다가 자식이 혼인하여 경제적으로 자립하게 되면 제사와 명절을 물려준다.

부모들은 자신들이 대개 70세 정도까지 제사를 지내다가 결혼한 아들에게 물려준다. 이때 부모에 따라 재산이 있어야 떳떳하게 제사 분배를 하는데, 아들의 경제적 여건이 좋지 않으면 80세가 넘어도 부모가 제사를 지내는 집안이 있다. 만약 부모가 제사 모실 여건이 안 되면 부모의 나이와 상관없이 결혼한 아들이 지낸다. 보편적으로 아들이 결혼해서 10년이 넘어야 제사를 물려주는데, 부모와 자식의 형편에 따라 집안마다 다르므로 제사 대물림 기간이 정해져 있는 것은 아니다.

제사를 물려줄 때는 자식들에게 경제적인 부담을 주지 않으려고 지제를 하고 나머지만 물려준다. 제사를 물려줄 때는 가능하면 재산도 주는데 여의치 않을 때는 제기라도 사 준다. 제주도는 마을에 따라서 다르기는 하지만 주로 아들마다 제사와 명절을 공동으로 분배하는 추세이다. 이는 장자에게 많은 짐을 지우지 않으려는 부모들의 배려이다. 이렇게 공동 분배하는 점이 다른 지방과 차이점이다.

선조와 후손의 만남

유교적인 풍속에 따른 효도의 마침은 제사의례까지이다. 제사의례는 조선시대의 법칙으로 이것을 철저히 지켰으며, 일제강점기에도 유지되었다. 제상을 벌이는 것도 남성들의 몫이었으며, 제관이 없으면 남성 친척이 의례를 주관했다.

제사를 지내기 위하여 제물준비, 제기와 제방 관리 등에 여성들이 주도적으로 참여하였다. 의례의 주관자는 남성이나 이를 무사히 추진하는 데 일익을 담당한 것은 여성들이며, 지금도 그 절차가 전승되고 있다.

|제방|

제주도에서 제사를 모시는 공간이 특별하게 지정된 곳은 없으며 집안 형편에 따라서 진설하는 방이 있다. 평상시에는 가족들이 거주하다가 제삿날은 깨끗하게 정리해서 사용한다. 병풍과 젯자리(젯돗;祭席)는 집 안 한쪽 구석에 세워 두거나 천장에 매달아서 보관한다. 대부분의 집에서 제기(祭器)를 보관하는 장소가 정해진 것은 아니고 깊숙한 곳에 잘 보관해 두었다가 제사 3~4일 전에 꺼내서 닦고 정리한다. 집안에 따라서 제기를 고팡(고방)에 있는 궤 속에 보관했다.

제사가 끝나면 양잿물이나 연탄재와 짚을 이용해서 놋그릇을 잘 닦고 손질해서 녹슬지 않게 보관하는 것이 여성의 의무였다. 지금은 나무제기와 사기그릇을 사용하므로 손질과 보관이 편리해졌다.

여성은 부엌에서 돼지고기를 삶고, 떡을 만드는 등 제물을 담당하고, 이 음식을 제방으로 옮기면 남성은 시간에 맞추어서 진설한다. 갱과 메를 만들어서 시간에 맞게 뜨면 상에 올린다. 제가 끝나면 음식을 상에서 내린 후에 여성들이 부엌으로 옮기고 친척들이 음복을 할 수 있게 음식을 준비한다.

남성들은 제방에서 음식을 제기에 담아서 진설하고 제기도 관리했다. 제상 차리기, 적 만들기, 술을 병에 담는 것 등은 남성들의 전문영역이었지만 생활환경이 달라지면서 그 역할이 여성에게 이양되고 있다.

제사음식을 만들 때 제상에 올릴 음식을 담지 않은 상태에서 자손이 먼저 맛봐서는 안 되며, 생리하는 여성은 제사음식을 만들기는 하지만 진설할 때 가져다니지 못한다는 행동 금기가 전한다.

■ 제방과 제상

| 제사음식 |

실제로 제사음식은 집집마다 다른 것이 아니라 제철 재료를 사용하니까 조금씩 달라 보이는 것이다. 예를 들어 제상에 술잔을 세 번 올리면 그에 따라 세 가지 안주가 필요하다. 적도 3가지이고, 탕쉬도 3가지이다. 탕쉬로는 마른 채소 1가지는 필수품이므로 제주도에서는 고사리를 올렸다. 또한 탕쉬는 제사 후 반찬으로 먹으므로 대표적인 채소를 올렸다. 해초, 고사리, 소금에 절인 채소 등 3가지를 준비했다.

제사음식을 보면 마을과 집안에 따라 간단하게 지내는 제사에는 떡을 준비하지 않고 청묵, 돼지고기적, 마른 생선, 계란전, 메밀전을 준비한다. 게영(갱)은 닭고기나 생선으로 만들며, 육기에는 미역이나 무를 넣었다. 탕쉬로는 고사리와 콩나물을 준비했다. 큰상에는 한 접시에 고사리와 콩나물, 메밀보찌(메밀전을 만들어서 길죽하게 자른 후 탕쉬로 사용)를 같이 올렸다. 메는 산듸쌀(밭벼쌀)로 지었다. 갱은 계절에 따라 준비할 수 있는 재료(바닷고기 등)를 사용했다.

일반적으로 제사음식은 항상 돼지고기적, 소고기 산적, 어적 중에 세 가지는 올리고, 고사리와 콩나물은 반드시 올린다. 이 외 채소는 계절 재료를 올린다. 과일은 삼색 과일을 올리는데 밀감은 중요 품목이며, 밀감이 안 날 때는 사과, 배는 기본이다. 메밀묵은 필수 제물인데, 나중에는 메밀묵 대신 두부를 올렸다. 털 있는 복숭아와 비늘이 없는 생선은 제물로 쓸 수 없다.

여기서는 근현대 제사음식의 필수품목인 시루떡, 적류, 전류, 제주 등의 준비 과정을 구체적으로 살펴보겠다.

시리떡(시루떡) 시리떡은 일제강점기에도 대표 제물이었으며, 주로 쏠가루(쌀가루)와 좁쌀가루로 만들었다. 쌀이 귀할 때라 쌀가루로 칭(층)을 놓고 그 다음에 좁쌀가루를 놓는다. 시루떡은 대개 3칭 정도 만들었다. 쌀가루로만 만든 백설기는 상에 올리고 좁쌀가루로 만든 조침떡(좁쌀시루떡)은 의례 참여자와 협조자들이 나누어 먹었다. 제물떡을 만들기 위해서 ᄆᆞᆯ방애(연자매)에 가서 가루를 빻아서 사용했다.

시리떡을 만들 때는 조심하라는 말이 있다. 물도 얼른 부어서는 안 되고 살짝 놓아야 한다. 새각시 모시듯이 조심조심 시루떡을 만들었다. 시루떡이 잘 익지 않으면 익은 부분만 도려내어서 제물로 사용하고, 덜 익은 부분은 다시 쪄서 먹었다.

적갈(적) 적갈(적)은 주로 남성들이 장만했으나 가정 형편에 따라 제관이 직장 관계로 출타하거나 도와줄 친척 남성이 마땅치 않을 경우 여성이 나름대로 준비했다. 일제강점기에도 집안에 따라서 여성들이 적갈을 만들어서 쟁반에 놓고 제방으로 가져가면 남성들은 진설만 했다. 즉 제물은 주로 여성들이 담당했으며, 적갈은 남성들이 만들었다.

일제강점기 때 적갈은 돼지고기적, 생복적(전복적), 문어적 등을 준비했다. 해녀가 있으면 제삿날 물질한 해산물로 적갈을 만들었다. 과거에는 구젱기적(소라적)은 올리지 않았는데 요즘은 적으로 만들어서 제상에 올린다.

이 당시 적갈 준비과정을 보면 다음과 같다. 냉장고가 없고 저장 방법이 마땅치 않을 때 제사음식 중에 적갈용 돼지고기 마련이 어려웠다. 돼지고기를 끈으로 묶어서 간장에 2~3일간 담가두거나 소금간을 해 두었다가 제삿날 물에 담가서 소금기를 뺀 다음 적갈을 만들었다. 이 당시에는 적어도 제물준비는 남성의 의무로 여기던 시절이다. 그래서 여성은 생선(제숙)이나 적갈을 담당하지 않았다.

적갈로 3가지를 준비할 수 있으면 바다에서 나는 고기, 깃 달린 고기(닭, 꿩 등), 털 달린 고기(소고기, 돼지고기 등) 등을 준비한다. 이 중에 대표적인 고기 하나씩을 올린다. 그런데 제사가 많은 집에서는 돼지와 닭을 자주 잡기가 어려워서 조금씩 변화가 있었다.

'적갈'을 만들려면 우선 돼지고기를 삶고 도마에서 적당한 크기로 자른다. 이를 적고지(적꼬치)에 꿰어서 사용했다. 과거에는 제삿날이 다가오면 남성이 대나무를 장만해서 꼬챙이를 만들었다. 그러다가 이것을 쉽게 구입할 수 있게 되고, 돼지고기를 양념하고 프라이팬에서 굽는 등 조리법이 발달하고, 부엌의 구조가 변하면서 여성들도 적갈 만들기에 손쉽게 동참할 수 있었다.

또한 여성들이 음식을 만들고, 여러 도구와 익숙해지면서 적갈을 만드는 것도 자연스러워졌다. 아울러 남성들은 직장생활을 하는 등 적갈을 반드시 만들어야 하는 당위성을 잘 지킬 수도 없게 되었다. 그래서 제사음식은 주로 의례 주관자인 여성이 전적으로 담당하고 있다.

남성들(특히 큰아들)이 적갈을 만들다가 여성으로 옮겨온 것도 도감(혼례와 상례 때 돼지고기 음식을 관장하는 책임자)이 남성에서 여성과 공생하는 시기와 비슷하다고 본다. 1950년대부터 여성들이 적갈을 만든 집안도 있었지만 1980년대로 넘어오면서 여성들의 참여가 보편화되었다고 본다.

제사 음식 중에 구운 생선을 제상에 올릴 때 등쪽이 위로 가게 하거나, 배쪽이 위로 가게 하거나 올리는 방법은 가문마다 다르다.

두부적도 대표적인 제물이다. 일제강점기에 콩을 공출하면서 두부를 만들기가 어렵게 되자 차선책으로 메밀묵을 올렸으며, 나중에는 이것이 제사음식으로 굳어졌다.

호박적을 만들어서 올렸다. 호박을 직사각형 모양으로 반듯하게 자른 후 적고지(적꼬치)에 꿴다. 기름을 바르고 익히면 아주 맛이 있었다. 이 음식은 일제강점기 때부터 사용했다. 제주도에서는 절인 채소는 잘 사용하지 않았다.

■ 적류

■ 계란전

■ 묵적

제사음식 주관자 집안마다, 시대마다 다르기는 해도 제사를 통한 조상숭배를 아주 중요하게 여겨서 제사음식 준비에도 남성과 여성의 역할을 구분했으며, 제사와 성묘를 집안의 중요한 임무로 여겼다.

의례 제물(祭物)을 다 만들어도 제관(남편, 아들 등 남성)이 집에 오지 않으면 "적갈을 만들어사 홀 건디 어떵ᄒᆞ난 안 왐신고?(적을 만들어야 하는데 어찌해서 안 오는가?)"라고 하면서 '적갈'은 남성몫으로 남겨 두었다. 저녁이 되면 제관이 제상을 진설[9]한다. 이

9 제상을 차리는 것을 '상 싱근다'고 말하는 마을이 있다. 제주방언 '싱그다'는 표준어 '심다'는 뜻이다. 즉 제상 위에 제물을 하나하나 나열하는 것을 식물을 땅에 심는다는 것과 비유하여 표현한 말이다.

때 제관이 출타해서 늦을 경우, 집안에 남성이 없을 때에는 어머니가 대강 진설하고 나중에 남성이 잘 마무리한다. 주로 해가 떨어지면 진설한다.

이는 의례 제물 중에서 적갈만들기를 가장 중요하게 여기는 것을 단적으로 나타낸 것이라 볼 수 있다. 아무리 경제적인 어려움이 있어도 적갈과 술은 필수 제물이라는 고정관념이 있는 것으로 봐서 남성들의 제례 참여 의무를 짐작할 수 있다. 물론 집안 형편에 따라서 남성 대신 여성이 적갈을 잘 만들고, 진설(제상 차리기)하기는 하지만 제관이 와서 확인하고 마무리를 해야 차례지내기가 시작된다.

제사음식 준비를 위해서 하루를 희생하는 여성의 시간은 당연하고, 남성들이 적을 만들고 진설하는 시간을 내는 것은 위대한 일로 여겼던 것은 아닌지 의심되기도 한다. 물론 2000년대인 지금도 제관이 반드시 이 일을 해야 한다는 의무감이 남아있는 집안도 있다.

그러나 요즘은 제사음식을 준비할 의례 협조자도 없고, 의례 주관자 역시 음식만들기에 시간을 낼 수 없는 상황이 되고 있다. 집에서 직접 만들던 제사음식을 맞춤형으로 구입하여 지내는 집안이 늘고 있다. 만약 옛 방식을 고집하여 음식 가짓수와 수공품을 요구하면 세대간 갈등이 증폭되고, 제사의례의 부당함이 부각되면서 의례 유지 지속에 방해가 될 수 있다. 따라서 지혜로운 부모들은 제사를 주관하는 자식의 형편을 최대한 배려하여 의례를 지낼 수 있도록 하고, 그 의례를 기억하고 전승하는 것에 의미를 부여하기도 한다.

제주도의 제사의례 음식 준비 공간의 변천 과정을 보면 '정지(부엌), 마당, 뒷마당 → 집 안 부엌, 방앗간, 시장 → 떡집, 의례전문 음식점, 백화점' 등으로 이동하고 있어서 제례음식을 신성시하며 집에서 장만하던 고정관념에 변화가 나타나고 있다.

다음은 추자도의 제사음식을 보겠다.

추자도에서는 시어머니와 며느리가 같이 제사음식을 준비한다. 다른 지방에 사는 자식들은 참석하지 못한다. 추자도 역시 제사음식은 여성들의 몫이다. 제사음식은 고정적인 것은 그대로 준비하지만 요즘은 망자가 평소에 좋아하던 음식을 기억해 내고 올린다.

여성들이 접시에 음식을 담아주면 남성들은 진설만 한다. 적으로는 돼지고기적, 소라적, 문어적도 올리는데 과거에는 비늘이 없는 생선은 올리지 않았다. 홍합도 올린다. 고사리탕쉬, 묵, 두부전 등 집안에 따라 조금씩 다르다. 메밀묵은 만들기 어려워서 다른 음식으로 대체되기도 한다.

제사음식을 만들 때 아이도 울리지 말고, 떠들지 말고, 집 안을 깨끗이 하라고 한다. 음식을 만들다가 손을 베면 비린다(부정탄다)고 해서 다른 사람이 제물을 마저 만든다. 그래서 이 날은 칼질을 조심히 하라는 행동제약이 전해 온다.

| 제사 참석자 |

제주도에서는 지금도 제사 때 제례복(祭禮服)을 착용하는 집안이 있다. 제사의례를 성실하게 수행하려는 효의식이 남아있는 반면 친척집 제사에 참석하는 범위가 점점 축소되고 있다. 주로 8촌~10촌까지는 참석하고 이웃도 '식게 먹으레' 다녔다. 이러한 전통적인 의례 참석자들이 지금은 개인생활의 변화에 따라 선택적으로 참석한다.

먹고살기 어려웠던 시절에는 소위 '곤밥'을 먹기 위하여 친척과 이웃집 제삿날을 손꼽아 기다리고 그 날이 되면 하루 종일 굶어서 제삿밥을 먹었던 기억이 있다. 제주방언 곤밥은 제주도의 역사와 문화, 경제적인 측면을 아우르는 대표적인 의례용어이다. 곤밥은 고운밥이라는 쌀밥을 가리킨다. 적어도 1980년대 초 흰쌀밥이 대중화되기까지 이 밥을 먹을 수 있는 날은 제사와 명절, 잔치 등 중요한 의례 때뿐이었다. 그래서 식겟밥(제삿밥)을 먹고 싶어서, 자식들에게 곤밥을 먹이기 위해서 친척 제사에 반드시 참석하였다.

그러다가 누구나 쌀밥을 먹을 수 있게 되고, 특별한 제사음식을 평상시에도 만들어 먹을 수 있게 되면서 제사집의 위상은 평범해졌다. 또한 늦게 귀가하고 일찍 나가야 하는 학생들과 직장인이 있는 집에서는 제사 참석이 부담으로 다가왔다. 그래서 집안에 따라 제례 참석자와 참석해야 하는 범위를 조정하여 지내게 되었다.

제주방언 '식게 먹다, 잔치 먹다, 멩질 먹다' 등 의례와 같이 쓰이는 '먹다'는 의례 참석을 비유한 것이다. 다른 지방 사람들이 이 말을 가장 낯설어 한다. 이 '먹다'는 특별한 음식을 먹을 수 있다는 어휘이고, 그 의례에 참석해야만 받을 수 있다는 의미가 내포되어 있다고 본다. 이 문장은 지금도 일상적으로 쓰인다. 이것으로 보면 의례와 제주방언은 불가분의 관계이고 언어의 생명력은 의례의 지속 여부와 유관하다고 본다.

제사의례에 조금씩 변화가 있다면 제사에 참석하는 친척의 범위가 점점 줄어드는 것이다. 이는 거주 공간이 다르고 직업이 다양해지고, 친척공동체 의식이 약화되면서 나타나는 변화이다. 제사에 참석할 때 제물로는 제주(祭酒 : 술), 쌀, 떡 등을 갖고 다녔는데 번거롭게 사 다니지 말자고 한 다음부터 참석하는 사람이 급격히 줄어든 집안도 있다. 제주도에서는 아직도 빈손으로 의례에 참석하는 것이 낯선 문화이다.

다음은 추자도와 제주도의 제사의례에 어떤 차이가 있는지 알아보고자 한다.

추자도는 서로 거주하는 거리가 가까우므로 친척들이 제사에 참석하는데 이견(異見)이 없다. 제삿집에 갈 때는 쌀과 소주를 사 갔는데 2000년대 들어와서는 음료수도 사 간다. 외지에 나간 친척들이 생기면서 제사 참석 인원이 점점 줄어들고 있다.

제상을 벌이는 것을 '상 차린다'고 한다. 남성들만 절을 한다. 부모님 첫제사일 때는 딸들도 인사를 하지만 해를 거듭할수록 딸들은 절을 하지 않는다.

바다에서 사망한 사람의 제사는 해가 하늘에 있을 때 매를 떠야 하므로 일찍 매를 준비한다. 일몰이 오후 6시 30분경이면 5시 30분에 매를 준비하고 바로 제를 지낸다. 파제는 다른 제사와 마찬가지로 밤 9시경에 한다.

■ 도복을 입고 제사 지내기

ㅣ조상에게 인사하기ㅣ

제를 지낼 때 조상에게 인사하는 순서가 있다. 제관이 먼저 인사한 다음 자손들이 순서대로 한다. 이때 아들, 손자, 사위, 외손자 순이며 딸과 며느리는 같이 절을 해도 되고 안 해도 된다. 며느리가 딸보다 먼저 절하기도 한다. 부모 제사 때는 대부분 절을 하지만 딸들에게는 굳이 인사하라고 권하지도 않고, 인사하지 않아도 흉이 되지 않는다.

제사 때 여성이 절하는 것은 마을이나 집안에 따라서 조금씩 차이가 있다. 딸은 친정 부모 제삿날 초저녁에 가서 제상에 절을 하면 제를 지낼 때는 안 하기도 한다. 사위가 처부모 제사까지는 보편적으로 참석하는데, 상황에 따라 조부모 제사에도 참석한다. 그 이상 조상 제사 참석은 선택 사항이다. 친정 식구 입장에서는 사위가 부모 제사에 참석하는 것으로도 만족해 한다.

제사 때 여성들이 절을 하지 않는 것은 유교 풍속이며, 제주도도 예외는 아니었다. 제삿날 생리하는 여성은 제사음식을 만들 수 없었고, 부정탔다고 해서 절을 할 수도 없었다. 과거에는 남성들이 의례를 집전하면서 여성(며느리, 딸들)들에게 절을 하라고 하면, 여성들이 절을 할 수 없는 이유를 말할 수 없어서 미적거리다 보니까 자연히 제외되었다는 견해도 있다.

후손의 존재감

살아있는 자손들은 제례를 통해서 선조들과 만남을 지속한다. 어느 정도 시간이 흐르면서 그 의미도 퇴색해지고 단순히 의무만 남을 뿐이다. 그래서 합제란 의례가 나온 것이고, 이 제도는 후손과 선조의 영속성을 유지한다는 명분을 남겨두기 위한 방편으로 보인다.

후손들은 조상의 제사를 모심으로써 일생의례의 종결에 이른다고 볼 수 있다. 제례는 선조와 후손의 가교 역할에 해당된다. 이 의례를 지내면서 문중의식을 확고히 하고, 자신이 혈연공동체의 구성원임을 확인하게 된다.

| 제사 시간 |

조선시대 제주도에서 행해진 효도의 행위를 직접 들을 수 없으므로 문헌[10]을 통해 제례에 대한 자식의 의무를 살펴보겠다.

---

10 조선시대 제사의례를 성실하게 수행한 사례는 문순덕(2007),『역사 속에 각인된 제주여성-제주열녀들의 삶』에 정리되어 있으며, 여기서는 요약된 내용을 인용하였다. 각 문헌에 기록된 내용을 필자가 재구성하였으며, 원문이 수록된 출처를 제시하였다.『속수삼강록』과『제주충효열지』는 앞에서 소개하였다.
『효열록』(고창석 역, 제주교육박물관, 1996) 은 1834년(순조 34)에 총 6권의 필사본으로, 김영락이 한응호의 명을 받고 편찬하였다. 이 책은 제주도 효와 열의 주인공인 효자와 효부, 열녀 등의 행적을 기록하고 있다. 이 문헌은 제주도지정 유형문화재(2009년 8월 21일) 제30호로 지정되었다.
『증보탐라지』(홍순만 외 역, 제주문화원, 2005)는 1953년 담수계 회원들이 이원조 목사의 『탐라지』를 수정증보판으로 만들었다. 이 책은 제주도의 역사, 지리, 환경, 효, 열을 기록한 향토지이다.

[李弼完은 유복자로 어머니를 극진히 모셨고 90세가 되어서 임종했다. 제수(祭需)로는 반드시 꿩과 닭을 썼다. 묘제에 쓸 꿩을 구하려고 하는데 하늘에서 매가 꿩을 무덤 앞에 떨어뜨려서 적을 만들어서 제사를 지냈다. 영조의 장례 때에 흙짐을 지고 90세가 되어서 노인잔치 때에는 부모의 돌아가심을 슬퍼하면서 무덤에 가서 제사를 지냈다. 정조 5년(1781)에 암행어사가 그의 집에 부역을 면제하였다.]

- *『속수삼강록, 효열록, 증보탐라지, 제주충효열지』*

[玄遠祥은 어도리 사람으로 어버이가 병환 중에 똥 맛으로 병세를 판단하고, 상을 당하자 목욕제계하고 삭망을 지냈다. 하루는 제수(祭需)를 구하지 못해서 슬퍼하는데 노루 한 마리가 묘 앞에 넘어지니 이를 잡아 제사를 지냈다. 순조 22년(1822)에 아뢰어 정려되었다.]

- *『속수삼강록, 효열록, 증보탐라지, 제주충효열지』*

두 사례는 예법에 따라 부모상을 경건하게 지낸 후 정성을 다해 제사 지냄을 보여준다. 일제강점기에는 형편이 어려워서 제사음식 등 제사지내기에 어려움이 있었다. 먼저 제사 시간의 변화를 보겠다.

일제강점기에도 자시(11~1시)에 제를 지냈으며 이는 광복 후 최근까지도 지속되고 있는데, 의례 시간이 변경되면서 의례 절차에 예상을 깨뜨리는 변화가 나타났다.

이러한 변화는 의례 주관자와 협력자들이 전통적인 제도를 유지하려고 해도 삶의 형태가 바뀌면서 예법을 고수하기 어려움을 단적으로 보여준다. 이는 의례의 변용을 허용하더라도 전반적으로 제례를 지속시키려는 후손들 간의 협상전략이라 할 수 있다.

요즘처럼 밤 10시 전에 제를 지내는 것을 '당일제사'라 한다. '당일제사'에 대한 인식은 젊은이와 도시에서는 잘 받아들이는데 그렇지 않은 경우에는 옛 방식을 고수한다. 우선 당일제사를 시행하기 위하여 집안의 논의가 절대적으로 필요하다. 나이든 어른들은 당일제사를 못마땅하게 생각하는 경향이 있다. 집안 남성 어른들이 건의하고 협의해서 결정하고, 어머니들은 발언권이 약하다. 즉 아들은 아버지에게 당일제사를 하자고 건의할 수 있지만 어머니들의 의견 반영은 약한 편이다. 마을에서 누군가 먼저 당일제사를 지내기 시작하면 각자 의논한다. 이렇게 의례 시간을 변경하려면 집안 식구들의 협의가 필요하다.

제사의례는 예법에 따르며 전반적으로 아버지의 주장이 반영된다. 3대까지는 제사를 모시고, 4대 이상은 지제(止祭)하면 묘제(산멩질)나 시제로 지낸다.

추자도에서는 맏이에게만 제사를 물려주는 풍속이 강하게 전승되고 있다. 이때 재산도 많이 준다. 아들이 없을 때 양자가 있으면 그가 재사를 한다. 만약 양자도 없으면 결혼한 딸이 제사를 모신다.

■ 묘제(문씨 문중)

| 합제 |

제주도에서 합제(合祭)란 말이 보편화된 것은 1990년대부터이다. 제사를 지내는 시간이 자시(밤 11~1)에서 저녁 9시~10시로 이동한 '당일제사'가 시행되면서 합제를 수용하기 시작했다. 주변에서 합제를 하면 그 변화에 묻어가는 집안들이 있다. 합제를 하면 집안이 좋지 않고, 자손의 도리가 아니라는 집안도 있지만 각자의 형편에 따라서 가족들이 협의하여 합제 지내기를 결정한다.

합제 대상은 주로 증조부 이상이며, 할아버지의 제삿날에 맞추어서 할머니 제삿날이 이동한다. 보통 할아버지 기일에 할머니 제사를 합치는데 간혹 할머니 기일이 먼저인 경우 합제 가능 여부를 의논한다. 할머니 기일이 할아버지 기일보다 앞서 있어도 대개 할아버지의 기일로 옮기는 것으로 결론을 낸다. 자손들은 당연히 남성의 기준점에 대해서 이의를 제기하지 않는다.

부부 제사를 합제하거나, 명절처럼 모든 제사를 하루에 지내기도 한다. 그런데 전통적인 의례를 변화시키려면 모험이 따른다. 그래서 섣불리 합제를 추진하지 못하고 다른 집안의 추이를 살피면서 집안과 마을의 비난이 수그러들고 공감대가 형성되면 이를 강행한다.

가끔 할머니들은 '내가 죽으면 남편의 제삿날에 같이 지내라.'는 말을 한다. 아버지와 어머니 제삿날에도 각각 두 분을 같이 모시기 때문에 합제와 의미가 같다고 생각한다. 그러나 합제를 부정적으로 바라보는 측에서는 엄연히 제삿날이 다

큰데 자손들이 편하자고 하루에 제를 지낼 수는 없다고 주장한다.

주로 부모가 합제를 해서 자식에게 물려준다. 이는 자식의 부담을 덜어주려는 배려이다. 제사의례에 대한 변화는 주로 친척들이 의논해서 결정하지만 남성들에게 주체적인 결정권이 있으며 어머니는 가문의 결정에 따르거나 건의할 수 있는 정도이다. 제사는 남성 가문의 일이기 때문에 큰 결정은 당연히 남성들이 한다. 합제를 하다가 지제하거나, 원칙대로 제사를 모시다가 윗대 조상인 경우 지제한다.

이렇게 보면 전통적인 제례는 크게 변화되지 않고 절차상 간소화가 나타난다. 즉 제를 지내는 시간이 단축되거나 제사 참석 범위가 줄어들고 제사음식이 줄어든 정도이다.

추자도에서는 아내의 기일이 남편의 기일보다 빠르면 합제하지 않는다. 당부모 제사는 잘 합제하지 않는다. 또한 집안에 따라 시제를 지낸다. 시제는 대개 6대조 이상을 모시고 5대조까지는 제사를 지낸다. 요즘은 3대까지 제사하는데 하루에 지내기도 한다.

지제한 기일은 묘제나 시제로 대체된다. 시제는 문중에서 돌아가면서 담당한다. 최근에는 친척들의 종교가 달라서 시제를 지내는 일정과 방법에 대한 갈등이 나타나고 있다.

| 문전제와 조왕제 |

제주도의 제사의례 중에 조왕제와 문전제가 있는데 이는 신화에서 유래했다고 보는 관점이 지배적이다.

[강님이 저승길을 가는데 꼬부랑 할머니가 보여서 그를 따라 갔다. 절대 추월할 수가 없어서 생인이 아님을 알고 쉬면서 점심을 먹게 되었다. 같은 시루떡 점심이라 이상히 여기니 당신은 큰부인집 조왕할멈이라며 부인의 정성이 기특해서 저승길을 인도하는 것이라 했다. 강님에게 가다 보면 일흔여덟 갈림길이 나오고 노인이 앉아 있으니 인사하면 알 수 있다고 일러주었다. 그 노인은 큰부인집 일문전(一門前 : 앞문의 神)으로 강님을 저승길로 인도해 주었다. 이때 나온 법으로 집안에 궂은 일이 생기면 문전과 조왕에게 축원하면 궂은 일이 면해지게 되었다.]

- 현용준(1976 : 112~114), 인간차사 강님(차사본풀이), 『제주도신화』

[문전의 할아버지는 해만국, 할머니는 달만국, 아버지는 남선비, 어머니는 여산부인이며, 一門前은 똑똑하고 영리한 녹디생이다. 노일제대귀일의 딸은 여산부인을 죽이고 일곱 아들도 죽이려고 계략을 세우나 막내 아들의 지혜로 모두 탄로가 났다.

녹디생은 계모에게 간을 드리고 방 밖에서 집게손가락에 침을 발라 창구멍을 하나 뚫어서 방안 동정을 살폈다. 계모의 거짓을 밝혀내고 노일제대귀일 딸의 쉰댓 자(55尺) 머리를 휘감아 내동댕이쳤다.

남선비는 겁결에 올래로 내닫다가 정낭에 목이 걸려 죽어서 柱木之神(정낭을 걸치게 올래 양쪽에 세워 놓은 기둥) · 정살지신(정낭의 신으로 정낭을 정살이라 함)이 되었다. 계모는 벽을 뜯어 구멍으로 변소로 도망쳐서 쉰댓 자 머리로 목매어 죽으니 변소신인 厠道婦人이 되었다. 일곱 형제가 계모에게 달려들어 두 다리를 찢어 드딜팡(변소 용도)으로 쓰고, 대가리는 끊어 돗도고리로 쓰고, 머리털을 끊어서 던지니 바다에 가서 패(해조류의 일종)가 되었다. 입은 바다의 솔치가 되고, 손톱과 발톱은 쇠굼벗 · 돌굼벗이 되고, 배꼽은 굼벵이가 되고, 항문은 대전복 · 소전복이 되고 육신은 빻아서 바람에 날리니 각다귀 · 모기가 되었다.

이만하면 시원하다면서 분풀이를 하고 일곱 형제는 뼈살꽃(뼈 환생) · 살살꽃(살 환생) · 도환생꽃 등 서천꽃밭에 가서 꽃감관인 황세곤간의 허락을 받고 도환생꽃 몇 송이를 얻어서 오동나라 오동고을 주천강 연못으로 갔다. 일곱 형제가 연못물이 마르길 기도하니 삽시간에 잦아들고 바닥에는 친어머니의 뼈가 그대로 있었다.

뼈를 주워 모아 도환생꽃을 위에 놓고 금봉채로 한 번 후리치니 봄잠이라 늦게 잤다며 깨어났다. 일곱 형제는 어머니가 누웠던 자리의 흙을 모아서 시루를 만들었다. 여섯 형제가 돌아가면서 한 번씩 주먹으로 찍으니 여섯 구멍이 터지고 녹디성인은 화를 발칵 내며 발뒤꿈치로 한번 찍으니 가운데 큰 구멍이 생겼다. 그때 낸 법으로 시루구멍이 일곱 개이다.

모두 집으로 돌아와서 어머니는 추운 물속에 있었으니 하루 세 번 불을 쬐면서 조왕할망으로 좌정하게 되었고, 큰형은 東方靑大將軍, 둘째형은 西方白大將軍, 셋째형은 南方赤大將軍, 넷째형은 北方黑大將軍, 다섯째형은 中央黃大將軍, 여섯째형은 뒷문전으로 들어섰다. 녹디생은 일문전이 되었다.

그때 낸 법으로 오늘날도 명절 · 기일제사 때에 문전제를 지내고, 그 제사의 제물을 조금씩 떠서 지붕 위에 올린 후, 다시 조금씩 떠서 어머니이신 조왕(竈王)에 올린다. 또한 측도부인과 조왕은 처첩 관계여서 부엌과 변소는 멀수록 좋으며, 변소의 것은 돌 하나, 나무막대기 하나라도 부엌으로 가져오면 좋지 않다는 뜻이다.」

- 현용준(1976 : 193~210), 남선비(문전본풀이), 『제주도신화』

두 편의 신화에서 알 수 있듯이 문전제와 조왕제는
민간신앙에서 유래되었으며, 제주도의 제사의례에 포함된다.
지금도 집안마다 기제사 때 조왕제와 문전제를 지낸다.
문전상에도 제사음식을 그대로 올린다.
문전제를 지낼 때 갱국을 올리지 않는 집안이 있다.
1990년대 들어와서 문전제를 지내지 않는 집안이 있다.

■ 군부

문전제 문전제는 집안의 문전신을 위한 의례이므로 모든 의례 때 맨 처음 치러진다. 혼례 때 잔치문전제가 있고, 집을 지어서 이사할 때도 문전제를 먼저 지낸다. 또한 가족이 출타하거나 집안에 중요한 일이 있을 때도 간단히 문전제를 지낸다. 여기서는 제사와 명절에 지내는 문전제의 절차를 살펴보겠다.

제삿날 차례를 지내기 전에 문전제를 먼저 지낸다. 이 문전상은 제사상을 차릴 때 별도의 제상에 제물을 진설해 둔다. 그 다음 제상 옆쪽에 놔둔다. 제를 지낼 시간이 되면 제관은 문전상을 들고 마루로 나와서 현관쪽에 놓는다. 그런 다음 간단히 제를 지낸다.

문전상에 있는 제물로 걸명(모든 제물을 조금씩 뜯어 놓는 것)을 만들어서 조왕신이 응감하도록 한다. 문전신은 술을 먹는데 조왕신은 여성이라 술을 먹지 못하므로 숭늉을 사용한다. 이 숭늉에 제물을 조금씩 전부 뜯어놓으면 걸명(잡식)이 된다. 명절이나 제사할 때 문전제를 지낸 후에 걸명을 만들어서 조왕에 갔다 놓은 후에 그곳에 비운다. 문전제를 지낸 후에 조왕제를 지낸다. 조왕에 올렸던 것은 안고팡(고방; 庫房)에 올린다.

■ 문전상

■ 문전제 걸명 만들기

門前祝

維歲次

獻官幼學姓名 宅主

敢照告于

門前之神 伏以今擇吉辰 至誠祈禱

伏惟尊靈 上臨門戶 司禁不祥

保佑慈家 百事大吉 助我壽福

賜我康樂

五穀大稔 家和人樂

安平大吉 消災致祥 永世無極

特加保佑 俾無後艱 謹以醴酌

庶羞祇薦于神 尙

饗

蔬菜豊作

■ 정월 문전제 축문

조왕제 조왕제는 정초에 지내는 경우와 제사 때 조왕을 위해 간단히 지내는 경우가 있다. 제사 때 지내는 조왕제 절차는 다음과 같다.

제사 때 문전제를 지낸 후에 그 자리에서 걸명을 만들거나 제상을 부엌으로 가져가서 걸명을 만든다. 집안에 따라 문전제 후에 걸명을 두 개 만든다. 하나는 조왕신을 위해 싱크대 위에 올려 놓고, 하나는 안칠성을 위해 쌀독 위에 올려 놓는다. 요즘은 현대식 주택이어서 고팡(고방)이 없으므로 쌀통으로 대신하여 그 위에 잠시 올려 놓는다.

조왕제를 지낼 때 걸명은 지붕위에 뿌리는데 만일 닭이나 고양이가 올라가서 먹어 버리면 나쁘다고 여겼다. 그래서 걸명은 아무데나 비우면 좋지 않다고 여기며, 반드시 깨끗한 곳에 놓아야 한다. 조왕에 놨던 걸명은 제사가 끝나면 앞마당이나 뒷마당 깨끗한 곳에 가서 비우는 집안도 있다. 요즘은 현대식 주택이어서 지붕위에 뿌릴 수 없으니까 비닐봉지에 싸서 옆에 놔두기도 한다.

조왕에는 제숙(제상에 올리는 생선류)은 올리지 않고 메(밥), 게영(갱), 탕쉬(콩나물) 등을 올린다. 조왕제는 집안에 따라 선택사항이다. 이 의례는 여성이 제관이다. 제사 때 걸명은 제 지내는 방을 기준으로 하여 서쪽에 놓는다. 제주도에서는 주로 서쪽이 귀신의 방향이라고 생각했다.

집안에 따라서 제삿날 고팡과 부엌에도(조왕) 제를 지낸다. 조왕제는 어머니가 담당하지만 고팡은 제관이 주관한다. 조왕제를 지낼 때 메 세 그릇을 놓고 제를 지내는 시간에 같이 한다. 이 음식은 다른 사람은 주지 않고 식구만 먹는다.

집안에 따라 안칠성을 모신다. 제사 때 제물을 별도로 마련하여 차롱에 제물을 담아두었다가 제를 지낸 후에 의례 주관자인 여성이 고팡에 가서 항아리 위에 제물을 올려 놓는다. 딱히 정해진 시간은 없고 걸명을 올려 놓았다가 바로 내려 놓는다. 조왕제 걸명은 고팡(안할망)에도 올린다.

조왕제는 어머니대에만 하고 자식에게는 물려주지 않기도 하고, 며느리가 그대로 전승하기도 한다. 시어머니가 하던 것을 그대로 물려주면 안 할 수도 없어서 쓸데없이 물려주었다며 불평하는 사람도 있다.

■ 조왕신용 걸명

■ 걸명을 뿌리는 초가지붕

竈王祝

獻官 幼學 ○主

維

歲次

敢昭告于

竈王之神 伏以天開於子 地闢於丑

人生於寅 如有竈王之神 六十甲子

二十八宿十二諸神之中 尊靈爲首

明察人心 善惡禍福 賴我恤我 竈

王之德 保我佑我 竈王之德 使我一家

男女路中得病之厄 縣官非橫之

厄 年月日時 千災萬厄 一時消滅

暗中光明 敗中得病 危中得安

病中得差 轉禍爲福 莫非王德

謹以醴酌 庶羞祗薦于神 尚

饗

■ 정월 조왕제 축문

사갑제와 생신제 집안에 따라 부모의 사망 후에 회갑을 지내는 사갑제를 치른다. 또한 생신제라 하여 자손에 따라서 부모가 환갑 전에 돌아가시면 생일날 가족들이 음식을 준비해서 예를 갖추기도 하고, 산소에 가서 제를 지낸다.

| 떡반(반기) |

경제적으로 어려웠던 시절에는 식겟밥(제삿밥)을 먹는 것이 큰 기쁨이었으나 먹을거리가 풍족해지면서 제사음식의 가치가 상대적으로 낮아졌다. 제사음식을 많이 준비해서 이웃과 나눠 먹는 풍속도 1990년대 이후 사라지고 있다. 이는 제사음식 주고받기를 달갑게 여기지 않는 의식이 생겼기 때문이다. 여기에는 종교적인 영향도 있다.

'떡반'(반기)이란 제사 때 제상에 올린 음식을 골고루 한 접시에 놓는데, 돼지고기 한 점, 사과 한 조각이라도 반드시 나눠 먹었다. 제사음식을 1인용 접시에 조금씩 놓고 제사에 참석한 사람은 노소를 불문하고 골고루 나눠 주었다. 이 떡반은 어머니뱃속에 있는 태아의 몫도 챙겨 주었으며, 제사에 참석하지 못한 사람 몫도 챙겨 주었다. 제사가 끝나면 그날 밤이나 다음날 아침 일찍 떡바구니에 '떡반'을 놓고 마을사람들에게 제사음식을 돌리는데 이를 '떡반 테운다'고 한다.

이처럼 과거에는 마을사람들에게 제사음식을 돌렸는데, 지금은 떡반나누기 풍속이 사라졌다. 이는 우리의 먹거리가 풍부해지면서 고정화된 제사음식이 효력을 상실했다고 볼 수 있다. 또한 사람들의 입맛이 다양하게 변했기 때문에 식구들이 좋아하는 음식이나 제상에 올릴 음식만 준비하는 집안이 많다. 그래서 제사음식이 남게 되니까 제상에 올릴 정도만 만들게 되면서 제사음식 준비의 번거로움이 줄어들고 있다.

과거에는 이웃집에 제사음식을 가져가면 고맙다며 받았는데 시간이 지날수록 남의 음식을 먹기 싫다며 거절하고, 종교가 달라서 거절하는 사람이 있다. 또한 이웃끼리 넘나듦이 사라지면서 음식 돌리기도 점점 쇠퇴하는 풍속이 되었다. 물론 이런 변화는 도시에서 먼저 일어났지만 지금은 농촌에도 원 거주자만 있는 것이 아니고 다양한 사람들이 섞여 살기 때문에 전통적인 풍속을 유지하기 어려워 보인다.

부모 세대들도 이런 변화를 잘 파악하고 있으며, 제사음식을 집에서 만들지 않더라고 제사를 잘 지내려는 정성만 있으면 전문 음식점에서 만든 것을 사다가 해도 좋다는 생각으로 바뀌고 있다. 그래도 60대 이상의 여성들은 다른 노동에 비해 제사 준비는 수월한 일로 여겨서 제사나 명절 등의 의례 수행을 힘들어 하는 젊은 여성들을 나무란다. 그래서 의례 주관자와 협조자 사이에 갈등도 생기고 고부간의 갈등 요인이 되기도 한다. 그 결과 유교적인 의례는 고답적이고 변화해야 될 대상으로 인식하는 세대가 늘어난다.

| 제사의례 때 구전되는 속설 |

제사가 돌아오면 의례 주관자인 여성은 집 안을 깨끗이 청소하고, 아이들을 야단치지도 않고, 집안에서 큰소리가 나지 않게 한다. 이런 의식은 지금도 전승되고 있다.

제를 지내는 시간에 아이를 울리면 조상이 화가 나서 응감하지 못한다고 믿는다. 그래서 어른들은 부모들에게 큰 소리도 내지 말고 조용히 하라고 경고한다. "떡 도고리 밑에 애기가 똥 싸사 그 집 자손이 번성하지, 께끗ᄒ게 허민 자손 귀한다."고 하면서 아이들을 울리지 말라고 했다.

제삿날은 비질도 하지 말라고 해서 지금도 걸레로만 닦는다. 제사가 끝난 다음에 바로 설거지도 하지 말라는 속담이 있다. 이는 귀신이 늦게 도착하면 응감할 수 없기 때문에 그들에 대한 배려이다. 즉 제가 끝나도 제사음식을 다 정리하지 않고 접시에 조금씩 담아서 놔두고, 그릇도 전부 씻지 않고 서너 개는 놔둔다. 이것은 산 자나 죽은 자나 제때에 참석하지 못하는 자들에 대한 예의이고 배려이다. 이는 농사꾼이 이삭을 남겨두는 이치와 같다. 이 금기는 지금도 전승되고 있는데 어머니가 뒷정리하는 자녀들에게 제사음식을 조금씩 남기라고 한다.

가문의 정체성 유지

앞에서 제례 참여를 통해 가문의 결속력이 강화됨을 보았다. 여기서는 명절과 벌초 등 문중의 공식 행사에 참여함으로써 씨족의 정체성 유지에 기여하는 문화를 보고자 한다.

| 명절 참여를 통한 문중 공동체의식 강화 |

일제강점기에는 4대 명절이라 해서 설, 한식, 단오, 추석 등을 지냈는데 광복 이후 집안과 마을에 따라 한식과 단오는 없어지고 지금까지 설과 추석은 대표 명절로 남아 있다. 이 의례를 집행하는데 여성들의 노동력과 협조가 절대적으로 필요하므로 며느리와 어머니는 실질적인 의례 주관자로 참여했으나, 표면적으로는 남성들에게 밀려서 의례 협조자로 인식되었다. 이는 우리나라와 제주도의 풍속이 동일하다.

한식날은 오메기떡이나 고구마를 쪄서 올리기도 했고, 단오명절 때는 농사철이라 아주 바빴다. 아침 일찍 보릿가루로 귀주떡과 적을 만들고, 메와 갱을 올려서 간단히 제를 지내고 일하러 나갔다.

특히 일제강점기에는 우리나라 고유명절인 설(음력설)을 지내지 못하게 방해했다. 집안에 따라 새벽에 국시(국수)를 만들어서 올렸다. 국시는 메밀가루에 좁쌀을 놓고 ᄌᆞ베기(수제비)를 만들었으며, 이것을 국멩질(명절)이라 했다. 이때에는 쌀이 귀했기 때문에 떡국을 준비할 수 없었다. 그래서 메밀국수 위에 떡국 모양을 만들기 위하여 3~4개의 고명을 만들어서 올렸다. 국멩질을 얼른 지낸 다음 본멩질을 할 때 제물을 올렸다.

일제강점기 때 메는 산듸쌀(밭벼쌀)로 지었으며, 상에 올린 다음 숨겼다. 그런 후 보리쌀을 삶아서 밥을 지어 명절을 지내지 않은 것처럼 위장했다. 이 당시는 일본 순경을 피해 명절음식을 고팡(고방; 庫房)에 있는 항아리 속에 숨겨둘 정도로 의례를 지키려는 의지는 강했고, 이를 파괴하려는 수단도 교묘했음을 알 수 있다.

예나 이제나 명절제물과 제사제물이 같고, 품목에도 거의 변함이 없다. 명절제물은 가정 형편에 따라 준비했는데 주로 침떡(시루떡), 곤떡(흰떡), 새미떡(밀가루 따위로 송편보다 약간 크고 기름하게 만든 떡), 지름떡(기름떡)을 만들었다. 적, 지지미(메밀가루, 밀가루), 두부적, 돼지고기적, 보리감주는 거의 준비했다. 특히 경제적인 여유가 있는 집에서는 소고기적과 상어적도 만들어서 올렸다.

제숙(제상에 올리는 생선류)으로는 볼락과 우럭을 구워서 사용했다. 돼지고기는 정월멩질(설)은 상하지 않는데 한식, 오월 단오, 추석 때는 날이 더워서 상하므로 보관하는데 애를 먹었다. 적갈재료는 명절이 돌아오면 마을에서 추렴해서 공동으로 장만했다.

일제강점기에도 백설기는 중요한 제물이었다. 주로 팥시루떡을 만들었다. 쌀이 귀할 때는 좁쌀과 고구마로 시루떡을 만들어 올렸다. 좁쌀시루떡은 1970년까지 제물로 사용했다. 시루떡을 만들 때 하천을 건너온 사람이 들어오면 좋지 않다는 말이 전해 온다. 마을에 시루떡을 잘 만드는 사람이 있으면 그를 청해서 만들었다. 시루에 재료를 넣을 때 양과 두께를 조절하는 것이 중요한 기술이므로 이 기술자를 '시리할망'이라 불렀다.

설날 아침 일찍 메밀(또는 쌀가루)로 떡국을 만들어서 신위 수만큼 올렸다. 떡국으로 제를 지낸 다음 가족들이 이 음식으로 아침을 대신했다. 이는 조상에게 아침을 간단히 드린다는 의미이다. 본 제사를 지내려면 시간이 많이 걸리므로 마을에 따라서 떡국을 올리는 것은 광복 전후까지였고, 그 이후는 하지 않는 집안이 늘어났다.

제주도에서는 명절날 친척집을 순회하면서 차례를 지낸다. 가문에 따라 협의하여 차례지내는 순서를 정한다. 즉 큰집부터 작은집 순서로 지내든지, 작은집부터 큰집 순서로 지내기로 결정하면 그대로 따른다. 과거에는 며느리와 젊은 딸이 친척집 명절에 참석하였으나 점점 여성들의 방문 범위가 축소되고 있다. 반면 남성들은 특별한 이유가 없는 한 참석한다. 이는 명절이 남성 가문 중심의 의례이므로 조상숭배를 매개로 하여 서로 간에 친목을 도모하고 자신들의 존재를 확인하는 계기로 삼는다.

따라서 며느리의 참석 여부는 그렇게 중요하지 않으나 아들들의 참석은 필수

사항이므로 참석하지 않을 경우 합당한 이유가 있어야 한다. 그렇지 않으면 가문의 구성원으로서 비난을 면하기 어렵다.

추자도 명절 추자도는 제주도와 차례지내는 의식이 다르다. 즉 설날 하루 전인 12월 31일 저녁에 차례를 지낸다. 밤 10시경에 제상을 벌이고 제를 지내면 약 11시경에 차례가 끝난다. 이때 고향을 떠나 있던 가족들이 전부 모여서 제를 지내는데 친척은 참석하지 않는다.

추자도는 오래전부터 음력설을 지냈으며, 이를 '정월멩질, 설날'이라 부른다. 일제강점기에는 음력설을 지내지 못하게 막아도 차례를 지냈으며, 광복이 되자 자연스럽게 지낼 수 있었으며, 이는 지금까지 전승되고 있다.

설날(음력 1월 1일) 아침 동이 트자마자 친척 남성들만 모여서(거동이 불편한 사람은 제외) 산소에 가서 인사하고(세배의 의미) 오는데, 여성들은 동참하지 않는다. 후손들이 산소에 다녀온 다음 큰집에 가서 떡국을 먹고 세배하고 각자 집으로 돌아간다. 한나절이면 이런 의례가 끝나므로 오후에는 마을에서 걸궁을 한다.

주로 설날 어른들에게 세배하는 것이 일반적인 풍속인데 추자도에서는 설날 아침 산소에 다녀온 후 세배를 한다. 추자도에 사는 사람들은 설날에 세배하고, 외지에 사는 친척들은 2일부터 세배하러 다닌다.

추자도의 추석 차례를 보면 음력 8월 14일 밤(11시 이후)에 차례를 지냈는데, 요즘은 초저녁에 지낸다. 추석날 아침 7시~8시에 친척들이 모이면 조상의 산소를 윗대 조상 부터 순서대로 찾아다니면서 인사를 한다. 이때 제물은 갖고 가지 않는다.

조상 묘소를 도는데 한나절이면 끝나므로 친척집에 가서 점심을 먹거나 아니면 각자 헤어져서 집으로 돌아간다. 벌초는 미리 하므로 추석날 아침에는 가족끼리 음식을 나눠 먹고 하루를 보낸다. 산소에 가지 못했거나 외지에서 살다가 온 가족이 있으면 추석날 산소를 방문하는 정도이다.

다음은 추자도 명절 제물을 알아보겠다. 먼저 설 제물로는 시루떡(쌀가루로 만듦)만 올렸는데 형편이 나아지면서(1990년대) 인절미나 찹쌀떡 등을 올렸다. 송편은 추석에만 올린다. 제숙으로는 추자도에서 잡히는 어류인 '삼치, 농어, 볼락' 등을 사용한다.

갱국으로는 콩나물국을 올렸으며, 간혹 생선국도 올렸다. 콩나물국은 멸치액젓으로 간을 했으며 나중에는 소금을 사용했다. 추자도에서는 콩 농사를 해도 수확량이 많지 않았으며, 집에서 콩나물을 길러서 갱국 재료로 사용하고 두부는 제물로 쓰지 않았다. 예전에는 특별히 갱국이라 하지 않고 차례상에 올리는 국이라 불렀다. 소금이 귀하던 시절에는 소금 대신 멸치액젓을 양념장으로 사용했다.

경제적인 여유가 있는 집에서만 돼지고기적을 준비했는데, 차차 생활형편이 나아지면서 보편적으로 돼지고기적을 올렸다. 문어적을 올리는 집안도 있는데, 문어는 말려 두었다가 삶아서 적꼬치에 꿰거나 그대로 올린다.

| 벌초의 당위성 |

벌초는 매장문화가 존재하는 한 전승될 것이다. 제주사람들에게는 친근한 풍속이고, 다른 지방 사람들에게는 신기한 벌초문화를 들여다보자.

벌초는 추석을 온전히 준비하는 첫 단계이다. 개인 조상묘는 형편에 따라 미리 벌초를 하는데, 남성 문중의 구성원으로서 의무일은 음력 8월 1일이다. 원래 음력 7월이 되면 벌초하기 시작한다.

제주도에서는 음력 8월 1일이 도소분(모둠벌초)하는 날로 굳어졌는데, 1990년대에도 이 날 하루 학생들이 성묘에 동참할 수 있도록 '벌초 방학'을 했었다. 최근에는 음력 8월 1일 전후 토요일, 일요일 등으로 일정을 넓혀서 집안에 따라 모둠벌초 날짜를 정한다. 제주도에서는 벌초 때 간단히 제를 지내므로 추석날은 성묘를 하지 않고 친척집을 돌아다니면서 차례를 지낸다.

모둠벌초하는 날은 다른 지방이나 외국(주로 일본)에 거주하는 후손들도 가능하면 동참한다. 요즘은 집안별로 대표자만 참석하거나 참석하지 못할 경우 어떤 형태로든 성의를 표하고, 대행업소에 의뢰하는 등 의무 참여에 변화가 보인다.

모둠벌초는 한 조상의 후손들이 같은 날, 같은 시간, 같은 장소에 모일 수 있는 유일한 기회이며, 문중의 힘을 확인하고, 혈연공동체 의식을 강화하는 기회를 제공해 준다.

추자도의 벌초 시기는 제주도와 다르다. 적어도 음력 8월 1일까지는 모든 산소의 벌초를 마쳐야 하므로 대개 음력 7월 중순부터 벌초를 한다. 추자도사람들은 다른 지방에 가서 사는 경우가 많아서 벌초를 위해 고향을 방문하지 못하는 사람도 있다. 그래서 각자 시간에 맞게 벌초를 한다. 물론 고향에 있는 친척들이 벌초를 대신해 주기도 한다. 친척들이 고향에 올 수 있건, 없건 음력 8월 1일에는 제물을 준비하고 산소에 가서 제를 지낸다. 주로 오전 10시쯤에 가서 제를 지내고, 음복을 한 후에 각자 집으로 돌아간다.

제물은 간단한데, 과일 한 가지, 생선은 볼락 정도, 메, 나물 한 가지(고사리) 등이다. 만약 이날 비가 오면 집에서 제를 지낸다.

■ 시립공동묘지 벌초

■ 개인 묘지 벌초

■ 대만 가족묘지

■ 노르웨이 공동묘지

제례에 대한 가치관

제주도에서 전승되고 있는 제례를 전반적으로 살펴보았다. 여성들이 의례 주관자이자 협조자의 역할을 성실하게 수행해 오면서 이 의례는 전승되고 있다. 물론 제례의 표면적 주관자인 남성 중심 가문의 번영과 영속성 유지에 기여함도 보았다.

그렇다면 남성들은 제례 수행을 통해 무엇을 얻게 되고, 얻고자 하는가? 여성들은 자신의 일생을 의탁한 가문의 중흥에 어떻게 기여하고 있는지를 알아보고자 한다.

| 가문과 문중의 힘 |

부모는 장손에 대한 집착이 강한 편이다. 특히 장손을 챙겨주며, 제사 때라도 장손이 참석하지 않으면 오늘 제사에는 아무도 오지 않았다며 그의 존재를 친척들에게 각인시킨다. 이렇게 제례를 주관할 아들이 없으면 양자를 맞이한다. 경우에 따라서는 본인의 의사와 상관없이 어른들이 강요하기도 했는데 점점 이런 의식이 희박해지고 있다.

만약 딸이 친정부모 제사를 하게 되면 주로 당대만 한다는 의식이 강하며 명절도 친정 명절을 일찍 하고 시가 명절을 지낸다. 아들 남기기는 대 잇기의 풍속인데 단순히 족보의 영속성만 의미하는 것이 아니라, 제사를 통한 조상숭배의 지속성도 원하는 것이다.

다음은 제주도에서 구전되는 이야기[11]로 가문의 대를 잇고 제사를 모시기 위하여 반드시 양자가 필요함을 알 수 있는 내용이다

양자 들이는 이야기(1)

[딸만 셋 있고 아들이 없는 상처한 할아버지가 있었다. 재산이 많아서 양자를 들였는데 남이 다 먹는다고 생각해서 딸들은 반대했다. 그 재산을 양자에게 주지 말고 세 형제가 나누어 갖고 아버지를 잘 모시겠다고 했다. 아버지도 그 말이 옳아 보이고 양자에게 의지하는 것보다 친딸에게 의지하는 것이 낫다고 생각해서 양자와 자식들을 나가라고 했다. 딸집을 돌아다니면서 한달씩 살기로 했다. 한번은 큰딸집에서 한달 5일 정도 사니까 큰딸이 우리집에서 5일 더 살았다면서 샛딸집에 가라고 했다. 샛딸집에서 이틀이 넘으면 작은딸에게 가라고 했다. 아버지가 이렇게 2~3년 살다보니까 섭섭한 생각이 들었다.

하루는 딸에게 고운 한복 한 벌을 해오라고 해서 어디 놀러 다니겠다고 거짓말을

11 이 내용은 문순덕(2007), 『역사 속의 제주여성-제주열녀들의 삶』에 수록되어 있으며, 필자가 재정리했다. 『제주도부락지 1』은 1984년부터 1988년까지 제주대학교 국어국문학과와 국어교육과에서 학술조사한 결과를 엮은 책이다. 여기에 수록된 설화 2편은 1986년 성산읍 온평리에서 채록한 것이다.

하고는 양자로 들이려던 아들을 찾아 나섰다. 며느리가 먼발치에서 시아버지를 알아보고 점심식사에 초대했다. 시아버지가 미안하다고 하자 그렇지 않다면서 이 밥을 먹고 조그마한 초가집 하나 장만해서 살고 있으니까 같이 가서 살자고 권했다. 양자와 며칠을 사는데 벼락천둥이 치면서 큰 비가 내렸다. 그때 하늘에서 "너희들은 아무 죄도 없고, 이 할아버지에게 죄가 있다."고 했다. 일반적으로 생각하면 할아버지보다는 딸들에게 죄가 있을 것 같지만 양자에게 이 할아버지를 잘 모시라고 하면서 그러면 아무 날 아무 시에 먹을 만큼 양식이 들어온다고 했다.
제일 잘 사는 집에 가서 천둥벼락 치면서 너희들이 너무 욕심이 세고 돈이 많으니까 아무 날 아무 시에 소에 쌀 몇 가마와 돈(엽전)을 싣고 아무 집에 갖다 주라고 했다. 하늘의 명령대로 따랐다. 부잣집에서는 하늘에서 시키는 대로 재물을 가져왔다고 말하면서 물건을 내려놓았다. 그 후로 양자는 잘 살았다고 한다. 양자는 마음씨 좋은 일을 하니까 하늘이 도와준 것이다. 이때부터 딸이 열 명이 있어도 양자를 들인다는 말이 전해진다.]

- 제주대학교탐라문화연구소(1989 : 409~411), 『제주도부락지 1』

양자 들이는 이야기(2)

[어떤 집안이 재산이 아까워서 양자를 주지 않고 딸들에게 물려주었다. 부모가 죽어서 큰딸집에 명절 먹으로 왔는데 사돈들만 앉아있고 자신들의 제상은 벌이지

도 않았다. 사돈 제상을 벌여서 새벽 3시까지 있고 제가 끝나지도 않으니까 미안해서 문 앞에서 들어가지도 못하고 저승으로 돌아갔다. 저승으로 가는 길에 양자를 들이려고 하다가 그만둔 아들집을 들여다보았다.

그 집 아내가 오늘은 그 어른들 명절인데 우리 먹는 밥이라도 한 상 더 놓아주자고 했다. 남편은 그 말을 듣고 음식을 올려놔도 없어지지 않고, 먹고 가지 않을 것이니까 그렇게 하자고 했다. 그날 동네사람 꿈에, 우리 부부가 딸집에 명절 얻어먹으러 갔다가 새벽 서너 시까지 기다려도 제상을 안 차려주고 사돈들만 바글바글 앉아 있어서 미안해서 나오다가 양자 맺었던 집에 가보니까 우리 몫으로 찬물 떠 놓고 메 한 그릇을 마련했더라고 전했다. 이런 일이 있은 후부터 사람들은 양자를 들였다고 한다.]

- 제주대학교탐라문화연구소(1989~412), 『제주도부락지 1』

두 편의 구전자료에서는 사람들이 가문의 대 잇기에 집착하고 조상의 제사모시기에 열중하였음을 잘 보여 준다. 딸은 출가외인이라 시가 조상의 제사를 지내야 하니까 마음은 있어도 친정 조상의 제사를 제 때에 지내지 못하는 어려움이 드러난다. 또한 양자에게 줄 재산이 아까워서 파양했지만 결국은 그 며느리의 정성으로 제삿밥을 얻어먹는다는 이야기이다. 효자는 스스로 되는 것이 아니라 효부의 도움 없이는 어렵다는 사실을 짐작할 수 있다.

결혼한 딸이 친정 명절을 지내는 경우 시가의 제물을 먼저 뜬 다음 친정 제물을 제기에 담는다. 친정 제상은 따로 준비한다.

사람들은 제사의례를 통해 혈연공동체 의식을 강화하고, 가문의 일원으로 뿌리내리고 싶어 한다. 특히 남성들은 제사와 명절, 벌초 등 문중 행사에 적극적으로 동참함으로써 자신들의 정체성을 확인하고 정립해 나가는 것이다. 만약 이와 같은 문중의례에 참여하지 않는 가문의 구성원은 이 공동체의 일원에서 배제된다. 제사의례는 철저히 남성중심의 공동체 결속을 보여 준다.

다음 문서를 보면 다음 조선시대 제주도에도 양자입적제도가 있었음을 알 수 있다.

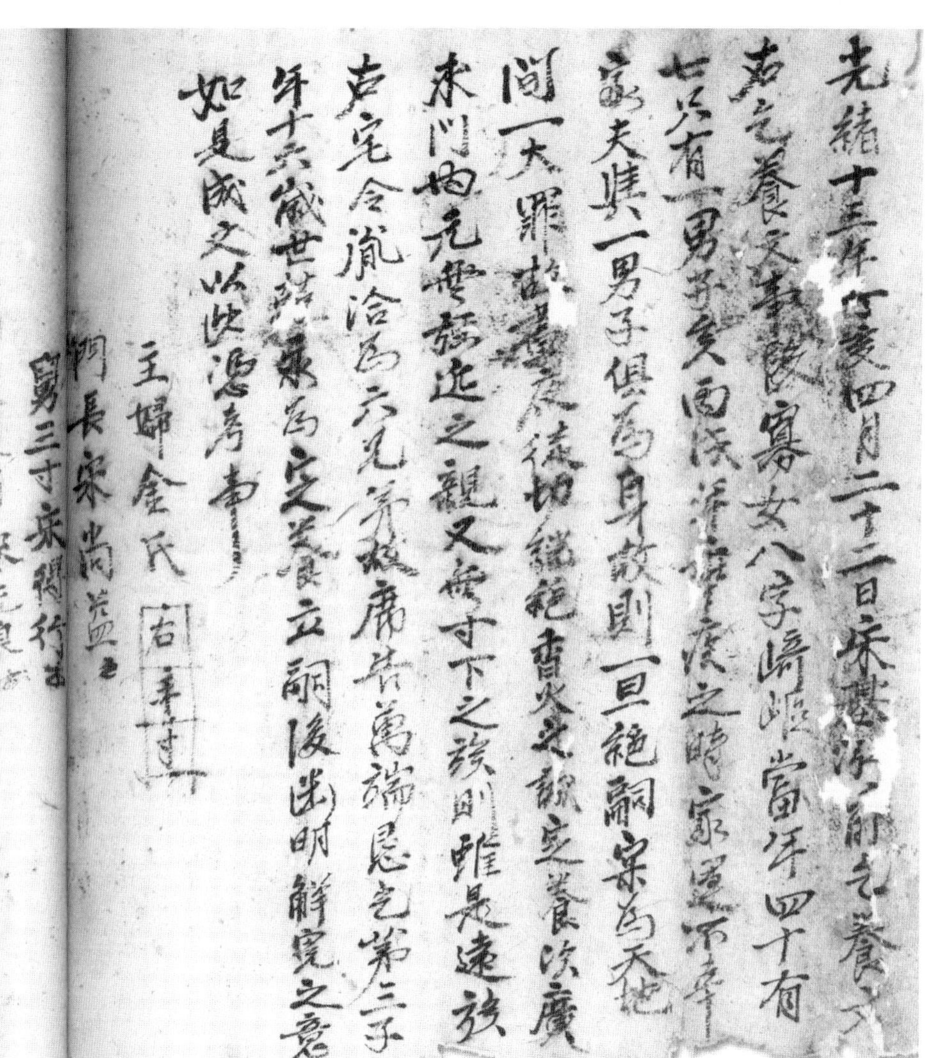

光緒十三年丁亥四月二十二日宋基洪前乞養文
右乞養文事[illegible]寡女八字崎嶇當年四十有
七只有一男子矣丙戌[illegible]之時家運不幸
家夫與其一男子俱為身歿則一旦絶嗣宗為天地
間一大罪故[illegible]切繼絶香火之[illegible]乞養次廣
求門内[illegible]之親又無寸下之族則雖是遠族
右宅令胤[illegible]為六兄[illegible]萬端懇乞第三子
年十六歲世[illegible]來為乞養立嗣後[illegible]明鮮寛之意
如是成文以[illegible]憑考事

主婦 金氏 右手寸
門長 宋尚[illegible]
寫 三寸 宋[illegible]

양문(乞養文)
387년(광서 13) 4월 22일에 부인 김씨가 송기홍에게 입양을 청하는 문서이다. 일 년 전에 전염병으로 남편과 아들을 잃은 과부 김씨가 가
과 제사를 이을 양자로 촌수가 먼 송기홍의 셋째 아들 세긍(16세)을 양자로 청하여 허락을 받는 내용이다.
문서는 김사규가 작성하였고, 김씨는 도장 대신 오른쪽 손가락을 그려 넣었으며, 집안 어른으로 문장(門長)인 송상익과 시동생 송원량, 시
촌 송득행이 증인으로 서명하였다.
제주특별자치도 민족자연사 박물관(2013:18), 『제주인의 삶을 읽다 - 제주의 옛 문서』 특별전 도록.

| 제례 전승의 주체 |

전반적으로 조선시대 유교풍속이 일제강점기에도 지속되었으며, 생활환경이 열악해지자 제물준비를 간소화했다고 볼 수 있다. 특히 제주4 · 3사건과 한국전쟁을 겪으면서 의례의 간소화가 가속화되었다. 이는 제주도의 경제적인 여건이 나빠지고, 남성들이 사망하거나 출타하는 등의 이유로 남성중심의 의례 집행이 어려워져서 의례 준수에 대한 인식이 변화되었다고 본다. 이런 현상은 1950년대까지 이어졌으며 경제 활동이 활발해지면서 제사의례는 정성스럽게 지속되고 있다.

시대의 변화에 따라서 의례에 대한 의식의 변화 정도는 제사의례에서도 엿볼 수 있다. 제사를 지내기는 하되 그 내용의 변화를 수용한다는 것이다. 이는 긍정적인 변화라기보다는 어머니들이 옛 풍습을 유지하기 위해서 고집을 부려도 실천하기가 힘들기 때문이기도 하다. 자식 세대는 끊임없는 변하는데 당신들이 그 의례의 집행자가 아닌 한 전통을 고수할 수가 없다.

결국 제주도에서 제례 전승의 주체는 어머니와 며느리인 여성들이다. 이 여성들이 아들에게 전통이 지속될 수 있도록 울타리 역할을 하고 있다.

【일생의례 종결】

일생의례란 사람이 태어나서 성인이 되어, 혼인하고, 자식을 낳고 살다가 수명이 다해서 죽게 되면 이승의 삶을 장엄하게 마무리해 주고, 자손은 매년 선조를 기억하면서 제사를 지내는 일련의 과정을 가리킨다. 제주여성들이 일생의례에 어느 정도, 어떻게 참여했는지는 분명하지 않지만 어머니로서, 아내로서 남성들의 보조자 역할을 성실히 수행했다고 본다. 각 의례를 집행하는 주관자는 남성이었으나 그 의례를 차질 없이 수행하는 데 적극적으로 참여한 것은 여성들이다.

다만 여성의 참여 정도를 구체적으로 제시하기 어려운 점에도 불구하고 광복 후의 의례 전승 정도를 보면 일제강점기에도 제주여성들은 일생의례 수행에 주체자, 협조자로 동참했다고 해도 과언이 아니다.

여기서는 일생의례 지속에 관여하는 사람들, 여성들의 역할, 일새의례가 진행되는 공간 등을 정리하고, 특히 일생의례를 알 수 있는 언어(제주방언)도 추출해 보고자 한다.

일생의례의 지속성

일반적으로 사람들이 혼인을 해서, 출산을 하고, 가문의 영속성을 유지하기 위해서는 어머니와 며느리인 여성의 가치관이 아주 중요하다. 아버지인 남성의 위치를 확고히 해 주고 이를 지속하기 위해서 여성 풍속이라는 이름으로 전승되는 문화가 있는 것이며 이것을 제주의 일생의례에서 찾아보고자 했다.

이렇게 보면 제주도 일생의례는 마치 여성들끼리만 전승하는 것 같지만, 각 의례에 따라 그 중심에는 남성이 기둥으로 든든하게 서 있다. 다만 미미한 존재로 인식되어온 여성들의 역할이나 사회적 지위가 어느 정도인지를 알아보기 위해서 여러 문화전승자들의 시각을 들여다보았다.

일생의례의 유지는 누구와 거주하느냐에도 영향을 미친다. 할머니와 어머니, 며느리 세대가 같이 살면 전승 확률이 높고, 어머니와 며느리일 때는 전승하려는 의식의 정도에 따라서 비율이 달라진다. 며느리 세대가 핵가족으로 살 때는 그 비율이 낮아질 것이다. 그래서 대가족문화와 핵가족문화는 단순히 가족 간의 분리가 아니라 풍속의 가치나 의미 변화에도 관여하게 된다.

문화전승자들의 경험과 기억을 정리해 보면 일제강점기에 행해진 의례와 의례음식 등은 광복 후 제주4 · 3사건 등을 거치면서 전승되고 있다. 즉 일생의례는 각 의례별 생명과 행불행이 겹쳐 있어서 어느 것 하나도 소홀히 할 수 없는 규약이므로 감히 개인이 사사로이 변형할 수 없는 불변의 의례로 인식한 것 같다.

일제강점기의 의례 준비 과정을 살펴보면 여성들은 집안일과 밭일을 하면서 의례음식 준비 등 노동력을 많이 제공했다. 남성들은 의례 주관자의 역할만 수행하면 되었다. 이런 점은 지금도 크게 다르지 않다.

제주도의 출산, 혼인, 상장례, 제사 풍속 중에서 적어도 일제강점기부터 2000년대까지 전승되어 오는 것은 의식의 문제이기도 하다. 평상시에는 사람 중심으로 편안하게 행동하다가도 집안의 대소사가 돌아오면 함부로 할 수 없고, 전통을 거역할 수도 없다.

다음은 제주도의 일생의례 지속성 정도를 알아보기 위하여 각 의례별 특징을 정리했다.

출산의례를 통해 알 수 있듯이 딸이 시집가서 아들을 낳아야 한다는 의무감이 강해서 친정부모 입장에서도 아들을 낳으면 좋아한다. 며느리가 딸을 낳아도 내 가문의 자손이니까 조금은 덜 섭섭하고, 또 낳으면 된다는 마음의 여유를 갖는다. 사람에 따라서 딸이든 아들이든 '우리 문턱 운'이라고 생각한다. 혼인을 통해서 가정을 이루고 자손을 낳는 것은, 특히 대를 이를 아들을 바라는 것은 다분히 혈통주의 의식이 남아있기 때문이다.

혼인의례에서는 사돈 대우를 어떻게 해야 하고, 일의 진행은 어떻게 해야 한다는 등 일의 순서 정하기와 같이 굵직한 것은 아버지의 몫이고, 그 외에 혼수준비와 음식준비 등 구체적인 의례 절차는 어머니의 몫이다. 혼인의례 수행 때 어머니들은 자신들의 입김이 적극적으로 개입되고 자신이 원하는 것과 기대치를 한껏 발휘할 수 있는 기회로 삼는다. 그래서 혼수(예단, 예물 등)를 놓고 신부측과 줄다리기를 하면서 여성들이 물질에 강하다는 사회적 편견을 보여 준다. 그런데 우리들은 가정생활을 한꺼풀 벗기고 그 속으로 들어가서 어머니들이 왜 악역을 자처하는지 냉정하게 바라보아야 한다.

혼례에는 어머니의 역할이 많아서 의례 협력자인 여성의 의견이 많이 반영된다.이런 상황을 외면한 채 여성(어머니)들이 혼례에 부정적인 영향을 미친다는 사회적 편견이 퍼져 있다.

이는 일생의례를 유지하는데 여성의 의지와 힘이 절대적으로 필요하며, 가문의 안녕과 평화를 위해 여성들이 집단적 희생을 치러준다는 사실을 잊은 것 같다.

출산과 혼인 의례는 큰 줄기는 그대로 남아있고 작은 가지는 변하고 있지만, 가장 변하지 않는 의례가 상장례와 제례이다. 이는 가문의 전통 유지와 관계도 있지만 죽음에 대한 경건함과 두려움이 있기 때문이다. 제례는 자손의 의무여서 대부분 유지하려는 의무감이 강한 편이다.

상장례 때는 집안의 대소사 때 남편이 큰 결정을 하면 아내는 따라가는데, 이때는 남편의 목소리가 큰 편이다. 특히 상장례 때 고정적인 절차를 유지하기 위해서 친척 간에 불협화음이 발생한다. 지금도 혼인과 상장례 시 전통을 잘 지키려고 하며, 자식들은 가능하면 부모의 뜻에 따라 의례 전승에 순종한다. 그래도 어머니 입장에서는 제사 등은 가능하면 간소화해서 자식에서 물려주려고 한다.

일생의례가 크게 변하지 않고 전승되는 것은 그것을 대하는 사람들이 적극적으로 의례에 순응한 결과이다. 가끔 의례 절차에 일탈이 생기는 것은 저항하는 주체가 나타날 때이다. 그러나 일탈자들도 가족과 협상 과정을 통해 수용과 변용을 거치면서 의례는 꿋꿋하게 지속되어 왔다. 전통적인 풍속에 대한 변형을 시도하는 것은 새로운 문화적 욕구의 산물이므로, 이를 정당하게 수용할 필요가 있다.

일생의례를 통해 가족공동체, 혈연공동체, 마을공동체가 유지되고, 결속할 수 있는 요체임을 보았다. 또한 의례 수행과 의례 참여를 통해 통일성과 동질성을 확인하게 된다. 아울러 집안과 지역의 문화 공유, 의식의 공유, 풍속의 공유라는 집단의식을 얻어낼 수 있다.

일생의례에 나타난 여성의 역할

제주도의 일생의례에서 알 수 있듯이 집안의 대소사에서 큰 획을 긋는 건 아버지의 역할이지만 그 획에 살을 붙이고 집행하는 것은 어머니의 몫이다. 그래서 나쁘게 보면 여성들한테 규제가 많았다고도 볼 수도 있다. 각 의례에 따라서 음식을 만들 때도 며느리가 여러 명이면 음식이 다를 수 있다. 이럴 때 하나로 통일하기 위해서 시어머니가 그 집안의 풍속을 알려 주며, 집안의 화목에 적극적으로 동참해 달라고 요구한다. 현명한 며느리들은 어머니 살아생전에는 그 뜻을 거역하지 말고 시부모가 안 계시면 그땐 마음대로 하자며 잘 지내는 집도 있다.

시가의 풍속을 개혁하는 것은 시부모가 죽거나, 아주 늙어서 권한이 없어지고, 대소사 운영권이 며느리에게 넘어왔을 때야 가능하다. 그래서 부모님이 살아계시면 잘 고치기 어렵다. 이런 면에서 볼 때 한 집안에 며느리가 잘 들어오면 홍하고 잘못 들어오면 망한다는 말은 물질적인 것이 아니고 가풍의 전승 유무로 볼 수도 있다.

각 의례를 통과할 때마다 여성들이 주도적으로 예법을 준수하고, 전승될 수 있도록 협력했다. 결국 집안에서 여성들의 위치가 아주 중요하므로 여성들이 화목하게 지내야 집안이 평화롭다는 말이다.

시가니 친정이니 구분하지 말고 전통적인 풍속이 보존할 가치가 있다고 판단하면 그대로 전승되는 것이고, 필요 없는 것이라고 여기면 사라지는 것이다. 그런데 집안의 가풍과 문화적 요인들을 유지하거나 폐지할 수 있는 주체는 어머니의 손에 달렸다는 점에서 일생의례 전승의 가치 역시 여성의 의식에 의존할 수밖에 없다고 본다.

요즘 며느리들도 대소사 의례의 간소화를 꾀한다. 그래도 부모의 생활방식 중에 계승하고 싶은 것도 있을 것이다. 집안에 따라서 특별한 의례 음식이 있으면 후손에게 물려줄 수도 있다. 무조건 거부하고 개혁하는 것이 아니라 전통을 고수할 품목이 있으면 고수하는 것도 바람직하다. 그런데 이런 의식은 개인에 따라 다르다. 어른들의 풍속은 전부 고리타분하다며 버리겠다고 하면 할 수 없고, 가치 있는 것이라 여기면 전승되는 것이다.

제주도 일생의례에서 여성과 남성의 역할을 보면, 출산의례는 당연히 여성이 중심이 된다. 혼인의례에서 음식 장만과 혼수품에 여성의 관여도가 높은 편이다. 남성은 큰 줄기만 정리한다. 택일, 사돈인사 등 아버지의 역할을 조금만 수행하면 된다. 이 두 의례는 주로 여성의 입김이 크게 작용한다.

그런데 상례는 조금 다르다. 생사가 달린 부분이기도 하지만 남성 가문의 일이므로 절대적으로 아버지의 역할이 두드러진다. 이 의례에서 어머니는 아버지를 도와주는 협력자이다. 혼례는 자신의 일이므로(본인 자식이므로) 여성의 주장대로 진행해도 문제가 없는데, 상장례는 남편 가문의 일이므로 남편이 주도적으로 추진한다.

집안의 대소사에는 아버지가 권력 있게 획을 그으면 어머니는 그것을 관리하고 관장한다. 아버지가 돌아가시면 집안이 흔들린다는 말은 아버지가 관장하던 기준선이 무너졌다는 말이다. 아내는 남편이 살아있을 때에 그런 역할을 하지 않았기 때문에 갑작스런 남편의 부재 시 집안을 관장하는데 힘이 들 수 있다. 이때 어머니는 자신이 편리한 대로 일을 처리하거나 어떤 절차를 생략해 버린다. 문중 의식이 강한 집안에서는 홀어머니가 의례 주관자로 집행하면서 절차를 정확하게 따르지 않더라도 크게 나무라지 않는다.

한 집안의 일생의례가 전승되는 과정을 가풍과 관련하여 생각해 보자. 한 집안에서 중요한 일이 있을 때 결정권은 아버지에게 있다. 그런데 며느리가 들어오면 집안의 풍속을 알려 주고 전수하려는 것은 어머니이다. 이는 안살림의 주인이 어머니이고, 여성의 가정 참여 범위가 넓으니까 여성의 역할이 중요하다고 볼 수 있다. 이럴 때 아버지는 어머니 의견을 존중해 주고 며느리 교육을 잘 시키도록 종용한다.

가풍의 전수자와 계승자가 어머니와 며느리들의 의무와 역할로 인식한 결과 아버지의 영역이 설정되어 있지 않았다고 본다. 아버지인 남편이 집안 살림에 관여하는 빛이 보이면, 여성은 바로 차단시키기도 한다. 여성들 스스로 여성의 의무와 역할을 정함으로써 자신들의 정체성 확인과 위상 정립의 기회로 삼을 수도 있다.

요즘 시어머니들은 과거에 당신들이 시집살이를 했던 것처럼 하면 안 된다는 사실을 너무나 잘 알고 있다. 며느리들이 현명하니까 한두 번만 시가의 풍속을 알려주면 잘 습득한다고 믿는다. 가령 시어머니의 뜻을 잘 따라주지 않아도 어쩔 수 없으며 시간이 지나면 자연스럽게 배울 수 있으니까 기다려야 한다는 쪽으로 생각이 바뀌고 있다. 이는 여성들의 의식이 아주 많이 변했음을 의미한다.

여성들은 결혼 전에 친정에서 익혔던 풍속을 시가에 와서 그대로 시행하면 안 되고 시어머니가 하는 모습을 관찰하면서 시가의 방법을 익혀야 한다는 고정관념이 있다. 여성들은 적어도 결혼해서 1~2년이 지나면 자연스럽게 시가의 풍속을 익히게 된다. 이는 여성들은 자신들의 의무와 역할을 정확하게 인지하고, 시가에 적응함을 보여 준다. 그렇다고 해도 시가 풍속을 완전하게 익히기까지는 개인차가 있고, 시간이 걸리는 일이다.

일생의례의 주체와 협력

인간의 일생을 '자연계－출산의례－혼인의례－상장례－제례－자연계'의 순환으로 본다면 출산의례에는 신비감, 두려움, 경외심이 반영되어 있고, 혼인의례에는 낯섦, 탐색, 친함, 공동체 의식이 반영되어 있다. 상장례에는 두려움, 불안, 영속성에 대한 믿음이 배어 있다. 제례에는 선조와 후손의 공동체 의식, 혈연공동체의 지속성에 대한 믿음, 희망, 신체적 유한성과 정신적 무한성의 유지 의무가 반영되어 있다.

각 의례를 통과할 때마다 그것을 유지하고 전승하려는 의식이 강하지만 시대적인 상황에 맞게 의례가 변함을 알 수 있다. 즉 전통적인 의례 행위를 고수하려는 세대와 이를 변형하거나 거부하려는 세대의 충돌이 있기 마련이다. 그래도 일생의례를 잘 지켰을 때와 지키지 못했을 때 인간에게 행복과 불행을 준다는 사실을 인정하기 때문에 젊은이들은 어른들의 의례 행위를 거의 따른다고 본다. 따라서 일생의례는 더디게 변화되며, 변용될 뿐이다. 의례에 따라 중요한 절차는 변형되지만 유지되는 것이고, 의미가 퇴색한 절차만 사라진다.

일생의례별로 의례 주관자와 의례 협력자가 있다. 의례 주인공은 신생아, 신혼부부 등이다. 출산할 때 가족은 의례 집행 주체가 되며, 이웃은 의례 준수 사항을 잘 알고 있는 관객이자 협력자들이다.

혼례 때 양가 부모는 의례 집행 주체이고, 혼례를 무사히 마칠 수 있도록 옆에서 도와주는 사람들은 의례 협조자라 할 수 있다. 또한 하객들은 혼례에 예의를 다하여 참석하는 관객들이다.

상장례 때 상주들은 의례 집행 주체이고, 조문객들은 조의를 표하는 협조자이다. 제례 때 제관은 의례 집행 주체이다. 제물을 담당한 여성들은 의례 주관자이면서 협조자 역할을 성실히 수행한다. 이때 친척과 이웃들은 예절 바른 관객에 해당된다.

결국 의례 주관자와 적극적 참여자(의례의 고정화를 주장하는)들은 일생의례를 통해 문중 구성원의 결속 기회로 삼는다. 특히 혼례와 상장례, 제례를 통해 친척공동체 문화를 조성한다. 이는 혈연공동체의 핵심이기도 하다. 결국 일생의례를 지키고 계승하는 것은 자신들의 정체성 확인에도 유효하며, 집단의식을 강화하고, 정체성 찾기에도 적용된다.

여성들이 일생의례의 주체자와 협력자임을 확실하게 보여주는 사례로 '며느리친목계'를 들 수 있다. 제주도에서는 문중마다 필요하면 며느리들끼리 친목계를 조직하고 있다. 며느리친목이 1980년대부터 형성되었고, 1990대에 보편적으로 조직되었다.

며느리들도 한 마을에 사는 것이 아니고 생활 반경이 달라지면서 친밀감이 상실되고 있다. 이런 점을 보완하기 위해서, 순전히 친목을 도모하기 위해서 한 달에 한 번 정도 정기적인 모임을 갖는다. 이 모임을 통해서 같은 문중의 일원으로서, 자손으로서 자부심과 긍지를 갖게 되며 친척의 경조사를 돌아보기도 한다. 이는 제주도의 대소사 풍속과 관계가 있다.

지금도 제주도에서는 잔치나 장례 때 최소 3일간 음식을 장만해서 손님을 대접한다. 이때 여성들의 노동력이 절대적으로 중요하다. 친척이라도 자주 왕래하지 않으면 일손을 구하기가 어려워서 며느리친목계가 그 역할을 담당하고 있다. 그런데 며느리친목의 조직 동기가 좀 특이하다. 원래는 집안의 대소사 때 마을의 그릇을 빌려다가 일을 치렀는데 그 값을 내고, 그릇을 배상해 줘야 할 때도 있다. 이런 불편함도 덜 겸 경제적인 효과도 얻을 겸해서 며느리들끼리 '그릇계'를 조직해서 그릇과 사람이 같이 다니면서 일을 도와주게 되었다. 이것이 현재 며느리계의 시초로 볼 수 있다.

추자도에도 며느리 친목계가 조직되어 있다.
대개 사촌이나 8촌까지 며느리들이 모인다.
또래 여성들이 있으면 활성화가 된다.
경조사 때 협력하여 노동력을 제공하고, 친목을 도모한다.

■ 문씨 문중 며느리들

■ 며느리들의 의례 준비 참여

일생의례와 공간 이동의 의미

일생의례의 각 단계에 따라 유교문화의 잔존과 민간신앙의 융합이 나타난다. 남성이 의례의 주관자이고 여성은 보조자처럼 보이지만 실제로는 여성이 일생의례 전승의 주도자이다. 이는 여성이 주체가 된 문화만이 전승되는 화소가 많기 때문이다. 각 의례마다 여성이 적극적으로 참여하기 때문에 '어머니 → 며느리/딸'로 전승되고 있다. 따라서 일생의례 공간 역시 시대의 흐름에 따라 이동이 일어나지만 변화된 형태라도 유지하려는 의식은 여성들에 의해서 강하게 남아 있다고 본다.

일생의례를 보면 여성은 혼인을 통해서 낯선 공간인 남편의 공간으로 이동하면서 풍속과 전통의 변화를 겪게 된다. 남성 집안을 중심으로 해서 출산, 육아, 교육을 담당하면서 시어머니와 같은 공간을 점유한다. 여성의 일생은 결혼과 동시에 남성의 일생을 축으로 해서 공간의 변화가 나타난다.

결혼 후에 시가의 가풍을 유지하면서 가사노동에 전념하고 시가의 제사와 성묘 등 사당을 관리한다. 이러한 일상들은 다시 여성인 며느리에게 전수된다. 따라서 우주에서 인간의 삶을 바라보면 여성은 남성을 기둥으로 삼고 획기적인 공간 이동을 한다고 볼 수 있다.

여성이 혼인을 하면서 맞게 되는 거주공간의 이동은 표면적인 것이고 문화의 이동이 동반된다. 혼인 전에 습득한 사회문화적 지식들은 혼인과 더불어 남성중심문화로 옮겨가고, 가부장제 이데올로기문화를 의무적으로 습득하고 이를 잘 실천해야 한다. 또한 출산 후에는 자녀교육에도 이러한 의식을 전수하는 의무가 부여되었다.

남성에게도 공간 이동의 변화가 나타난다. 우선 처가의 공간과 접촉해야 하고 가장의 의무를 수행해야 하는 사회참여의 공간이 있다. 남성도 결혼을 하면 주체적 성인으로 대접을 받게 되므로 가문의 구성원으로서 역할과 의무를 수행해야 한다. 물론 여성의 공간 이동과 접촉에 따른 혼란보다는 덜한 편이다.

일생의례와 언어의 생명력

제주여성의 일생의례를 통해 각 의례가 숭고하게 수행되기 위하여 당사자와 가족, 이웃들의 적극적인 도움과 격려가 수반됨을 보았다. 일생의례를 거치는 대상은 여남를 불문하고 똑같이 적용된다. 그러나 제주도에서 전승되는 의례를 통해 여성이 의례 주관자와 협조자로 어느 정도 관여하는지 살펴보았다.

일생의례는 집안, 지역, 국가의 변혁기에 의례 주관자의 가치관에 따라 전통적인 방식을 고수하거나 아주 변형될 수 있다. 그래도 인간의 행복을 최우선으로 배려하려는 의례 주관자의 탁월한 선택이 돋보인다.

따라서 각 의례별로 변형되거나 변형될 필요가 없는 기본 의례들은 그대로 유지하면서 지금까지 전승된 것은 집단의 정체성, 공동체 구성원의 지속성에 의미를 두었기 때문이다. 일부 생략되거나 사라진 것은 그 의례의 의미가 퇴색된 것들이다.

근현대 제주도에서 행해지고 있는 일생의례를 여성의 입장에서 살펴보면, 의례를 가리키는 용어들이 의례의 전승과 더불어 전해 온다는 사실이다. 우리나라는 물론 제주도에서 거행되는 일생의례는 주로 유교의 영향으로 시행되고 있으며, 그에 따른 용어 역시 당연히 한자어일 것이라는 고정관념을 가질 수 있다. 그러나 앞에서 살펴본 바와 같이 의례에 따른 일부 용어는 제주방언으로 전해 온다.

여기서는 일생의례의 전승 정도, 형태, 의미 등을 해석하는데 특정 지역의 언어로 불리는 측면도 풍속의 전승만큼 중요하다고 여기고, 제주도에서 행해진 일생의례를 통해 제주방언의 지속성을 알아보고자 한다.

| 출산의례와 제주방언 |

출산의례와 관련이 있는 제주방언에는 '삼승할망, 할망상, 일뤠밥, ᄆᆞᄆᆞᆯᄌᆞ베기, 메역국, 아기구덕, 봇뒤창옷, 걸렝이, 산디짚, 심방, 굴묵, 터진방' 등이 있다.

먼저 생명의 신인 삼승할망이 있다. 삼승할망은 잉태와 출산의 여신이며, 이 신을 시기하는 구삼승할망(또는 저승할망)이 있다.

제주신화에 나오는 설문대할망, 조왕할망, 삼승할망, 영등할망 등의 명칭은 여신 이름인 '설문대, 조왕, 삼승, 영등'과 '할망'이 결합하여 위대한 여신을 가리킨다. 즉 '설문대, 조왕, 삼승, 영등+할망'으로 합성된 말이다. 제주방언 할망은 표준어 할머니에 해당되지만 이는 사전적 의미로 쓰이는 것이 아니라 위대한 여신이라는 뜻으로 쓰였다.

아기가 태어나면 바로 '할망상'을 준비하고, 집안에 따라 아기가 성장할 때까지 할망상을 마련하여 여신에게 청한다. 여기서 할망상은 삼승할망에게 드리는 제상을 가리킨다. '할망+상'의 결합이므로, 이는 위대한 여신에게 바치는 제상을 의미한다.

산후 3일이 되면 산모는 쑥물로 목욕하고, 신생아의 존재를 이웃에 알리는 3일밥을 먹고, 7일이 되면 일뤠밥을 먹는다. 여기서 일뤠는 7일에 해당되므로 '일뤠+밥'의 짜임이다.

산모는 출산 후에 ᄆᆞ몰ᄌᆞ베기(메밀수제비)를 먹는데 ᄆᆞ몰은 메밀의 뜻이고, ᄌᆞ베기는 표준어 수제비에 해당된다. 즉 'ᄆᆞ몰+ᄌᆞ베기'로 합성되었다. 이 음식은 제주도 산모들의 필수품이었다. 산디짚은 산디(밭벼)와 짚의 합성어이고, 이는 출산할 때 방바닥에 깔았던 재료이다.

육아용품으로 아기구덕과 봇뒤창옷이 있다. '아기+구덕'으로 구덕은 대나무로 만든 바구니라는 뜻이지만 합성어로 요람에 해당된다. 봇뒤창옷은 '보+ㅅ+뒤+창+옷'로 분석되며, 아기를 감싸는 큰옷이라는 뜻으로 쓰였다. '걸렝이'는 아기를 업을 때 동여매는 멜빵을 가리킨다.

임신기원 의례 협력자로 심방이 있다. 이는 표준어 무당에 해당된다.

굴묵은 제주도의 전통적인 난방시설이다. 방 밖에 있는 벽쪽에 아궁이처럼 만들어서 땔감으로 불을 지피면 방바닥이 따뜻해진다. 이를 '굴묵짇다'고 한다. 터진방은 그 해 운수가 좋은 방향이라는 뜻으로 쓰인다. '터지(다)+ㄴ+방(방향)'으로 짜여졌다.

출산의례로 쓰이는 제주방언은 대개 합성어이고, 해당 단어만 보아도 그 뜻을 쉽게 알 수 있다.

| 혼인의례와 제주방언 |

혼인의례에 쓰인 제주방언으로는 '막펜지, 홍세함, 시렁목, 우시, 구덕혼사, 가시어멍, 새각시, 새시방, 가문반, 가문잔치, 사둔잔치(두불잔치), ᄆᆞᆷ국, 잔치멩질, 돗궤기, 수애, 둠비' 등이 쓰이고 있다. 이 외에도 'ᄉᆞ주, 잔치 문전, 하님, 올리친심, 대반' 등을 들으면 혼인의례를 연상하게 된다.

중매가 성사됨을 알려주는 막펜지가 있다. 이 말은 '막+펜지' 즉 마지막 편지라는 뜻이다. 이는 신랑측에서 신부측으로 가져오는 혼인공지서에 해당된다. 예장을 담은 '홍세함'은 지금도 살아있는 언어이다. 홍세함에 들어가는 품목으로 시렁목(무명천의 한 가지)이 있다. 이 시렁목은 나중에 기저귀감으로 사용했다.

제주도의 혼인 절차를 알 수 있는 가문잔치와 사둔잔치(두불잔치)가 있다. 가문잔치는 한자어 가문과 잔치의 합성어이다. 이는 가문들끼리 협의하고 공동체 의식을 점검하는 잔치라는 의미이다. 가문잔칫날은 특별히 '가문반'을 만들어서 나눠먹는다. 가문반에는 돼지고기를 부위별로 골고루 담는다.

사둔잔치는 두불(두 번째)잔치라고도 하는데 본 잔치 다음날 신랑측에서 신부측을 방문하여 양가 사돈끼리 인사하는 의식을 가리킨다. 제주방언 '사둔'은 표준어 '사돈'에 해당된다. 제주방언 우시는 상객을 가리키는데 제주도에서는 외가와 친가에서 동등하게 우시로 참여할 수 있는 권리가 부여된다. 이 단어는 지금도 쓰인다.

잔치멩질은 잔칫날 치르는 명절을 가리킨다. 제주방언 '멩질'은 표준어 '명절'에 해당된다. 이는 명절을 지내는 것과 같이 잔칫날 조상들을 청해서 후손의 잔치를 알리는 의례를 말한다. 문전제는 제주도에서만 행해지는 의례이다. 대반은 시가에서 신부를 도와 주는 도우미에 해당된다. 이 대반은 신부가 밥을 먹고, 한복을 갈아입는 것을 도와 준다. 문전제와 대반은 한자어인데 제주도의 혼인의례를 보여주는 단어이다.

장옷은 신부가 한복 위에 걸치는 옷으로 죽으면 호상옷으로 입는다. 사둔열멩은 사돈열명의 뜻이다. 이는 '사둔+열멩'의 짜임으로 양가 사돈끼리 인사하는 것을 가리킨다.

혼례 음식에는 제주방언이 고스란히 남아있다. 가문잔칫날 먹는 몸국은 '몸+국'의 짜임으로 표준어 '모자반국'에 해당된다.

이 날은 일명 '돗 잡는 날'이라 하여 돼지고기를 잡는다. 제주방언 돗은 돼지에 해당되고, 돗궤기는 돼지고기를 가리킨다. 잔치할 때 돼지고기를 큰 무쇠솥에 넣고 삶는다. 돼지고기 삶은 물을 버리지 않고, 모자반과 배추 등을 넣고 푹 고면 몸국이 된다.

잔치 때 고깃반을 풍성하게 만드는데 일조하는 수애가 있다. 제주방언 수애는 표준어 순대에 해당된다. 또한 수애와 같이 올라가는 둠비(두부)가 있다. 잔칫날 하객들을 대접했던 'ᄑᆞᆺ밥'이 있는데 이는 'ᄑᆞᆺ(팥)'으로 지은 밥을 가리킨다.

자식을 혼인키시면 부모는 안거리에 그대로 살고 밧거리에 아들내외는 살도록 한다. 여기서 '안'은 안쪽, 밧은 바깥쪽을 가리키고, '거리'는 '채'에 해당된다. 이를 통틀어서 '안팟거리'라고 한다. 제주도의 가옥 구조를 살펴보면 한 울타리 안에 마당을 경계로 하여 안채와 바깥채가 마주보고 있다. 또한 집으로 들어가는 골목을 올레라고 한다.

전통적인 혼례 용어로 '올리친심'이 있다. 중세국어 '올히'에서 'ㅎ'이 탈락하여

'올리'가 되었다. 이 올리가 현대국어 '오리'로 변하였다. 따라서 제주방언으로 쓰이는 '올리'는 중세국어에 해당된다. 친심은 친히 찾아간다는 한자어이다.

구덕혼사는 요람에 있을 때 부모들이 서로 사돈맺기로 결정한 것을 가리킨다. ᄉᆞ주는 사주에 해당된다. 하님은 혼례 때 신랑과 신부와 동행하여 도와주인 하인을 가리킨다.

제주방언 가시어멍은 표준어 장모를 가리킨다. 제주방언 '가시'는 중세국어 '갓(妻)'에서 온 단어이다. '가시'는 '아내/여자'를 뜻하는 말인데 지금은 '아내'의 뜻으로 쓰이며 '가시내'(가시나)에 '처녀'의 뜻이 남아 있다. 제주방언 '가시어멍', '가시아방' 등에 쓰인 '가시'는 아내의 뜻이며, 이는 '처부모'에만 쓰인다. 제주방언 어멍은 표준어 어머니에 해당된다.

제주방언 새시방과 새각시는 표준어로 신랑과 신부를 가리킨다.

| 상장례와 제주방언 |

상장례에 남아있는 제주방언으로는 호상옷, 멩지, 고적, 설배, 영장, 영장밧, 토롱, ᄑᆞᆺ죽, 쏠구덕, 물부주, 장밧, 상뒤, 상뒤꾼, 머리창, 정시, 귀양풀이, 죽은혼사, 돌레떡 등이 있다.

제주방언 '호상+옷'은 표준어 수의에 해당된다. 멩지는 명주를 가리키고, 설배는 참바에 해당된다. 영장밧은 '영장+밧'으로 장지를 가리키는데, '장밧'도 같은 뜻으로 쓰인다. 제주방언 '밧은' 표준어 '밭'에 해당된다. '영장'은 표준어와 같다.

풋죽은 풋(팥)으로 쑤운 죽을 가리키며 '풋+죽'으로 합성어이다. 이 풋죽은 상례음식이고, 세시음식으로는 동지풋죽(동지팥죽)이라 한다.

'쏠(쌀)+구덕(바구니)'은 쌀은 담은 바구니에 해당된다. 떡을 담는 바구니는 '떡구덕'이라 한다. 물허벅(물동이)를 넣는 바구니는 '물구덕'이라 한다.

장지로 이동할 때 상여를 메는 사람들을 상뒤꾼이라 한다. 상뒤는 상두(喪頭)를 가리키고, 여기에 사람을 뜻하는 접미사 '꾼'이 결합되었다.

머리창은 부모상 때 여성 상주들이 머리에 매다는 흰 천 조각을 가리킨다. 머리창은 표준어로 대역할 말이 없다. 다만 '애도용 리본' 정도로 풀이가 가능하다. 정시는 지관을 가리키는데 어원을 정확하게 알기 어렵다.

귀양풀이는 망자를 위로하고 저승으로 고이 안내하는 의례로 '귀양+풀이'로 분석된다. 여기서 '풀이'는 굿 의례 때 신의 내력담을 읊는 것이다.

부주와 겹부주는 제주도의 의례를 잘 보여준다. 부주/부지는 표준어 부조에 해당되므로 누구나 쉽게 알 수 있다. 그런데 '겹+부주'는 이중으로 하는 부조 행위를 뜻한다. 혼례 때 안사돈과 밭깥사돈에게 각각 부조하는 경우, 상장례 때 조문객이 상주별로 개별 부조를 하는 경우에 겹부주라고 한다. '물부주'는 경조사때 여성들이 물동이로 물을 길어다 주는 품앗이를 가리킨다. 특히 마을에 경조사가 있으면 여성들은 빈손으로 가지 않고 물허벅을 지고 의례 주관처로 가서 일을 거들어 준다.

죽은혼사는 제주도의 대표적인 의례이며, 제주방언으로 전해 온다. 이는 사망한 사람의 혼사를 가리킨다.

제상에 올리는 돌레떡이 있다. 이 떡은 메밀가루나 좁쌀가루로 둥굴게 만든다.

| 제례와 제주방언 |

제례에서 볼 수 제주방언을 정리해 보았다. 대략 '반테우기, 조왕할망, 안칠성, 문전제, 걸명, 식게, 멩질(먹으레 간다), 조왕제, 벌초(소분), 산담, 물팡, 물허벅, 물항, 구덕, 상 싱그다, 적갈, 빙떡, 시리떡, 청묵, 감주, 모둠벌초, 산멩질' 등이 있다.

혼례 때 치르는 문전제와 제사 때 치르는 문전제가 있다. 이는 문전에 지내는 제사란 뜻이며, 한자어이다. 조왕할망은 조왕의 수호신인 할망(여신)을 가리킨다. 안칠성은 집 안 고팡의 수호신을 가리킨다. 제주방언 고팡은 표준어 고방에 해당된다. 이 고팡은 곡식을 보관했던 곳으로 곡식 항아리 위에 제물을 올려 놓았다.

걸명은 제반이라고 하는데, 제사 때 제상 위에 있는 음식을 골고루 뜯어서 모은 다음 지붕 위에 뿌린다. 걸명은 깨끗한 곳에 놓아야 하므로 지붕에 뿌렸다고 본다. 이는 헌식(獻食)과 비슷한 의미이다.

산담은 무덤 둘레를 돌로 쌓은 것을 가리킨다. 즉 봉분을 만든 다음 직사각형 모양으로 겹담을 쌓아서 마소의 침입을 막았다. '산(산소)+담'으로 짜여졌다. 밭을

■ 쉼팡

둘러친 돌을 '밧담'(밭담)이라 한다.

'물+팡'은 물허벅(물동이)를 올려 놓는 쉼팡을 가리킨다.

'물+허벅'은 물을 긷는 도구인 허벅과 합성어로 쓰였다. 오줌을 담는 허벅은 '오줌허벅'이라 하고, 팥죽을 담는 허벅은 '풋허벅'(팥허벅)이라 한다. 물을 담아두는 항아리를 '물항'이라 하고, 쌀을 담는 항아리는 '쏠항'이라 한다.

제상을 벌이는 것을 '상 싱근다'고 한다. 상은 제상을 가리키고, 싱그다는 표준어 심다에 해당되므로 상 위에 제물을 가지런히 나열하는 것을 심는다로 표현하였다.

'반테우다'는 '반+테우다'로 떡반을 나눠 준다는 의미로 쓰였다. 지금도 제주사람들은 무엇을 나눠 준다는 뜻으로 '테우다'를 자주 사용한다. 여기서 '반'은 표준어 '반기'에 해당한다.

제주방언 '식게'는 표준어 제사를 뜻한다. 특히 제주사람들은 '식게 먹으레 간다, 멩질 먹으레 간다, 잔치 먹으레 간다'는 표현을 자주 사용한다. 여기서 제사, 명절, 잔치에는 친척으로서 또는 이웃으로 동참했다.

제사음식은 제주방언으로 쓰이는데 적갈은 적(炙)에 해당된다. 적의 재료에 따라 구젱기적은 소라적을 가리키고, 생복적은 전복적을 가리킨다. 이때 적고지를 사용하는데 적고지는 대나무를 아주 가늘게 다듬어서 만들었다. 적고지는 표준어 적꼬치에 해당된다.

빙떡은 제주도의 대표적인 의례음식으로 지역에 따라 '전기, 전기떡, 정기떡'으로 불린다. 이 빙떡은 메밀가루를 둥굴게 지진 다음 무채를 넣고 돌돌 말아서 만든다. 청묵으로 만든 적은 묵적이라 한다.

시리떡은 시루에서 찐 떡을 말한다. 시리떡을 침떡이라고도 한다. 침떡/친떡은 쪄서 만든 떡을 가리킨다. 쌀가루로 만들면 백설기라 하고 좁쌀가루로 만들면 조침떡이라 부른다.

제주방언 '곤밥'은 '고운+밥'을 가리키는데, 이는 쌀밥을 뜻한다. 흰 쌀밥은 제사나 명절 때만 먹을 수 있어서 고운밥이라 불렀다. 지금도 노년층에서는 '곤밥'을 자연스럽게 발화한다. 그런데 제주사람들끼리 대화할 때 제주방언은 사용하지 않고 표준어만 사용하면 "곤밥 먹은 소리하지 말라."며 나무란다.

산멩질은 '산(산소)+멩질(명절)'로 산소에서 지내는 명절 즉 묘제를 가리킨다.

제주도의 풍속으로 모둠벌초가 있다. 이는 '모둠+벌초'의 조합이며, 이를 도소분이라고도 한다.

이상으로 제주방언이 일생의례에 어느 정도 포함되어 있는지 살펴보았다. 제주방언에는 제주사람들의 정신과 문화가 축척되어 있다. 일생의례를 통해 제주방언의 전승 가능성을 짐작할 수 있고, 이러한 의례가 전승되는 한 제주방언도 지속적으로 사용될 것이다. 제주문화의 정체성은 곧 제주방언의 정체성에 중요한 영향을 미친다. 일생의례는 전통문화에 속하므로 제주방언은 전통문화의 유지에 절대적으로 필요한 요소이다.

일생의례를 살펴보면 의례 전수자들은 일종의 전통문화생산자라 할 수 있다. 즉 전통적인 의례를 수용하고 공유하면서 전승자로 거듭난다. 따라서 전통문화 수용자와 공유자들은 일생의례를 통해 전승자를 자처하면서 문화 생산에서 수용을 거쳐 전승의 순환 사이클에 적극적으로 가담한다.

제주여성은 가문과 지역사회의 문화전승자로서 파수꾼의 역할을 성실하게 수행해 왔다. 또한 일생의례 절차의 합리성 여부를 논하기보다는 현 체제와 질서 유지를 위해 동참자들의 적극적 참여와 희생이 중요함을 알게 되었다.

이 글을 쓰면서 요즘처럼 변화무쌍한 시대에 사회구성원들이 자유롭게 반항하거나 순종할 수 있는 토대를 제공한 문화전승자들의 헌신을 탐색해 보는 계기가 되었다. 신대륙을 발견한 탐험가만 위대한 것이 아니라 격랑의 파고를 헤치고 나가며 평탄한 길을 열어준 선구자들이 더욱 위대하다. 이 선구자 대열에 제주여성들은 이미 발을 들여놓았다.

제주도가 풍부한 문화자원을 보유하고 유지하는데 기여한 제주여성들의 창조와 도전 정신을 확인하며 이 글을 마치고자 한다.

참고문헌

강주헌 옮김(1991), 로빈 레이콥외 저, 『여자는 왜 여자답게 말해야 하는가』, 고려원.
강주헌 옮김(1994), 마리나 야겔로 저, 『언어와 여성 : 여성의 조건에 대한 사회언어학적 접근』, 여성사.
강주헌(1995), 『계집팔자 상팔자 : 우리말에 나타난 성차별 구조』, 고려원.
김미영(2009), 「관혼상제에 투영된 유교적 세계관」, 『비교민속학』 39, 비교민속학회.
김용덕(1994), 『한국의 풍속사 I』, 도서출판 밀알.
김용숙(1990), 『한국여속사』, 민음사.
김의숙 · 이창식(2003), 『민속학이란 무엇인가』, 도서출판 북스힐.
김정휘 외(1995), 『여성은 남자와 무엇이 어떻게 다른가』, 서원.
문순덕(2004), 「통과의례 속의 제주여성 풍속 전승 양상」, 『제주여성전승문화』, 제주도.
문순덕 외(2005가), 『시대를 앞서간 제주여성』, 제주도여성특별위원회.
문순덕(2005나), 「올리친심」, 『삶과 문화』 15호(여름호), 제주문화예술재단.
문순덕 외(2007다), 『한국의 가정신앙 - 제주도 편』, 국립문화재연구소.
문순덕(2005다), 「도감의례」, 『영주어문제』 10집, 영주어문학회.
문순덕(2006), 「혼인의례」, 『제주도지』 7권, 제주도.
문순덕(2007가), 「제주여성의 통과의례 공간」, 『제주여성의 삶과 공간』, 제주특별자치도여성특별위원회.
문순덕(2007나), 『역사 속에 각인된 제주여성 : 제주열녀들의 삶』, 도서출판 각.
문순덕(2011), 「통과의례」, 『제주여성사 II』, 제주발전연구원.
문순덕(2012), 「세시풍속」, 『추자면역사문화』, 한국문화원연합회 제주특별자치도지회 · 제주특별자치도.
박창원 외(1999), 『언어와 여성의 사회적 위치』, 태학사.
이광규(1985), 『한국인의 일생』, 형설출판사.
이기우 옮김(1995), 데보라 카메론 저, 『페미니즘과 언어 이론』, 한국문화사.
이병혁 편저(1986), 『언어사회학 : 이데올로기와 언어』, 까치.
이소영 옮김(2000), 로즈마리통 저, 『페미니즘 사상 : 종합적 접근』(개정 증보판), 한신문화사.
이원진 저, 김찬흡 외 역(2002), 『역주 탐라지』, 푸른역사.
전경수 옮김(2000), 반겐넵 저, 『통과의례』(개정판), 을류문화사.
정명진 옮김(2001), 데보라 테넌 저, 『남자를 토라지게 하는 말 여자를 화나게 하는 말』, 한 · 언.
제주도(1993), 『제주의 민속 1』.
제주특별자치도 민속자연박물관(2013), 『제주인의 삶을 읽다 - 제주의 옛 문서』 특별전 도록.
조후종 · 윤숙자(2002), 『통과의례와 우리 음식』, 한림출판사.
진성기(1978), 『남국의 전설』(증보판), 학문사.
현용준(1976), 『제주도신화』, 서문문고.
현평효 외(2009), 『제주어사전』(개정증보), 제주특별자치도.
홍재성 · 권오승 역(1994), 『언어와 이데올로기』, 역사비평사.
문화콘텐츠닷컴(www.culturecontent.com).

찾아보기

ㄱ

ㄴ

ㄷ

ㅁ

ㅂ

ㅅ

ㅇ

ㅈ

ㅊ